JN312800

フローチャートによる
身近な調理の科学実験

編・著
加藤みゆき 津田淑江 長野宏子

著
阿知和弓子 大迫早苗 永島伸浩 西堀すき江 堀光代 森山三千江

地人書館

はじめに

　「人間はどのような食べ方をしたら良いかを学び、研究する」ことを目的としている調理学は、自然、社会、人文の諸科学を基盤とした調理に関する諸法則を明らかにし、技術や食生活の実践に役立たせることを使命としてきた。

　そのような中、経験をもとにして発達してきた調理を科学的に解明をするために『フローチャートによる調理科学実験』が約20年前に出版された。本書は、同書の基本理念を引き継ぎ、その調理学の基本姿勢である理論・実験・実習の三つの柱を骨格として、内容を精査し、調理科学実験のために学生が使用するテキストとして、また学生自らがより高度の実験を試みる時に示唆を与えるものとして、新たにまとめ直したものである

　調理科学実験は、調理の過程で、なぜそのような現象がおこるのか、その理由は何であるかを証明し、その法則性を見いだし、応用となる調理実習へとつなげることを目指すものである。調理科学実験を取り入れることにより、調理実習の失敗が少なくなり、調理技術の習得に大きな効果を上げることが期待される。

　調理科学実験は、いつ、どこで、誰が行っても再現性が必要である。その再現性と理解を深めるために、本実験書では見開きを基本構成とし、その実験操作にはフローチャートを採用して、要点を説明した。また、実験内容には、実際の調理との関連性を念頭におきながら、基本調理操作に関する基礎的な実験や身近な食材の調理性の実験も取り入れた。

　なお、内容など、不十分な点も多々あるように思われるが、広く読者の皆様のご教示、ご叱正を頂き、今後さらに、よりよいものへ前進したいと考えている。

　おわりに、本書の資料として著書、文献を引用あるいは参考させていただいた諸先生方に、著者一同より、深く感謝を申し上げます。

2008年7月
著者一同

執筆者一覧

阿知和弓子（あちわゆみこ）
藤田保健衛生大学 医学部

大迫早苗（おおさこさなえ）
相模女子大学 短期大学部 食物栄養学科

加藤みゆき（かとうみゆき）
香川大学 教育学部

津田淑江（つだとしえ）
共立女子短期大学 生活科学科

永島伸浩（ながしまのぶひろ）
武蔵丘短期大学 健康生活学科

長野宏子（ながのひろこ）
岐阜大学 教育学部

西堀すき江（にしほりすきえ）
東海学園大学 人間健康学部

堀光代（ほりみつよ）
岐阜市立女子短期大学 食物栄養学科

森山三千江（もりやまみちえ）
愛知学泉大学 家政学部

フローチャートによる 身近な調理の科学実験　目次

はじめに

1 序論（長野）

1.1	**調理学とは**	2
1.2	**調理科学実験とは**	3
1.3	**調理科学の研究方法**	4
1.4	**フローチャートについて**	5
1.4.1	フローチャートとは	5
1.4.2	フローチャートを用いる利点	5
1.4.4	フローチャート利用時の注意点	6

2 調理科学実験の基礎事項（永島・堀・森山）

2.1	**基礎事項**	10
2.1.1	実験の心得	10
2.1.2	レポートの書き方	10
2.1.3	ガラス器具の洗浄、乾燥、扱い方	11
2.1.4	調理実験に用いる測定機器	12
2.2	**調理科学に関する基礎実験**	16
2.2.1	計量、計測	16
	実験 食品の体積・重量の測定	16
2.2.2	調理と温度	18
	実験 温度の測定	18
2.2.3	調理と時間	20
	実験 汁物の温度降下の経時変化	20
2.2.4	食品の比重・密度	22
	実験 比重・密度の測定	22
2.3	**調理と物性**	24
2.3.1	食品の粘度の測定	24
	実験1 毛細管粘度計による粘度測定	24

		実験1 回転粘度計による測定	26
	2.3.2	食品のテクスチャー	28
		実験 レオナーによるテクスチャー測定	28
	2.3.3	食品の粘稠性と破断特性	30
		実験1 カードメーターによる測定	30
		実験2 ネオカードメーターによる試験	33
		実験3 レオナーによる破断特性	36
2.4		**食品の組織**	38
		実験 光学顕微鏡に食品の観察	38
2.5		調理のための食品衛生	40
		実験1 手指の衛生試験	40
		実験2 食器洗浄試験	40

3 官能検査（永島）

3.1		**官能検査の意義と手法**	44
3.1.1		官能検査実施の方法	44
		実験1 3点比較法	46
		実験2 配偶法	48
		実験3 順位法	49
		実験4 評点法	51
		実験5 SD法	56
3.2		**調理と味**	60
		実験1 味覚による閾値の測定	60
		実験2 味の対比効果	62
		実験3 五味識別検査	63

4 糖質性食品の調理科学実験（大迫・津田・堀）

4.1		**米**	66
		実験1 炊飯	66

		実験2 うるち米ともち米	68
		実験3 だんご生地の性状に及ぼす添加材料の影響	70
4.2	小麦粉		72
		実験1 小麦粉の種類と性質	72
		実験2 小麦粉の膨化調理	74
		実験3 加熱条件を異にするホットケーキの食味特性	76
		実験4 ルーの加熱温度とその性状変化	78
4.3	イモ・デンプン		80
		実験1 電子レンジによるサツマイモの調理	80
		実験2 デンプンの種類と糊化特性	82
4.4	糖		84
		実験1 砂糖溶液の加熱による変化	84
		実験2 フォンダン・衣がけ	86
4.5	寒天・ゼラチン		88
		実験1 寒天寄せの分離	88
		実験2 寒天・ゼラチンの性質	90

5 タンパク質性食品の調理科学実験（大迫・加藤・長野）

5.1	豆		94
		実験1 乾燥豆類の吸水状態について	94
		実験2 凍り豆腐の調理性	96
5.2	魚介		98
		実験1 魚の鮮度判定と塩締め、お酢締め	98
		実験2 煮魚を作るとき調理条件	100
		実験3 蒸し魚の性状とそぼろおよびでんぶ	102
		実験4 イカ肉の加熱による変化	104
5.3	獣鳥肉		106
		実験1 ハンバーグステーキの性状に及ぼす配合割合の影響	106
		実験2 焼肉に関する基礎実験	108
		実験3 調味料や酵素が肉の軟化に及ぼす影響	110

5.4	乳	112
	実験1 生クリームの起泡性	112
	実験2 カッテージチーズ	114
5.5	卵	116
	実験1 卵の鮮度鑑別	116
	実験2 卵の熱凝固性	118
	実験3 卵白の起泡性	120
	実験4 卵液のゲル性状に及ぼす加熱条件の影響	122
	実験5 卵希釈液の加熱	124

6 油脂性食品の調理科学実験（阿知波）

	実験1 揚げ油の温度変化と油の吸着	128
	実験2 揚げ油の種類と衣の役割	130
	実験3 冷凍食品の揚げ温度	132
	実験4 エマルジョン	134
	実験5 マヨネーズ	136

7 野菜・海草・果物の調理科学実験（加藤・西堀）

7.1	野菜	140
	実験1 生野菜の放水と吸水	140
	実験2 調味料の食品への浸透	142
	実験3 条件の異なる茹で物の色、食品のpH	144
	実験4 ブランチングおよび凍結	146
	実験5 茹で操作による野菜のアク	148
7.2	海草	150
	実験 乾物の膨潤について	150
7.3	果物	152
	実験1 イチゴジャム	152
	実験2 キウイフルーツのタンパク分解酵素	154

実験3 果物の褐変 ―――――――――――――――――――――― 156

8 付録

索引

1

序論

1.1　調理学とは

　調理学とは一言でいえば「人間はどのような食べ方をしたらいいのか？」を学び、研究する学問である。一般に調理と料理の関係は、調理材料つまり食品素材（Ingredients）に対して、ある処理（調理：Cooking）を施し、出来上がった食べ物を料理（Dishes）と考えることが多い。

　調理の目的は、植物、動物や海産物などの調理材料を、1) 衛生的に安全な食べ物とし、2) 栄養効率を高め、3) 味や香り、口ざわりや外観を良くし、嗜好性を高めることである。

　調理には、食事の計画、献立立案から出発し、食品材料の選択、副次的調理操作、また主要な調理操作を経て、おいしい食べものを完成させる、さらに食器に盛り、供卓が終り、後かたづけまでの全てが対象となる。その対象は日常的なものであるが、要素は複雑多岐に渡る。調理過程に起こる諸現象の法則性を見出し、科学的な解明と理論的な裏づけを試みること、つまり再現性のある「調理のこつ」を掴むことが調理の基礎となる。

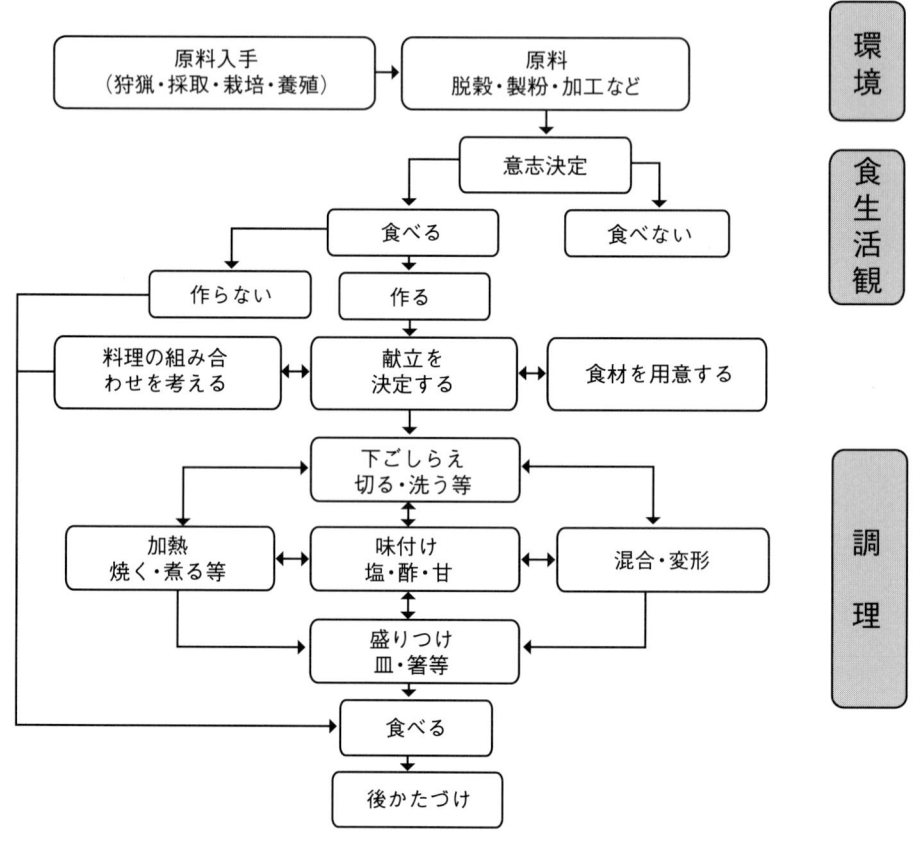

図1.1　調理のシステム[1]

---

1) 石毛直道編：世界の食文化、農山漁村文化協会（1973）※一部加筆

1.2 調理科学実験とは

　調理は経験と共に発達し、科学の発展にともない、調理のこつの科学的な解明や、調理に関する理論体系の研究が進んだことで、めざましい進展を遂げている。調理学の内容を図1.2に示した。本書はこれらの調理理論や技術を実践活動に役立つように展開し、身近な調理や料理に関する基礎的な知識の裏付けをする実験書である。

```
                    調理学
              (理論体系に裏づけされた
                 調理学の講義)
               /              \
      調理科学実験           調理学実習
    (調理の科学的解明)    (系統的な技術の習得)
```

調理学
├─ 食事構成学
│   ├─ 献立論
│   └─ 供食論
└─ 調理科学
    ├─ 調味論（おいしく食べる科学と実際の理論）
    ├─ 食品の調理科学（食品から見た調理のこつの科学）
    ├─ 調理操作論（調理法・調理技術の科学）
    └─ 料理構造論（調理素材と調理法の相互関係）

調理科学実験
├─ 調理科学に関する基礎実験
├─ 基本調理操作に関する実験
├─ 糖質性食品の調理科学実験
├─ タンパク質性食品の調理科学実験
├─ 油脂性食品の調理科学実験
└─ 野菜・海草・果物の調理科学実験

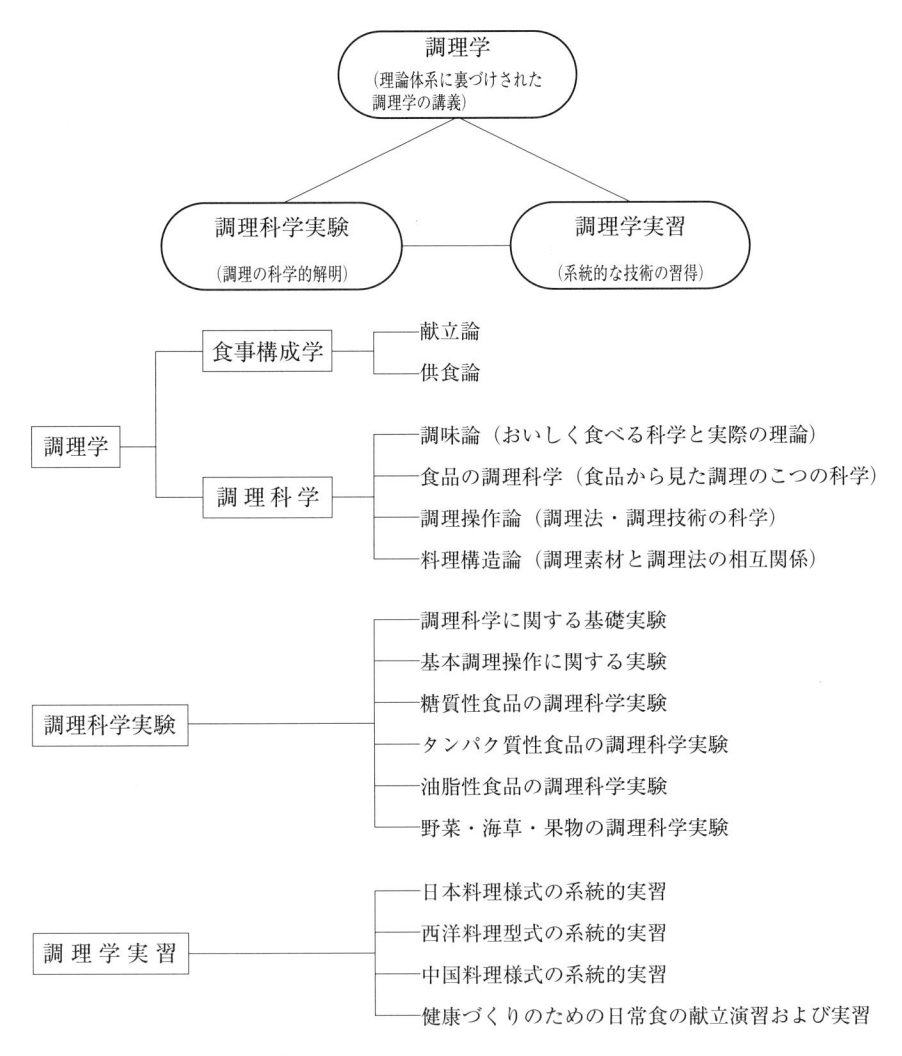

調理学実習
├─ 日本料理様式の系統的実習
├─ 西洋料理型式の系統的実習
├─ 中国料理様式の系統的実習
└─ 健康づくりのための日常食の献立演習および実習

図1.2　大学・短期大学における調理学の内容[2]

2）川端昌子監修：フローチャートによる調理科学実験、地人書館（1986）

1.3 調理科学の研究方法

　調理素材に用いる多くの食品は複合成分から成り立っており、調理過程における食品成分の変化も複雑である上に、食する人の嗜好や習慣、健康状態が異なる個人が評価して食べるという点で、調理科学の対象が複雑なものとなっている。

　調理の法則性を解析する方法の一つとして川端[1]の料理の四面体を利用することができる。底面の3つの頂点には、熱の媒体である水・空気・油をおき、残りの頂点に火（熱源）を置いたものである。各稜線には、単一調理操作による料理がスポットされ、2つの複合操作による料理は、2つの稜線で挟まれた面上に、また3つ以上の複合操作による料理は、4面で囲まれた内部の空間にスポットされることになる。

　このような調理科学の研究方法、調理現象を解明するために、表1.1に示す方法が行われている。

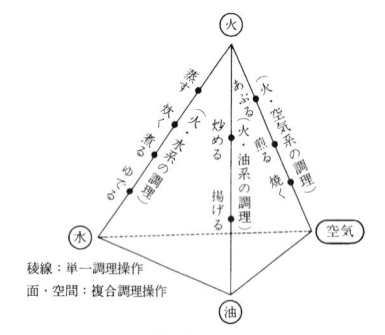

図1.3　主調理操作の四面体

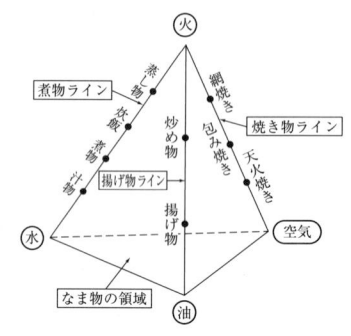

図1.4　調理の四面体
稜線：単一調理操作による料理
面・空間：複合調理操作による調理
　　　（例：炒め焼き、蒸し焼き、炒め煮）

表1.1　調理科学の研究方法

調理操作からのアプローチ	調理法の体系化（図1.3） 調理の法則性の解明 料理構造の解析（調理素材と調理法が要因となる）
食品成分の科学的アプローチ	定性分析（呈色反応、沈殿反応、凝固反応など） 定量分析（重量、容量など） 物理化学的分析（示差走査熱量計、電気泳動など） 生物化学的分析（酵素活性、人口消化など）
食品組織学的アプローチ	形態変化の測定（組織観察：収縮、膨化、変形、崩壊、空洞化など） 分散の観察（検境により気泡、液胞、油滴、結晶）
食品物性からのアプローチ	基礎的物性値の測定（粘性、粘弾性、破断特性） 経験的物性値の測定（硬度計、肉剪断試験、カードメーターなど） 模擬的条件下での測定（こねる、伸ばす、咀嚼など：アミログラフ、ファリノグラフなど）
計量心理学的アプローチ	官能検査Ⅰ：食べ物の性質を知る 官能検査Ⅱ：人間の感覚・感情を知る
食文化からのアプローチ	比較論的方法 社会学的方法 歴史学的方法

　本書では、調理素材から衛生的で栄養価が高くおいしい料理を作るうえでの調理のこつを習得し、また、料理への興味を持ち、自立への一助となるよう、内容と方法を厳選したものである。

---

[1] 川端晶子監修：フローチャートによる調理科学実験、p.14、地人書館（1986）

1.4　フローチャートについて

1.4.1 フローチャートとは

　フローチャートとは、「一定の目的を果たすために行う、一連の行動を、複数の単位行動に分け、行動すべき順序に従って配列し、図形と文字を使用して示した図面である」といえる。まず、行動の目的が明らかにされる必要がある。目的が不明確だったり、行動の途中で目的が変わるようではフローチャートで示すことができない。ただし、このような場合でも、単位行動とその順序を記録しておけば、全ての行動が完了したあと、その行動によって得られた結果を目標してフローチャートを作成することができる。少なくとも、このフローチャートは後に同じ結果を目標とする際に役立つと考えられる。この本に示されたフローチャートも多くの先人が取った行動にもとづいて作られたものである。

　本書では、調理時における化学変化を調べることを目的として、そこで必要な行動を単位行動と考えている。その単位行動の一つ一つについては、目的に応じて細分する必要がある。また、目的を達成するため、単位行動を単純に連続して行えばよい場合もある。

　しかし、多くの場合「次に何をなすべきか」を決めなければならない。すなわち、ある単位行動を行ったら、その結果や状況を判断する必要があるということである。このように、次に行う単位行動を判断する行動を"条件判定処理"という。条件判定処理は、厳密に言えば頻繁に行う必要があるが、本書では、絶対に欠くことができない場合に限ってこれを示した。したがって、示されたフローチャートにもとづいて実験を行う場合、条件判定処理は必ず行わなければならない。また、初期の結果が得られないときは、省略されている条件判定を自分で考える必要がある。本書に示されたフローチャートにしたがって実験をするのは人間であり、機械ではない。もし機械が実験をするのであれば、事細かに単位行動や判定処理を示しておかなければならないが、人間であればこそ、フローチャートの途中に省略があっても、実験を行うことができる。これが人間の価値である。

1.4.2 フローチャートを用いる利点

　科学の分野においては、特定の事象を人の制御の元に起こさせる—調理科学実験はその一例である—場合、いつ、どこで、誰がやっても同じことが起こること、すなわち再現性が必要である。再現性を確保するためには、事象の起こさせ方を決めておかなくてはならない。この決まりを作業規格あるいは作業標準という。規格や標準は作業だけでなく、調理科学実験で用いる薬品などについてもそれぞれ決められている。調理科学実験の方法をフローチャートで示すと、それに従うことでいつ、誰がどこで実験を行っても、条件を一定にすることが容易になる。その結果、実験の再現性を高めることができる。これがフローチャートを用いる利点の第一である。

　第二に、フローチャートを書くことによって、単位行動とその順位付けを正確に行うことができる。そして、フローチャートに示したとおり行動し考えることによって、その欠落を発見し補正することも可能になる。

　第三には、作業の手順をフローチャートに示すことで、自分あるいは他人が後に実験をする際に手順を知ることができる。すなわち、他の任意の時間において、又は他人に対して同じ内容を伝えることができるのである。この場合、時間をおいても、他人に対しても誤りなく手順を伝えるためには、書き方に一定の約束を設けておく必要があることは言うまでもない。

1.4.3 フローチャート利用時の注意点

　フローチャートを利用する際重要なのは、フローチャートに忠実に従って行動することである。チャートに示されていることは、調理科学実験の基準であり、これに従わずに勝手な手順で行ったのでは、他人の場合はもちろん、同じ人が実験を行っても再現性はなく、科学的な操作にはならない。

　次に、操作に慣れることである。同じ内容の操作を何度も試みることは困難かもしれないが、多くの調理科学実験の操作に共通な単位行動派、フローチャートを見なくても無意識にでも正しく、手順を誤らずに機械的に行えるようにしたい。

　それができたら、第三には、フローチャートに示されたことについて理由を考え、疑いを持つことである。省略できることはないか、加えるべきことはないかなどを考え、フローチャートの訂正を試みるとよい。フローチャートは示された手順に従えば、あまり考えずに正しい行動を取ることができる。また、慣れれば行動の結果の再現性も高くなる。ちょうど、同じ原料を同じ機械に入れて、同じ操作を行えば、常に同じ製品が得られるのと同様である。しかし、調理科学実験を学ぶ目的は、機械的な操作ができるように訓練を受けることではない。訓練は学習の要素ではあるが、学習そのものではない。学習には自分で考察し、試みて、新しいことを生み出す努力が必要である。調理科学実験の学習も、まずは一般的、基礎的なものを習得し、のちに科学を理解する段階に及ぶことになろう。（本稿1.4については、本書の姉妹品である『フローチャートによる食品科学実験』より転載）

●本書のフローチャートの約束

→	：フローの流れを示す
(端子形)	：端子．実験の開始，終了を示す
(長方形)	：操作．実験の操作を示す
(平行四辺形)	：調理素材，材料を示す
(台形)	：食品，器具，器械を示す
(ひし形)	：判断．実験上のポイント，確認事項を示す
Ⓐ	：接合子．フローとフローの結合部分を示す
(点線長方形)ⓝ	：フローの順番を示す
(点線長方形)●ⁿ	：フローの順番を示すと同時に，左ページに説明のあることを示す

1.4 フローチャートについて

2

調理科学実験の基礎事項

2.1 基礎事項

2.1.1 実験の心得

(1) 実験目的、方法を良く理解し結果をまとめること
　実験は目的を良く理解した上で計画にもとづいて慎重に行うこと。実験の観察記録は、レポートを作成する際の貴重な資料であるから、方法や結果とともにノートにこまめに記録すること。

(2) 実験室のエチケット、マナーを守ること
　実験室は学問の場であり共同の部屋である。身勝手な行動は慎み、エチケットやマナーを守ること。

(3) 危険防止と災害対策
　ケガ、火災、薬物に対して注意をすること。実験には危険が伴うということを常に意識し、慎重に実験を行うこと。

(4) 清潔、整頓に留意すること
　実験室、実験台、器具などを常に清潔に保つようにすること。調理科学実験では、各種食品などを用いるので、その腐敗、衛生などの管理にも注意する必要がある。

2.1.2 レポートの書き方

(1) 実験中の記録とレポートの形式
　実験の記録は、ありのままを出来るだけ何でも書くことが望ましい。実験の中から何を観察し、どう記録するか、ということは大変重要なことである。これを踏まえ、次の点を詳細に記録しておくこと。

　　(a) 題名
　　(b) 年月日、実験者名、曜日、天候、室温：これらの記録は実験終了後、反省、考察をする場合の貴重な資料となるものである。
　　(c) 目的：従来の実験をもとに、何を、どうするのかをわかりやすく書く。
　　(d) 実験方法
　　　　試薬：試薬は純度、製造会社名なども記録する。
　　　　試料、材料：特別の試料については、産地、入手方法なども記録する。
　　　　実験装置、器具：実験に用いる機器については、機器名、製造会社、型番を記録する。
　　　　実験条件、方法、経過：あらかじめ、実験条件、方法をよく検討し、実験中はありのままを記録すること。失敗も貴重な経験であるから、すべてを記録する。
　　(e) 実験結果：測定値、観察結果などをまとめて書く。
　　(f) 考察：実験が終了したら、実験経過の全体を見渡して、それぞれの結果に対して考察を記す。あくまでも自分の意見を書くこと。
　　(g) 参考文献：実験に関する文献を読み考察に加えることが望ましい。

以上の（a）〜（g）までの内容を含めて、次の形式にするとよい。

(a) 題名
(b) 年月日、実験者名、天候、室温
(c) 目的
(d) 実験方法　　実験試薬：
　　　　　　　　試料、材料：
　　　　　　　　実験装置、器具：
(e) 実験結果
(f) 考察
(g) 参考文献

＊（a）〜（g）の項目名を書いてから、必要事項を書き始めること。

2.1.3 ● ガラス器具の洗浄、乾燥、扱い方

(1) ガラス器具の材料

化学実験に用いられる器具の大部分はガラス製器具である。ガラスの材料により、軟質、硬質のほかにパイレックス、ジュラン、ハリオなどの商品名で知られる超硬質ガラスもある。

(2) おもなガラス器具の扱い方

実験器具には、用途に応じて種々の機能を備えた形状のものがあるので、実験の性質、目的に適したものを選んで使用することが大切である。

(a) ビーカー：熱には強いが少しの衝撃でも破損しやすいので、慎重に取り扱う。
(b) フラスコ：平底型のもの（三角フラスコなど）と丸底型のもの（ナス型フラスコを含む）が市販されており、用途に応じて使い分ける。
(c) メスフラスコ：標準液の調整など溶液量を一定にする目的で使用される。
(d) ピペット：一定の液体を採取するために用いられる器具で、所定量をとり出すホールピペットとメスピペットおよび所定量以下の任意量上採取するのに便利な駒込ピペットがある。
(e) ビューレット：任意量の液体を正確に注加する器具。

(3) ガラスの洗浄

ガラス器具の汚れは時間とともに取れにくくなるので、実験が終わったらできるだけ早く洗うように心がける。実験器具の洗浄では、洗いばけの先端の針金やたわしなどで器具を傷つけないように注意する。

(4) ガラス器具の乾燥

洗浄後のガラス器具は通常乾燥棚で自然乾燥させるが、この方法は時間がかかること、ほこりがつきやすいことが欠点である。そのため、電熱乾燥機で乾燥させるのが一般的である。ただし、ピペットのような測容器の乾燥には適さない。

2.1.4 調理科学実験に用いる測定機器

(1) テクスチュロメーター（Texturometer）

食物を口に入れたときの感触、すなわち食品の物理的な性質を示す機械。

図2.1　テクスチュロメーター

(2) レオメーター（Rheometer）

テクスチュロメーターと同じく、口腔内の咀しゃく動作を物理的数値として示す機械。

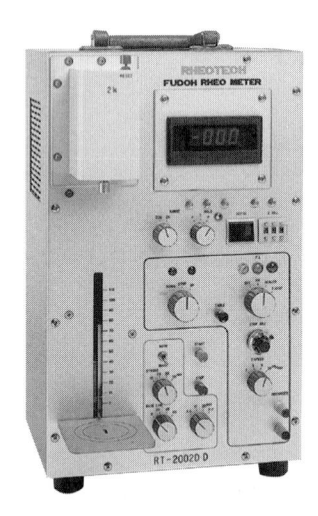

図2.2　レオメーター（レオテックD.D型シリーズ）

(3) クリープメーター（Creepmeter）

食品のテクスチャー評価値の対比測定を行うことができる機械。レオロメーターとも呼ばれる。

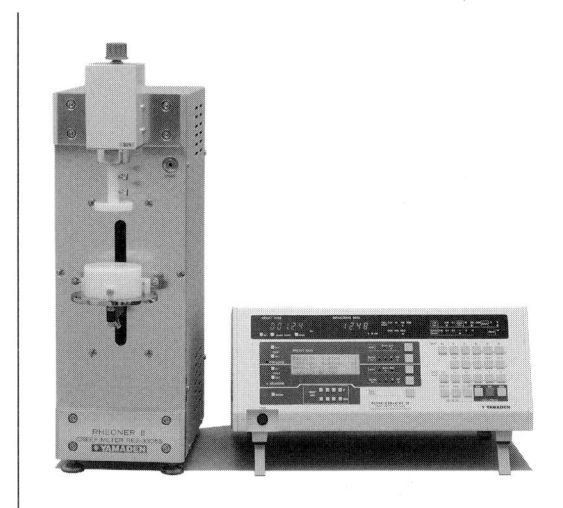

図2.3　クリープメーター（山電　RE2-3305B）

(4) テンシプレッサー（Tensipresser）

テクスチュロメーターの簡易型ともいわれるもので、その測定範囲はテクスチュロメーターとほぼ同じ。コンパクト・テクスチュロメーターとも呼ばれる。

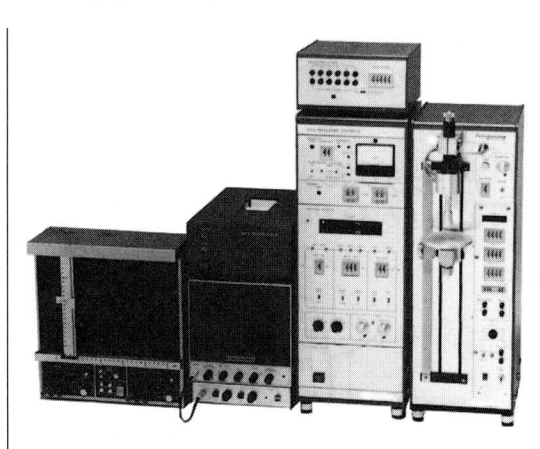

図2.4　テンシプレッサー

(5) カードメーターマックス（Curdmeter MAX）、カードメーターミニ（Curdmeter Mini）

ゼリー状、ゲル状食品のゼリー強度を調べる機械。旧商品名、カードメーター、ネオカードメーター。

図2.5　カードメーターマックス（飛鳥機器　ME-500）

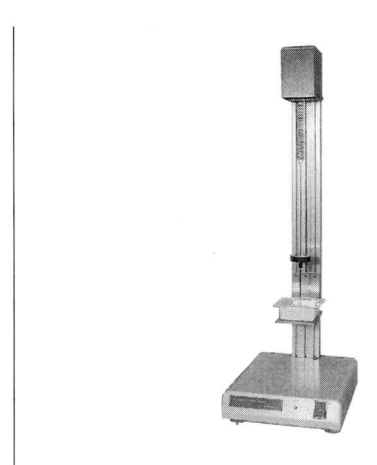

図2.6　カードメーターミニ（飛鳥機器　ME-600）

(6) 表面張力計

溶液の表面張力をr値（dyn/cm）として測定、記録する。

図2.7　CBVP-Z式表面張力計（協和界面科学K.K.）

(7) アミログラフ（Brabender Amylograph）

デンプンと水の混合液を一定の温度で上昇させ、その変化する糊化の過程を自動記録する機械。

図2.8　アミログラフE型（パーカーコーポレーション）

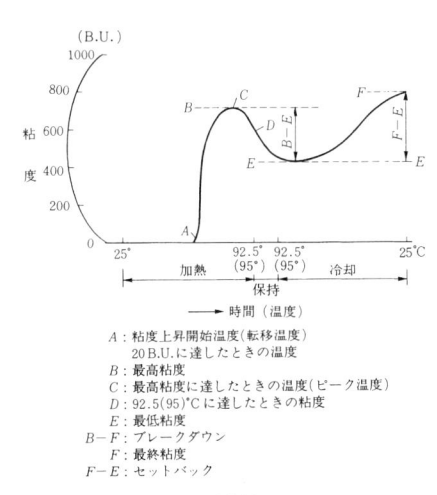

図2.9　アミログラフによる測定例

A：粘度上昇開始温度（転移温度）
　　20B.U.に達したときの温度
B：最高粘度
C：最高粘度に達したときの温度（ピーク温度）
D：92.5(95)℃に達したときの粘度
E：最低粘度
$B-F$：ブレークダウン
F：最終粘度
$F-E$：セットバック

2.1　基礎事項

(8) 熱電対温度計

熱電対とは、2種類の異なった金属の針金を組み合わせたもののことで、この熱電対と、熱起電力を測定するための計器（電位差計）を対にして用いるものを熱電対温度計という。2種類の金属としては、銅-コンスタンチン、鉄-コンスタンチンなどが用いられる。

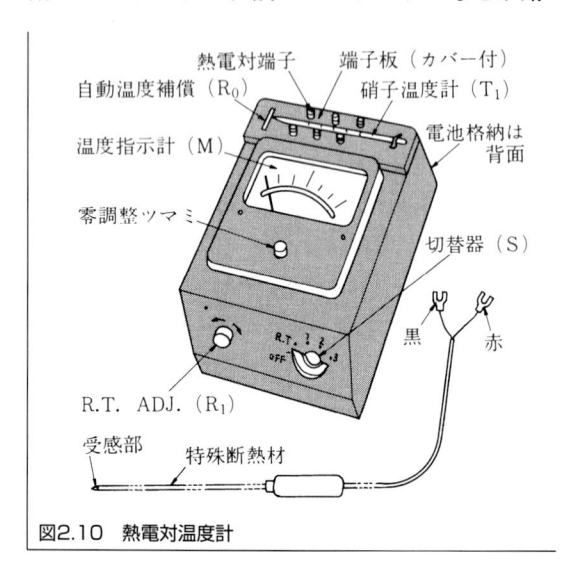

図2.10　熱電対温度計

(9) ガスメーター

湿式と乾式の2種類がある

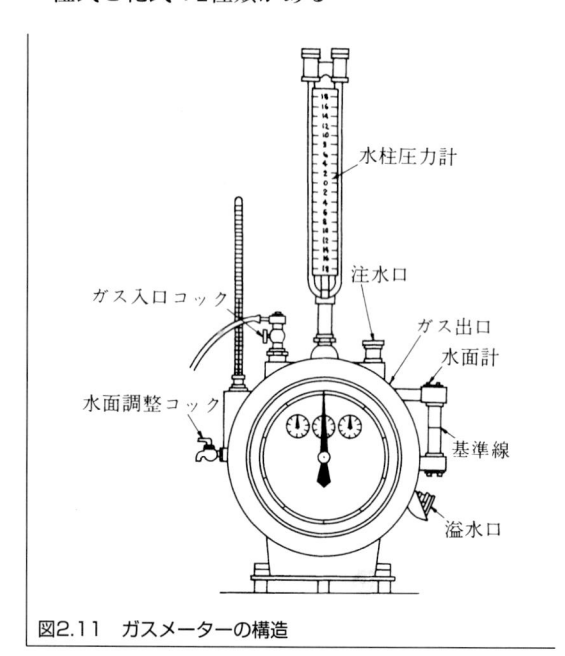

図2.11　ガスメーターの構造

(10) エキステンソグラフ（Brabender Extensograph）

小麦生地の伸張度および抗張力を測定する機械。

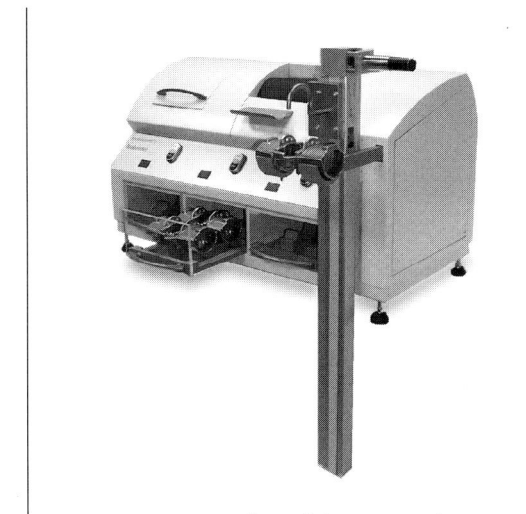

図2.12　エキステンソグラフ（パーカーコーポレーション）

図2.13　エキステンソグラム

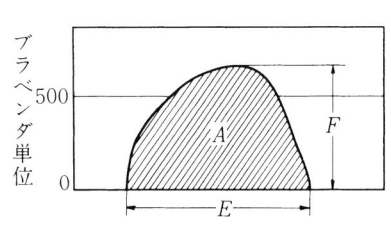

A：大きいほど弾力がある
E：長いほど伸びやすい
F：大きいほど強靱で引張りのばすのに力を要する．

(11) ファリノグラフ

小麦粉生地の混ねつ機であるとともに、撹拌時のトルクを記録する機械。

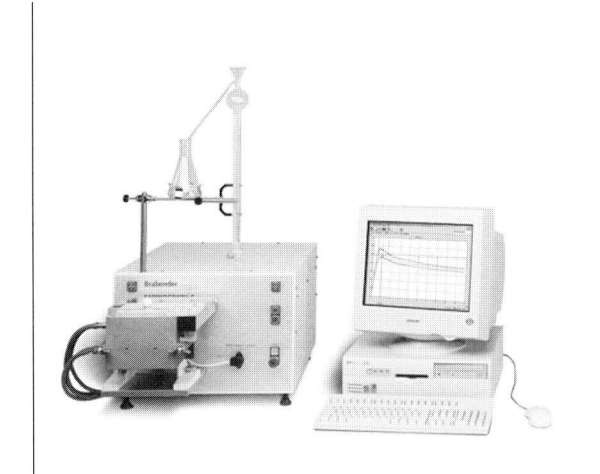

図2.14　ファリノグラフE型（パーカーコーポレーション）

図2.15　ファリノグラフによる測定例

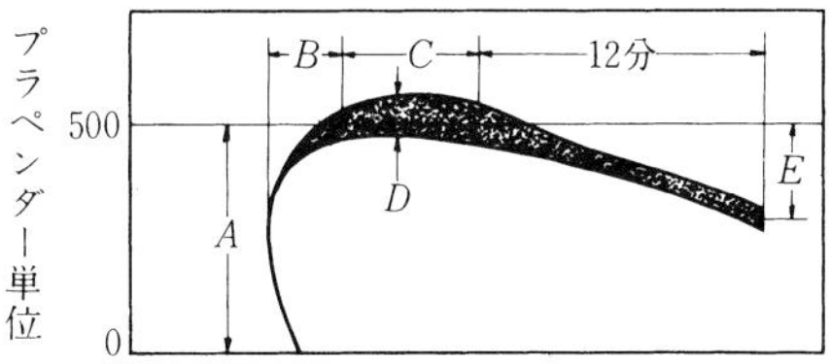

A：生地のかたさ　D：弾性
B：こね上時間　　E：生地の安定度
C：生地の弱化度

2.2 調理科学に関する基礎実験

2.2.1 ◉計量、計測

【実験】食品の体積・重量の測定

■目的

調理実験の基礎となる計量器について、またその使用法を理解する。また、各種の試料を用いて計量を行い、その結果より体積と重量について考察し、試料の特徴を理解する。

■試料および実験器具

試　料	実　験　器　具
A：小麦粉、米、醤油、味噌 B：卵、キュウリ、ジャガイモ（小） C：パン、饅頭	計量スプーン、計量カップ、へら（または定規） メスシリンダー（500m*l*、キュウリの場合は200m*l*） 菜種又は粟（300～500m*l*）、漏斗、スタンド、器（試料測定）、ボール、秤

■実験方法

❷試料（A）については計量スプーン1杯分を目測する。米を用いる場合には計量カップを用いる。

❹盛り上がるくらいに試料をいれ、上面をへらですり切り測定する。

❿メスシリンダーは水平に置き、水面と目の高さが同じ高さになるようにして曲面の底部を読む。

⓱廃棄率の出し方は

$$廃棄率（\%）=\frac{（❸重量測定-⓰重量測定）}{❸重量測定}×100$$

又は、

$$廃棄率（\%）=\frac{皮の重量}{❸重量測定}×100 である。$$

可食率を出す場合もある。

⓴菜種（粟）を使用する器に盛って少々あまるくらい用意する。スタンドに漏斗をセットし、漏斗の出口をピンチコック等で止めておき、菜種を受け入れる器の外側には、飛び散る菜種やあふれた菜種を入れる大き目のボールを用意する。

㉗、㉘器の底に少量の菜種を入れた上に試料をおき、さらに菜種を盛る

㉛菜種の別法として、メスシリンダーを用いずに計量カップを使用し、計量カップ中の菜種の重量を測定し、グラフ化しておき、あふれた菜種の重量から体積を換算することもできる。

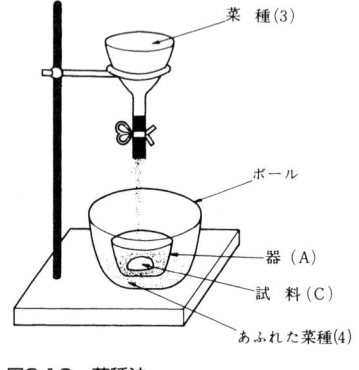

図2.16　菜種法

■結果

表2.1　測定結果

	目測による		測定機器による				備考
	体積	重量	体積	重量	皮の重量	廃棄率	
試料A							
試料B							
試料C					―	―	

1) 浦上智子：調理実験とその応用、p16、理工学社（1983）

● 計量器による方法

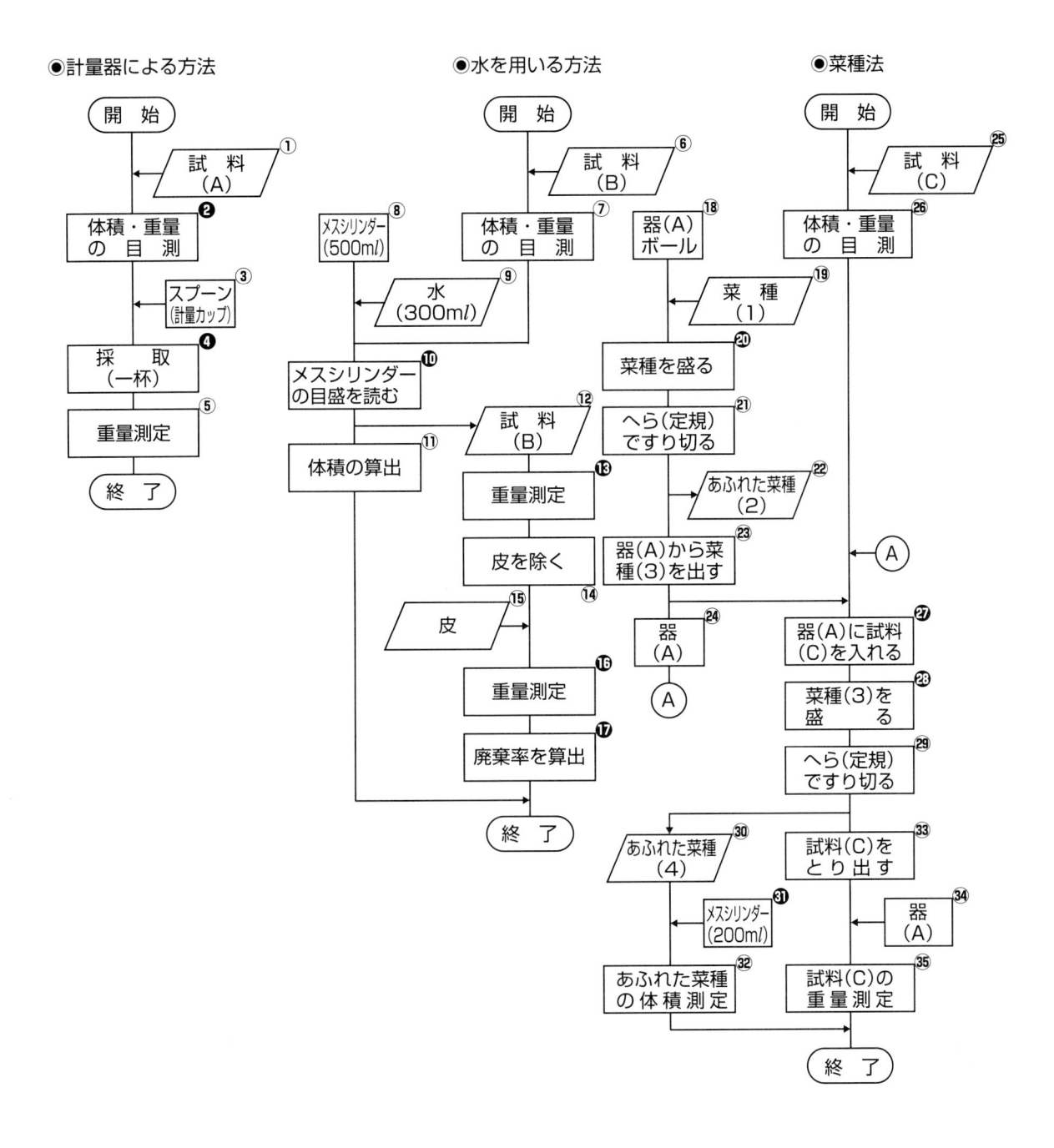

```
開始
 ↓
試料(A) ①
 ↓
体積・重量の目測 ❷
 ↓ ← スプーン(計量カップ) ③
採取(一杯) ❹
 ↓
重量測定 ⑤
 ↓
終了
```

● 水を用いる方法

```
開始
 ↓
試料(B) ⑥
 ↓
体積・重量の目測 ⑦
 ↓ ← メスシリンダー(500ml) ⑧
   ← 水(300ml) ⑨
メスシリンダーの目盛を読む ⑩
 ↓
体積の算出 ⑪
 ↓ → 試料(B) ⑫
重量測定 ⑬
 ↓
皮を除く ⑭
 ↓ → 皮 ⑮
重量測定 ⑯
 ↓
廃棄率を算出 ⑰
 ↓
終了
```

● 菜種法

```
開始
 ↓
試料(C) ㉕
 ↓
体積・重量の目測 ㉖
 ↓
器(A)ボール ⑱
 ↓ ← 菜種(1) ⑲
菜種を盛る ⑳
 ↓
へら(定規)ですり切る ㉑
 ↓ → あふれた菜種(2) ㉒
器(A)から菜種(3)を出す ㉓
 ↓
器(A) ㉔ → (A)
 ↓
器(A)に試料(C)を入れる ㉗
 ↓
菜種(3)を盛る ㉘
 ↓
へら(定規)ですり切る ㉙
 ↓ → あふれた菜種(4) ㉚
   ← メスシリンダー(200ml) ㉛
あふれた菜種の体積測定 ㉜
 ↓
試料(C)をとり出す ㉝
 ↓ ← 器(A) ㉞
試料(C)の重量測定 ㉟
 ↓
終了
```

表2.2 天秤の種類とその用途[1]

項目	調理天秤	上皿天秤	薬用天秤	定感量単皿天秤	直示天秤
重量測定の可能な範囲	5〜100g 10g〜1kg 20g〜4kg その他	2〜100g 1〜1000g	0.1〜100g	1〜100g 2〜120g その他	1mg〜160g その他
使用目的	食品材料の大まかな測定	食品材料など	調味料、薬品、少量の材料など	同左	10mg以上の食品材料、薬品類、定量分析用

2.2 調理科学に関する基礎実験

2.2.2 ● 調理と温度

【実験】温度の測定

■目的

　調理実験、実習を行う上で、温度との関わりは欠くことのできないものである。温度計の種類および用途を理解し、実験目的に応じて適切な温度領域および形態に合う温度計を選択する。

■試料

　砂糖（上白糖）50g、水30ml

　ガス流量（強火、中火、弱火）に応じて3回分用意する。

■実験器具

　アルミ打ち出しなべ（口径12cm、容量800ml）、ガスコンロ、ガスメーター（フローメーター）、水銀温度計（または熱電対温度計、記録計つき）、ストップウォッチ、メスシリンダー

■実験方法

❻～❶❷電熱対温度指示計（飯尾電気（株）EM-111型）調整の概略を示したものである。調整の詳細は取扱説明書を参考のこと。レンジ切り替えスイッチにより（1）-50℃～100℃、（2）0～150℃、（3）0～300℃の中から、（3）に合わせる。

❶❸水銀温度計（300℃）を用いる場合は、温度計と鍋底からの位置を一定にした後、温度測定を行う。また、熱電対温度計を用いる場合は、フローチャート❶⓿～❶❻に従って熱電対温度計を調整し、試料の中央に熱電対温度計の先端を挿入し、鍋をゆり動かして液面を均一にして測定する。

❶❺ガス流量を、強火（ガス流量3l/min）、中火（2l/min）、弱火（1l/min）とし、フローメーターで確認を行う。

❶❼均一に加熱を行うために鍋をゆり動かす。攪拌すると砂糖が結晶化してしまうので気をつける。

❶❾加熱直後から1分間隔に温度測定を行う。ただし、熱電対温度計に記録計がついているものは自動的に記録される。

❷❹温度の上昇の状態を経時的に図示する。また、ガス流量に応じた変化や出来上がったカラメルソースの状態も含めて考察する。

■結果

表2.3　計測結果

加熱時間 \ 火力	強　火	中　火	弱　火
0			
1			
……			
10			
……			

1) 大井裕子、鶴淵和子、小林トミ、穂坂直弘、寺元芳子：家政誌、**36**、81（1985）

● 温度の測定

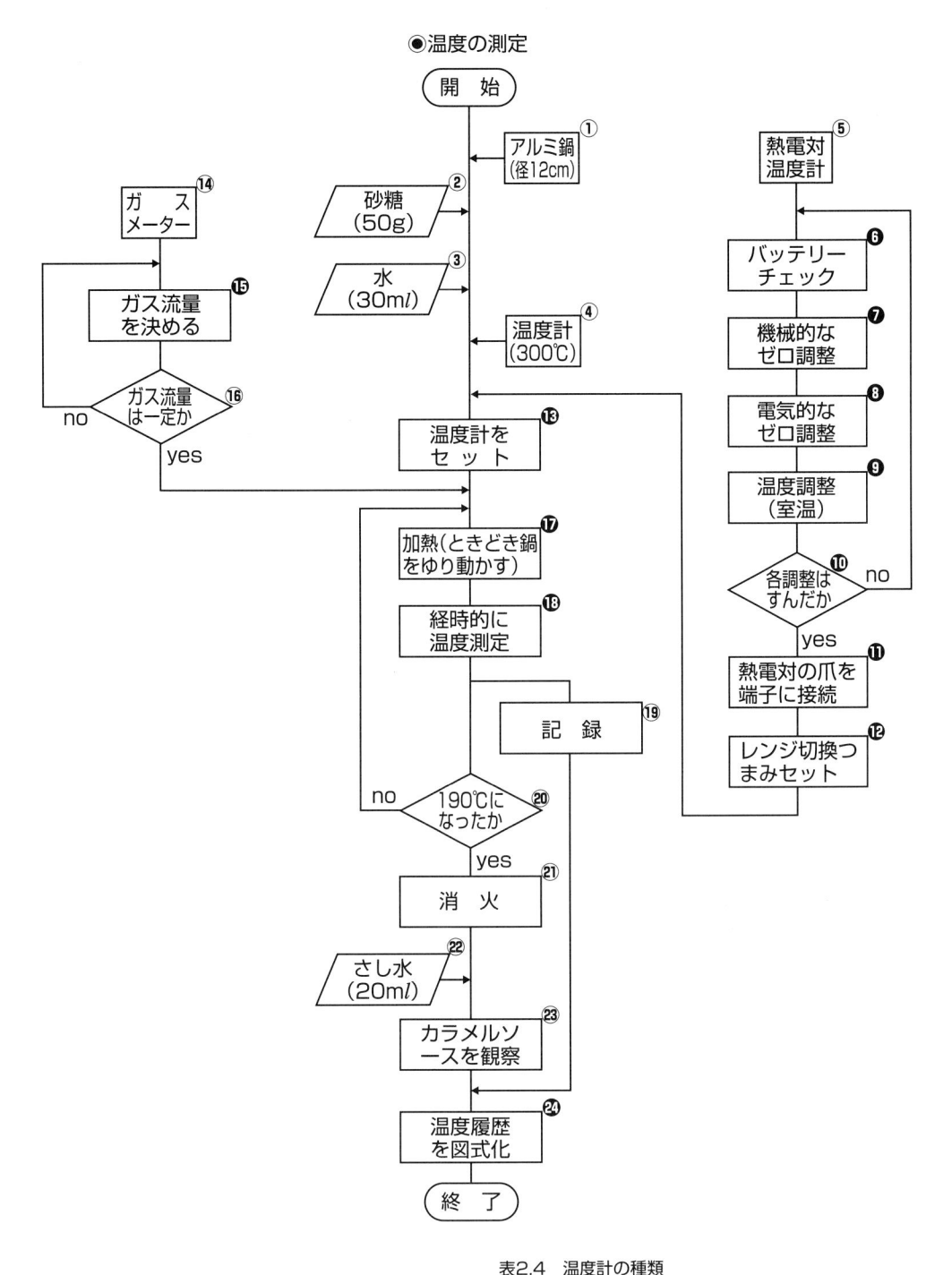

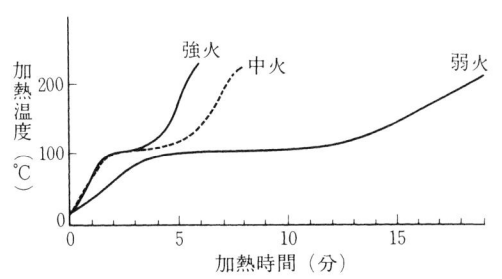

```
                    開 始
                      │
                      ├──── アルミ鍋① (径12cm)
   ガス          砂糖②
   メーター⑭    (50g)
      │              │
      │         水③
   ガス流量⑮   (30ml)
   を決める         │
      │         温度計④
      │         (300℃)
   ガス流量⑯        │
   は一定か──no      │
      │yes          │
      │             │
      └─────→ 温度計を⑬
              セット
                  ↑
                  │         熱電対⑤
                  │         温度計
              加熱(ときどき鍋⑰    │
              をゆり動かす)    バッテリー⑥
                  │         チェック
              経時的に⑱       │
              温度測定      機械的な⑦
                  │         ゼロ調整
              記 録⑲        │
                  │         電気的な⑧
              190℃に⑳       ゼロ調整
              なったか──no    │
                  │yes     温度調整⑨
              消 火㉑       (室温)
                  │         │
              さし水㉒      各調整は⑩──no
              (20ml)      すんだか
                  │         │yes
              カラメルソ㉓    熱電対の爪を⑪
              ースを観察    端子に接続
                  │         │
              温度履歴㉔    レンジ切換つ⑫
              を図式化    まみセット
                  │
                 終 了
```

図2.17 カラメルの火力別温度履歴[1]

ガス流量：強火 3 l/min，中火 2 l/min，弱火 1 l/min

表2.4 温度計の種類

名称	温度
水銀温度計	−20〜50℃、100℃、200℃、300℃
アルコール温度計	50℃、100℃
揚げ物用温度計（温度計の周りにカバーがしてあるもの）	300℃
熱電対温度計（熱電対温度指示計）	−50〜300℃
最低最高温度計	−20〜50℃

2.2 調理科学に関する基礎実験

2.2.3 調理と時間

【実験】汁物の温度降下の経時変化

■目的
　調理の際、時間が経過するのにともない食べ物にどのような影響をもたらすか、汁物のとろみつけによく用いられるデンプンを用いてだし汁の温度降下の比較を行い、その違いを観察し考察する。

■試料

	だし汁	デンプン	卵	味噌	食塩	醤油	調理用だし汁
A：清し汁	400ml	0	0	0	3g	4ml	だし汁を用いて最終液量を450mlとする
B：かき卵汁	400ml	5g(水5ml)	35ml	0	3g	4ml	
C：味噌汁	400ml	0	0	40g	0	0	

■実験器具
　片手鍋（口径12〜15cm、容量800〜900ml）、水銀またはアルコール温度計、ガスコンロ、計量カップ、計量スプーン、ストップウォッチ、秤、椀、一般実験器具

■実験方法
❶だし汁は、試料A、B、Cと液量調製用のものを合わせて1500ml用意する。
⓱、⓲水溶デンプンを加えてからの加熱は短時間にする。長い時間加熱すると粘度が低下する。
⓴薄くず汁に、割りほぐした卵を加える場合、汁は静かに沸騰を続けている状態がよい。卵を細線状に入れかき混ぜるか、または汁を静かにかき混ぜた中に卵を入れるかすればよい。
㉗味噌は、加熱しているだし汁を少量使用して溶く。
㉚液量調節後の加熱のため、沸騰が始まったらすぐ消火する。
㉜椀は前もって温めておく。各試料とも椀の蓋の有無による変化を見る。

■結果

表2.5　計測結果

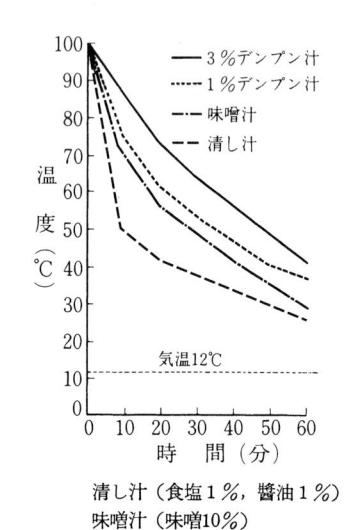

経過時間(分) \ 汁の状態	A：清し汁 蓋(有)	A：清し汁 蓋(無)	B：かき卵汁 蓋(有)	B：かき卵汁 蓋(無)	C：味噌汁 蓋(有)	C：味噌汁 蓋(無)
0						
5						
10						
15						
20						
25						
30						
40						
50						
60						

清し汁（食塩1％，醤油1％）
味噌汁（味噌10％）

図2.18　汁の種類による温度変化[1]

1) 松元文子、吉松藤子：三訂調理実験、p.49、柴田書店（1982）

●汁物の温度降下の経時変化

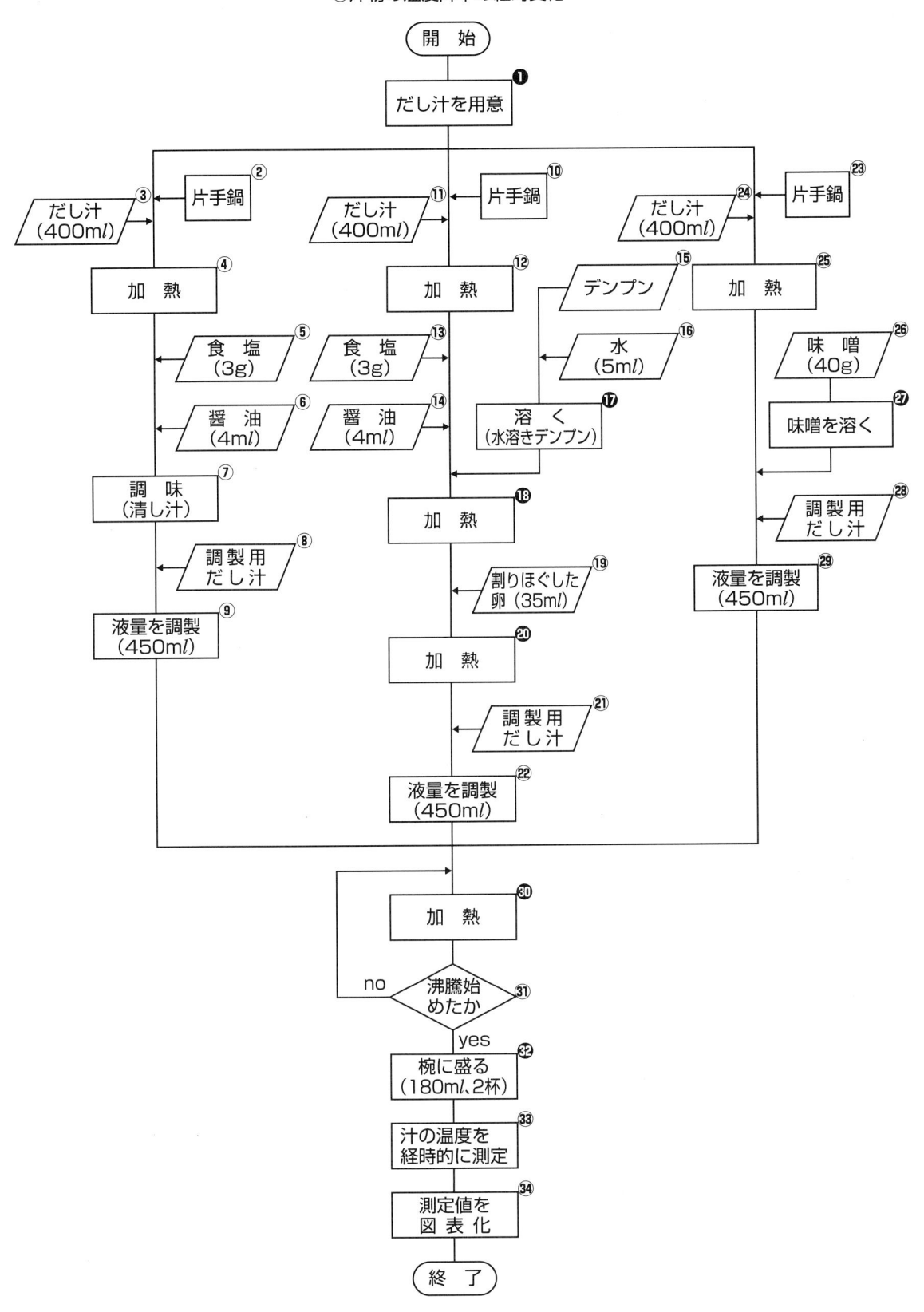

```
                              開 始
                                │
                         ❶ ┌─────────┐
                           │だし汁を用意│
                           └─────────┘
    ┌──────────────────────┼──────────────────────┐
  ②┌────┐              ⑩┌────┐              ㉓┌────┐
   │片手鍋│               │片手鍋│               │片手鍋│
   └────┘               └────┘               └────┘
③╱だし汁╲←               ⑪╱だし汁╲←              ㉔╱だし汁╲←
 ╱(400ml)╲                ╱(400ml)╲               ╱(400ml)╲
    │                        │                       │
 ④┌────┐               ⑫┌────┐     ⑮┌────┐  ㉕┌────┐
   │加 熱│                │加 熱│      │デンプン│    │加 熱│
   └────┘                └────┘      └────┘    └────┘
   ⑤╱食塩╲←             ⑬╱食塩╲←  ⑯╱水╲←     ㉖╱味噌╲←
    ╱(3g)╲               ╱(3g)╲    ╱(5ml)╲      ╱(40g)╲
   ⑥╱醤油╲←             ⑭╱醤油╲← ⑰┌────┐   ㉗┌──────┐
    ╱(4ml)╲              ╱(4ml)╲   │溶 く │    │味噌を溶く│
                                   │(水溶き │   └──────┘
                                   │デンプン)│
 ⑦┌────┐                          └────┘
   │調 味│                             │
   │(清し汁)│                       ⑱┌────┐
   └────┘                           │加 熱│
   ⑧╱調製用╲←                        └────┘
    ╱だし汁 ╲              ⑲╱割りほぐした╲←  ㉘╱調製用╲←
                            ╱卵(35ml)  ╲      ╱だし汁 ╲
 ⑨┌──────┐
   │液量を調製│              ⑳┌────┐        ㉙┌──────┐
   │(450ml) │                │加 熱│           │液量を調製│
   └──────┘                 └────┘           │(450ml) │
                           ㉑╱調製用╲←          └──────┘
                             ╱だし汁 ╲
                          ㉒┌──────┐
                            │液量を調製│
                            │(450ml) │
                            └──────┘
    └──────────────────────┼──────────────────────┘
                       ┌→ ㉚┌────┐
                       │   │加 熱│
                       │   └────┘
                       │     │
                       │  ㉛◇沸騰始◇
                       └no ◇ めたか ◇
                            ◇     ◇
                              │yes
                          ㉜┌──────┐
                            │椀に盛る│
                            │(180ml、2杯)│
                            └──────┘
                          ㉝┌──────┐
                            │汁の温度を│
                            │経時的に測定│
                            └──────┘
                          ㉞┌────┐
                            │測定値を│
                            │図表化 │
                            └────┘
                              │
                             終 了
```

2.2 調理科学に関する基礎実験

2.2.4 ● 食品の比重・密度

【実験】比重・密度の測定

■目的

　密度は、各温度における物質のミリリットル当りのグラム（g/ml）である。これを絶対密度といい、水3.98℃において密度0.999973で最も高い値である。実用的には、通常水4℃の密度を1.0000（絶対密度0.999973）とした相対密度を一般には"密度"として用いている。

　比重は、普通標準物質として用いる水に比べ重いか軽いかを比較するときに用いる。これは、任意の温度である体積を占める物質と、それと同体積の標準物質（4℃における水を採用）の物質との比で求める。また比重はd_4^{15}であらわすが、これは水4℃の密度を1.0000とし、ある物質の比重を15℃で測定したことを意味する。

　ここでは、比重計と比重瓶を用いて比重の実験を行う。

■試料および実験器具

	試　料	実　験　器　具
比重計を用いた場合	砂糖（10g、50g）	片手鍋2個、恒温槽、メスシリンダー100ml 2本 比重計1.000～1.060（10%砂糖液：d_4^{20}、1.0400） 1.000～2.000（50%砂糖液、シロップ：d_4^{20}、1.2317） 温度計　100℃
比重瓶を用いた場合	食塩（50g）	比重瓶25mlまたは50ml、秤、ビーカー（500ml、300ml） 温度計　100℃、メスシリンダー（500ml）

■実験方法

❹、❺10%砂糖液と50%砂糖液を調製する。

❼、❾比重計の目盛は、水の温度20℃を標準にしてつけられているものである。試料を20℃に保温する理由は、厳密な測定を目的としているためである。

⓭比重計は、異なった重さの鉛玉を封入したものであり、比重によって比重計を選択する必要がある。比重目盛は小数点以下4桁まで読み取れるようになっている。文献または参考書などで比重を調べておくと、比重計の選択が容易である。比重計の選択を間違うとメスシリンダー中で浮かずに沈んでしまう（⓰）。この場合は再度、適切な比重計を選ぶ必要がある。

⓱比重の読み取り方は、砂糖液面に目を合わせて、その液面の比重計の目盛を小数点以下4桁まで読む。

⓳比重瓶は、主に液体の比重を測定するための容器でピクノメーターともいう。乾燥した比重瓶の重量を化学天秤で正確に測定する。比重瓶には25℃で水を入れた場合、25gであるというように表示がしてある。また試料をこれに満たして栓をし、細孔からあふれ出る部分を捨てて測定を行う。

㊱10%食塩水溶液の比重は10%食塩水の質量/水の質量＝（$W'-w$）／（$W-w$）で算出する。

■参考

(1) 醤油、サラダ油、食酢なども同時に測定するとよい。

(2) ジャガイモ、卵が浮きも沈みもしない食塩溶液を作り、この溶液の比重を比重瓶で測ることにより、ジャガイモや卵の比重を得ることが出来る。

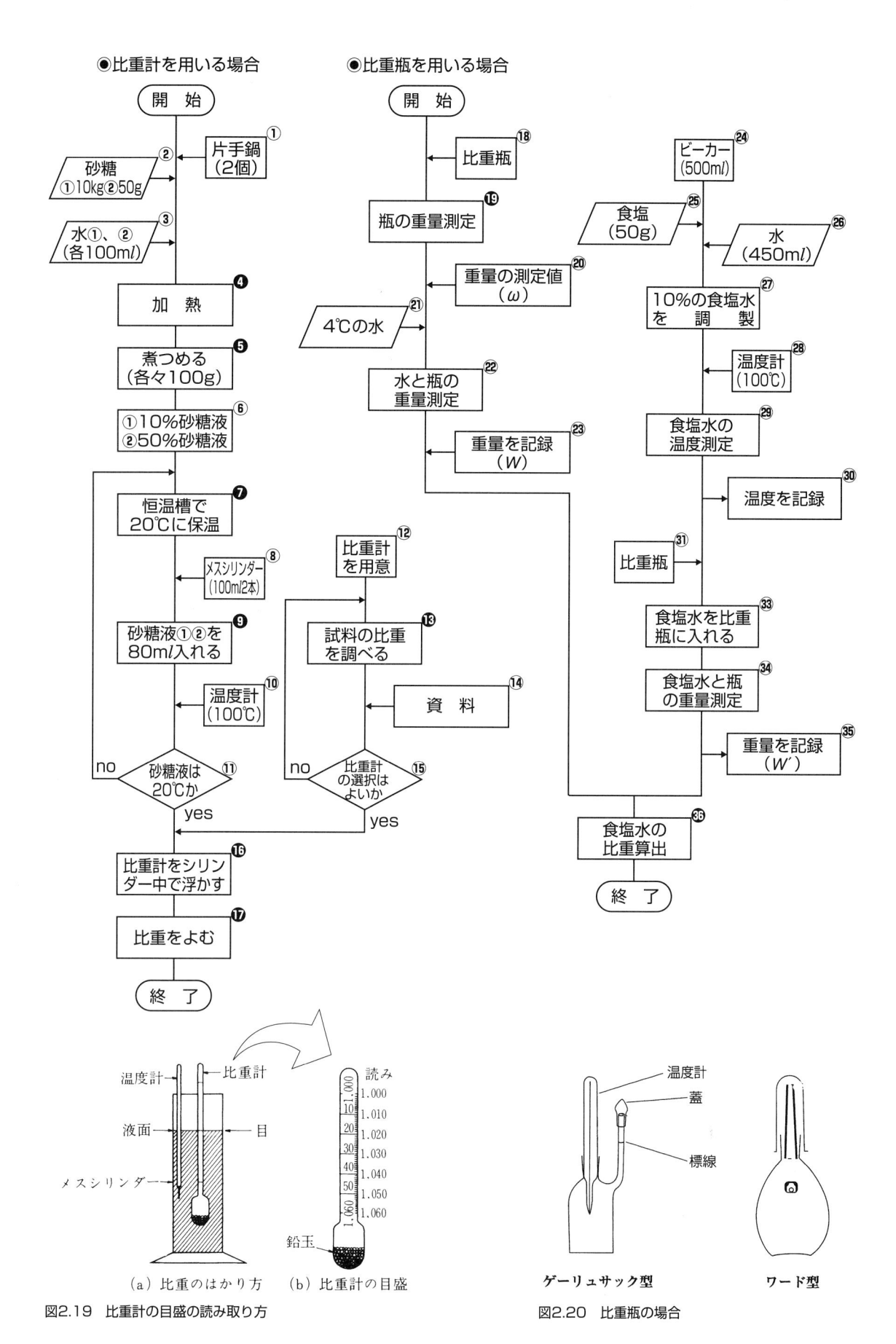

● 比重計を用いる場合

```
開 始
  ↓
  ②← ①片手鍋(2個)
砂糖 ①10kg ②50g
  ↓
  ③
水①、②
(各100ml)
  ↓
❹ 加 熱
  ↓
❺ 煮つめる
  (各々100g)
  ↓
⑥ ①10%砂糖液
  ②50%砂糖液
  ↓
❼ 恒温槽で
  20℃に保温
  ↑
  ⑧ メスシリンダー
    (100ml 2本)
  ↓
⑨ 砂糖液①②を
  80ml入れる
  ↑
  ⑩ 温度計(100℃)
  ↓
⑪ 砂糖液は 20℃か ―no→(戻る)
  ↓yes
⑯ 比重計をシリン
  ダー中で浮かす
  ↑
     ⑫ 比重計を用意
       ↓
     ⑬ 試料の比重を調べる ← ⑭ 資 料
       ↓
     ⑮ 比重計の選択は よいか ―no→(戻る)
       ↓yes
  ↓
⑰ 比重をよむ
  ↓
終 了
```

● 比重瓶を用いる場合

```
開 始
  ↓← ⑱ 比重瓶
⑲ 瓶の重量測定
  ↓
⑳ 重量の測定値(ω)
  ↓
  ㉑← 4℃の水
㉒ 水と瓶の重量測定
  ↓
㉓ 重量を記録(W)
  ↓
           ㉔ ビーカー(500ml)
            ↓
  ㉕ 食塩(50g)→ ←㉖ 水(450ml)
            ↓
          ㉗ 10%の食塩水を調製
            ↓← ㉘ 温度計(100℃)
          ㉙ 食塩水の温度測定
            ↓
          ㉚ 温度を記録
            ↓← ㉛ 比重瓶
          ㉝ 食塩水を比重瓶に入れる
            ↓
          ㉞ 食塩水と瓶の重量測定
            ↓
          ㉟ 重量を記録(W')
            ↓
  ㊱ 食塩水の比重算出
            ↓
          終 了
```

(a) 比重のはかり方   (b) 比重計の目盛

図2.19 比重計の目盛の読み取り方

ゲーリュサック型   ワード型

図2.20 比重瓶の場合

2.2 調理科学に関する基礎実験

2.3 調理と物性

調理素材としての食品や各種食品加工品の物性（物質的性質）は、各種機器、器具を用いることにより表すことができる。基礎的方法、経験的方法、模擬的方法の3つに分類できる（表2.9）。

2.3.1 ● 食品の粘度の測定

主に液状食品は流れやすいものと流れにくいものがある。これを粘度という言葉で表し、粘度が高い（大きい）、低い（小さい）というふうに表現される。粘度とは流体のもつ流れに抵抗する性質であり、粘度、粘性率、粘性係数とも呼ばれる[1]。

液状食品には、ずり応力（食品等にかかる力）とずり速度（流れる速さ）が比例関係の「ニュートン流動」と、比例関係にない「非ニュートン流動」があり、前者は水やサラダ油、後者はマヨネーズ、ケチャップ、でんぷん糊等多くの液状食品がこれにあたる。

【実験1】毛細管粘度計による粘度測定

オストワルド粘度計（毛細管粘度計）は、毛細管の中を一定量の液体試料が流下するときに要する時間が、液体の運動学的粘性係数（動粘度）に比例するという原理に基づいて、標準液（純水など）と比較した相対粘度から粘度を求める測定器具である。

■目的
食品の中で、比較的流れやすい（低い粘度）試料の粘度について、毛細管粘度計を用いて測定し、粘性係数を求める。

■試料
20、50%ショ糖溶液、醤油等。

■実験器具
オストワルド粘度計、ゴム管、ピンチコック、ホールピペット（10mℓ）、ストップウオッチ、スタンド、洗浄瓶、アスピレーター、恒温槽

■実験方法
❸粘度は温度により変化するので、試料を恒温槽などで一定温度にした後、測定する。
❽オストワルド粘度計の選び方は、粘度計 b、d 間の試料の流下秒数が概ね2～3分のものを選ぶ。表2.7のように粘度計の直径が小さいものほど、流下秒数は大きくなる。

■結果
次式により、粘性係数を求める。

$$\frac{\eta}{\eta s} = \frac{d \cdot t}{ds \cdot ts} \quad \text{または} \quad \eta = \eta s \frac{d \cdot t}{ds \cdot ts}$$

標準液の粘性係数 ηs　　　試料の粘性係数　η
標準液の密度 ds　　　　　試料の密度　　　d
標準液の流下秒数 ts　　　試料の流下秒数　t

表2.6 測定結果

	ショ糖溶液濃度		醤油
	20%	50%	
粘性係数 (mPa·s)			

表2.7 オストワルド粘度計の種類

番号	毛細管部直径 mm	番号	毛細管部直径 mm
No. 1	0.5	No. 6	1.75
No. 2	0.75	No. 7	2.0
No. 3	1.0	No. 8	2.25
No. 4	1.25	No. 9	2.5
No. 5	1.5	No.10	2.75

表2.8 標準液の粘性係数ηsと密度ds

標準液	温度	ηs(mPa.s)	$ds(\times 10^3 kg/m^3)$
水	10℃	1.3077	0.99973
	20	1.0050	0.99823
	30	0.8937	0.99707
	40	0.8007	0.99567
	50	0.5494	0.98807

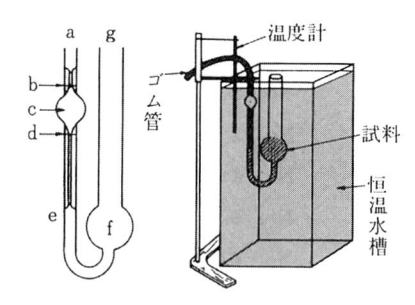

図2.21 オストワルト粘度計と測定装置[1]

● 毛細管粘度計による粘度測定

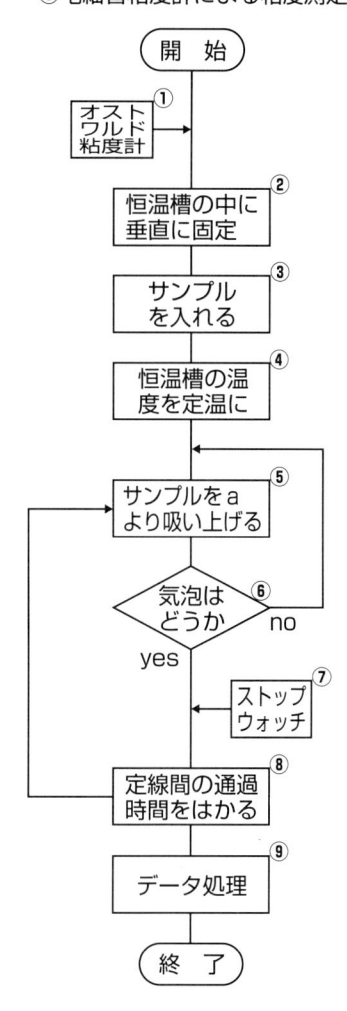

```
開始
 ↓
① オストワルド粘度計
 ↓
② 恒温槽の中に垂直に固定
 ↓
③ サンプルを入れる
 ↓
④ 恒温槽の温度を定温に
 ↓
⑤ サンプルをaより吸い上げる
 ↓
⑥ 気泡はどうか → no → (⑤へ戻る)
 ↓ yes
⑦ ストップウォッチ
 ↓
⑧ 定線間の通過時間をはかる
 ↓
⑨ データ処理
 ↓
終了
```

表2.9

基礎的方法	基礎的なレオロジー的性質を測定する方法で、食品の物性を年成立、静的粘弾性定数、動的粘弾性定数などの物性値で求めるもの	粘性	毛細管粘度計 回転粘度計
		粘弾性	クリープ測定装置 応力緩和測定装置 動的粘弾性測定装置
		破断特性	レオナー ダイナグラフ
経験的方法	はっきりと力学的に定義づけることはできないが、経験的に食品の物性と関連付けられる特性値を測定するもの		硬度計 肉剪断試験機 ペネトロメーター カードメーター ネオカードメーター コンプレッシメーター ショートメーター
模擬的方法	手でこねたり、伸ばしたり、咀しゃくしたりするなど、実際に食品が扱われるときと同じような条件で測定するもの		アミログラフ ファリノグラフ エキステンソグラフ アルベオグラフ テクスチュロメーター レオナー

1) 川端晶子：食品衛生学、p.26-32、建帛社（1989）

【実験2】回転粘度計による測定

　比較的粘度がある食品は毛細管粘度計での測定には不向きで、回転粘度計を用いて測定する。B型回転粘度計は、内筒回転型の粘度計であり、低粘度用のBL型、高粘度用のBH型がある。

　粘性のある液体の中で円筒を一定速度で回転させると、これと同軸の目盛板はモーターとともに回転する。モーターと円筒の間にスプリングを取り付けて回転させると円筒がうける粘性抵抗とモーターが回転し、スプリングのねじれによるトルクがつりあうだけ円筒の回転が遅れる。そのずれた角度を測定することにより、みかけの粘性係数を算出できる。

■目的
　比較的粘度のある試料食品の粘性係数をもとめ、温度による粘度の変化やニュートン流動か非ニュートン流動の食品かを検討する。

■試料
　くず湯、ケチャップ、マヨネーズ　等

■実験器具
　B型回転粘度計、トールビーカー（200ml）、温度計

■実験方法
❸試料の粘度が分からない場合は、ローターの番号の小から大へ、回転数は低速から高速へ切り替えて測定し、条件を整える。目盛板上の読みが5以下だと誤差が出やすいので、ローターや回転速度を高速にし、測定する。

❽粘度の高い試料食品は、温度により値が大きく変わるので、試料を恒温槽などで一定にしてから測定する。

■結果
(1) 粘度計の目盛の読みに換算乗数表の値を乗じてみかけの粘性率を求める。
　　みかけの粘性係数（mPa・s）＝目盛の読み×換算乗数
(2) 同一試料を用いて、回転数を変えて測定する：グラフ用紙（両対数等）の横軸に回転数、縦軸にみかけの粘性係数をとり、測定値をプロットした後、線を引いてみる。
(3) 同一試料を用いて、測定時の温度を変えて測定する：グラフ用紙の横軸に温度、縦軸にみかけの粘性係数をとり、測定値をプロットした後、線を引いてみる。

■参考
　試料がニュートン流動の場合は回転速度を変えても見かけの粘性係数は一定、非ニュートン流動の場合は回転速度を変えると見かけの粘性係数は異なる数値となる。

表2.10 換算乗数表：BL型粘度計（mPa·s）

R.P.M ローター	60	30	12	6
アダプター	0.1	0.2	0.5	1.0
No. 1	1	2	5	10
No. 2	5	10	25	50
No. 3	20	40	100	100
No. 4	100	200	500	1.000

表2.11 換算乗数表：BH型粘度計（mPa·s）

R.P.M ローター	20	10	4	2
No. 1	5	10	25	50
No. 2	20	40	100	200
No. 3	50	100	250	500
No. 4	100	200	500	1.000
No. 5	200	400	1.000	2.000
No. 6	500	1.000	2.500	5.000
No. 7	2.000	4.000	10.000	20.000

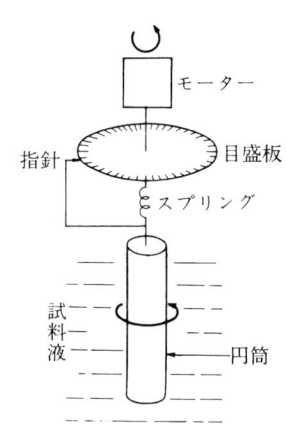

図2.22 B型回転粘度計の略図

● 回転粘度計による測定

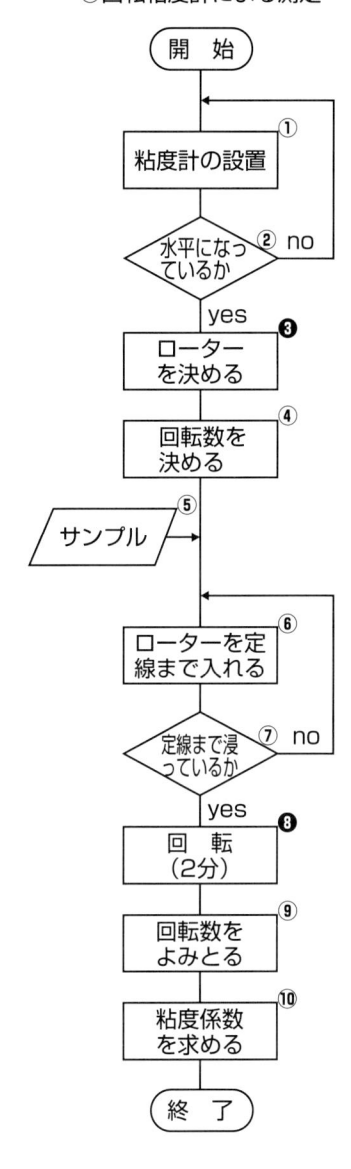

フローチャート：
① 粘度計の設置
② 水平になっているか → no（①へ戻る）／yes
③ ローターを決める
④ 回転数を決める
⑤ サンプル
⑥ ローターを定線まで入れる
⑦ 定線まで浸っているか → no（⑥へ戻る）／yes
⑧ 回転（2分）
⑨ 回転数をよみとる
⑩ 粘度係数を求める
終了

2.3 調理と物性

2.3.2 食品のテクスチャー

食品のテクスチャーとは、一般に①食品を手や指で触ったときの触感、②目から入った視覚的感覚、③口中での皮膚感覚や咀しゃくによるかたさ、粘り、なめらかさ、もろさなどの口ざわりに関与する食品の物理的性質をいうとされている[1]。食品の品質を評価したり、近年高齢者の咀しゃく・嚥下困難者用食品の開発においてこの特性を知ることは大変重要なことである。

従来、テクスチュロメーター（全研）が多くの機関で使用されていたが、近年各種テクスチャー用機器が出回り、解析もコンピューターを使用した自動解析が主流である。プランジャーを圧縮する方法として、正弦運動と定速上下運動との機器があるが、どちらの場合もその食品のテクスチャー解析は同様である。テクスチュロメーターでの測定は、解析を示すこととし、ここでは後者の測定機の一つであるレオナー（山電）について解説する。

■参考

テクスチュロメーター測定による解析

テクスチュロメーターは人間の感覚による評価内容を客観的な物理特性と結びつけようとして開発された機器で、食品を正弦運動により複数回（多くは2回）圧縮上下運動を行い、その記録曲線から以下のように解析する。

図2.23 テクスチュロメーターによる特性曲線の解析方法

$$硬さ（Hardness）= \frac{H（目盛の読み）}{入力電圧}（kg.T.U：単位）$$

$$凝集性（Cohesiveness）= \frac{A_2（面積）}{A_1（面積）}$$

$$弾力性（Springness）= C - B \qquad C：粘度時間定数$$

$$付着性（Adhesiveness）= \frac{A_3'（面積）}{入力電圧}$$

$$もろさ（Fracturability）= \frac{F（目盛の読み）}{入力電圧}$$

咀しゃく性（Chewiness）＝硬さ×凝性×弾力性

ガム性（Gumminess）＝硬さ×凝集性

【実験1】レオナーによるテクスチャー測定

■目的

食品の持つ食感について、レオナー（定速上下運動）を用いて測定を行い、その記録曲線からテクスチャー特性を解析・検討し、数量化する。

■試料

寒天、ゼラチンゼリーまたは絹・木綿豆腐。

■実験器具・測定機器

テクスチャー測定装置一式（レオナーRE-3305、33005、簡易テクスチャー測定器TPU：いずれも山電（株）製、レオロメーター・マックスRX-1700：アイテクノ（株）製、レオメーターRT-2002D・D：（株）レオテック製など）、記録計、試料用容器、カッターなど。

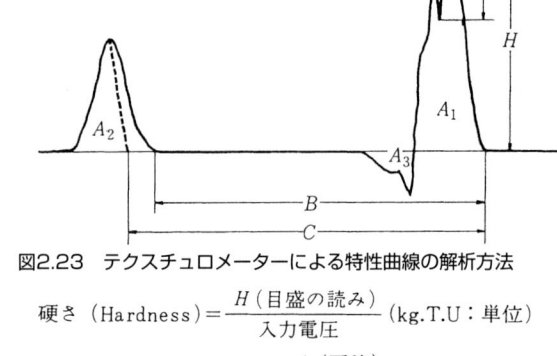

■実験方法

❶試料の調整：ゼリー、豆腐とも20mmの立方体または直径20mm高さ20mmの円筒形に調整する

❷測定条件：測定機器のプランジャーは試料より径の大きいものまたは試料より小さいものを選ぶ。ここでは直径5mmの円盤を用いる。圧縮量（クリアランス）は試料の高さの70～90%位の進入を考え、2～6mm位とする。機器の圧縮速度5～10mm/s、運動回数2回。

---

[1] 大羽知子、川端晶子編著：調理科学実験、p.61、学建書院

❸試料の温度についても一定にすることが望ましい。
❹測定を記録計に記録させ、その曲線よりテクスチャー特性を解析する。

■解析

例に示したテクスチャー曲線より、硬さ、凝集性、付着性について数量化する。

(1) 硬さ（Hardness）：硬さは記録曲線の最初（第一）の曲線のピークより求める。試料測定前に機器の測定部に100gの分銅を取り付けるかまたは100gの荷重を試料台に負荷させ、記録計の一目盛が何目盛をさすかチェックする。測定後、曲線の山のピークの目盛りを読み、負荷した荷重を算出する。次式により硬さを応力単位として、計算する。（単位SI：N/m^2）

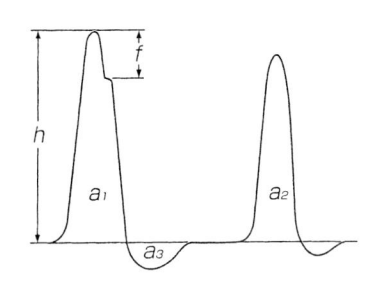

h：1山目の高さ、a_1：1山目の面積、a_2：2山目の面積
a_3：1山目の負方向の面積、f：1山目の落ち込みの高さ(もろさ)

図2.24 レオナーによる特性曲線の解析方法

$$Po = \frac{F \times 重力の加速度（9.8m/s^2）}{試料に接したプランジャーの面積（m^2）}$$

Po：応力、F：圧縮に要した最大荷重（kg）

(2) 凝集性（Cohesiveness）：凝集性は圧縮運動で得られた最初の山（A_1）の面積を第二の山の面積で減じた比で表す。（単位は物理的な記号はなく、機器の名からR.U.：レオナー・ユニットと表現する。）

$$凝集性 = \frac{a_1}{a_2}$$

(3) 付着性（Adohesiveness）：最初の山のカーブが終了し、マイナス側に出た曲線の面積A_3より付着エネルギーとして計算する。A3の面積の仕事量は縦方向（❶と同様に応力単位で計算）と横方向（歪み：プランジャーの圧縮速度を記録紙の送り速度と試料の高さを乗じたもので減じたもの）を面積で乗じたものを付着エネルギー量として計算する。（単位SI：J/m^3）

付着性＝a_3（面積）×縦軸の応力単位×歪み（プランジャーの圧縮速度÷記録計の速度×試料の高さ）

表2.12 寒天・ゼラチンゼリー、豆腐のテクスチャー特性値

	硬さ（N/m^2）	凝集性（R.U.）	付着性（J/m^3）
寒天ゼリー			
ゼラチンゼリー			
木綿豆腐			

2.3.3 ● 食品の粘稠性と破断特性

　ゾル・ゲル食品の物理的特性について、圧縮上下運動のテクスチャーや粘度以外の測定法として、濃厚な試料やゲル状食品に圧縮侵入したときの特性を測ることがある。粘性の高い非ニュートン流体の変形あるいは流動に対する抵抗を粘稠性と呼ぶ[2]。とろっとしたとか粘っこいなどの特性、またゲル食品等に圧縮応力を与えた時の破壊ぐあい（歯切れ等）を表す特性（破断特性）を測定するために開発されたのが、カードメーターや各種物性測定機器である。

　乳製品のカードの品質管理用として開発された機器がカードメーターである。後に、圧縮侵入試験と麺などの引っ張り試験の測定が可能なネオカードメーターが開発された。テクスチャーの特性である、硬さ、破断、粘稠度の測定ができ、数値化することで官能検査による特性と比較することができる。

　カードメーターの測定原理は試料をのせた可動台が一定速度で上昇し、バネと錘重につけられている感圧軸が試料に接触し、荷重がかかったある次点で試料に感圧軸が侵入するときの変化を平行に取り付けたチャートに記録させる方法である。この場合、記録曲線は45度の角度で進行し、硬いゲル（破断が起こらない）の侵入が起こらなければ45度の直線のままである。いずれの試料でも、バネと錘重を選択すれば、45度の対角線より下に記録線が表れる。カードメーターの機構図を図2.25に、解析法を図2.26、2.27、2.28に示す。バネと感圧軸の選択は45度の対角線と明瞭に区別できる結果が得られるもの、試料特性を得るために試料の測定回数を多く取ることが大事である。

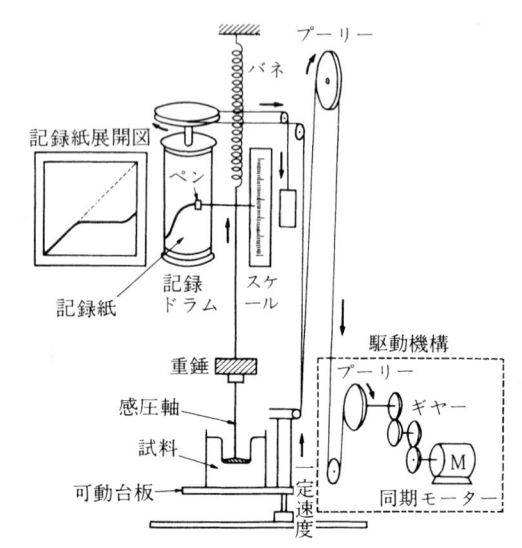

図2.25　カードメーターの機構図

【実験1】カードメーターによる測定

■目的
　食品の中で、粘稠性や破断特性を示す試料をカードメーターを用いて測定し、その性質を解析する。

■試料
　1%寒天ゲル、3%ゼラチンゲル、豆腐、ようかん等

■実験方法
❼試料の調整：市販のゲル食品なら、20mmの立方体、または直径20mm×高さ15〜20mm程度のシャーレに挿入する。
❼、❽ゼラチン、寒天ゼリーの場合は、それぞれ吸水・膨潤させた後、加熱溶解させ、❶のシャーレに気泡が入らないように挿入。冷却ゲル化後、測定する。
❿温度を一定にした後、カードメーターの試料台に置き、測定を開始する。
⓬解析例にならい、硬さ、粘稠度、破断（ゲル強度）等を求める。

■結果

表2.13 カードメーターによる特性値

	硬さ (dyn/cm²)	粘稠度 (dyn·sec/cm³)
1%寒天ゲル		
3%ゼラチンゲル		
豆腐		
ようかん		

■解析

測定する食品によって記録される曲線、測定できる要素が異なる。機器の特性上C.G.S.単位を使用する（一部はSI単位に換算可）。

(1) 硬さ破断力のあるもの（プリン、寒天ゼリー、かまぼこなど）

$$破断力 = \frac{F}{S} \cdot g \quad (dyn/cm^2)$$

$$硬さ = \frac{A_2}{A_1} \cdot \frac{L}{k} \quad (dyn/cm^2)$$

F：破断時における記録紙の縦軸の読み（表2.14）

A_1、A_2：記録紙の45度の対角線と任意の時間における垂線とから図2.26のように求める

k：ばねの常数（表2.15）　　L：感圧軸円盤の円周（表2.16）

S：感圧軸円盤の面積（表2.16）　g：重力加速度＝980

図2.26 硬さと破断力のあるもの

表2.14 記録紙の縦軸の読み

重錘 (g)	記録紙縦軸目盛	縦軸読み (g重)
60	100	60
100	100	100
200	100	200
400	100	400

表2.15 ばねの乗数

ばね	k (dyn/cm)
60 g 用	$6533 \times \frac{3}{5} = 3920$
100 g 用	$6533 \times 1 = 6533$
200 g 用	$6533 \times 2 = 13066$
400 g 用	$6533 \times 4 = 26132$
800 g 用	$6533 \times 8 = 52264$

表2.16 感圧軸円盤の大きさ

感圧軸直径 (cm)	面積 S (cm²)	円周の長さ L (cm)
0.30	0.07	0.94
0.56	0.25	1.76
0.80	0.50	2.51
1.13	1.00	3.55

(2) 硬さと粘稠性のあるもので、流動性の小さいもの（白あん、味噌、羊羹など）

$$硬さ = \frac{A_2}{A_1} \cdot \frac{k}{L} \quad (dyn/cm^2)$$

$$粘稠度 = \frac{B_1}{\alpha} \cdot \frac{1}{S} \cdot g \quad (dyn \cdot sec/cm^3)$$

A_1、A_2：(1)の場合と同様に、記録紙の45度の線と測定曲線の最初の立ち上がりにおける接線から、図2.27のように求める

B_1：測定記録曲線が時間軸に平行になった時の記録紙の縦軸の読み、またはmm

α：可動台板の測度。1インチ7秒のもの：0.36（cm/sec）、1インチ21秒のもの（ヨーグルト用）：0.12（cm/sec）

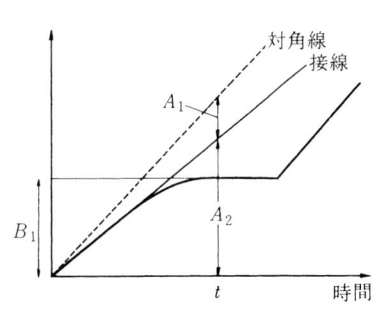

図2.27 硬さと粘稠性のあるもの（流動性小）

(3) 硬さと粘稠性のあるもので、流動性の大きいもの（水あめ、マヨネーズなど）

$$硬さ = \frac{A_2}{A_1} \cdot \frac{k}{L} \quad (dyn/cm^2)$$

$$粘稠度 = \frac{B_1}{\alpha} \cdot \left(1 + \frac{A_2}{A_1}\right)^2 \cdot \frac{1}{S} \cdot g \quad (dyn \cdot sec/cm^3)$$

A_1、A_2：図2.28のように、直線l_1に平行な原点からの直線l_2の対角線と任意の時間における垂線から求めた記録紙の読み、またはmm

B_2：直線l_1が交差する縦軸の読み

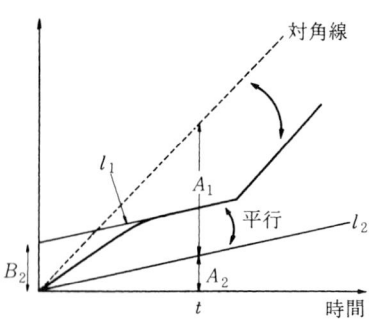

図2.28 硬さと粘稠性のあるもの（流動性大）

●カードメーターによる測定

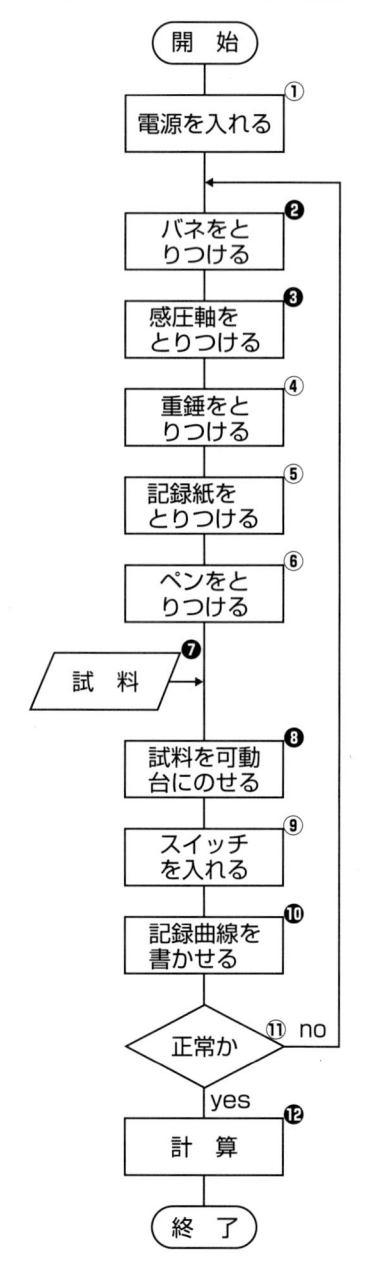

表2.17

試料	重錘（g）	感圧軸直径(cm)
豆腐	100	1.13
プリン	200	2.00
かまぼこ	400	0.20
魚肉ソーセージ	800	0.56
寒天	200	0.56
羊羹	800	0.56
白あん	400	1.13
赤だし味噌	800	1.13
マヨネーズ	60	2.00
水あめ	60	2.00
ピーナツチョコレート	60	3.00

フローチャート：
開始 → ① 電源を入れる → ② バネをとりつける → ③ 感圧軸をとりつける → ④ 重錘をとりつける → ⑤ 記録紙をとりつける → ⑥ ペンをとりつける → ⑦ 試料 → ⑧ 試料を可動台にのせる → ⑨ スイッチを入れる → ⑩ 記録曲線を書かせる → ⑪ 正常か → no（②へ戻る）／yes → ⑫ 計算 → 終了

【実験2】ネオカードメーターによる試験

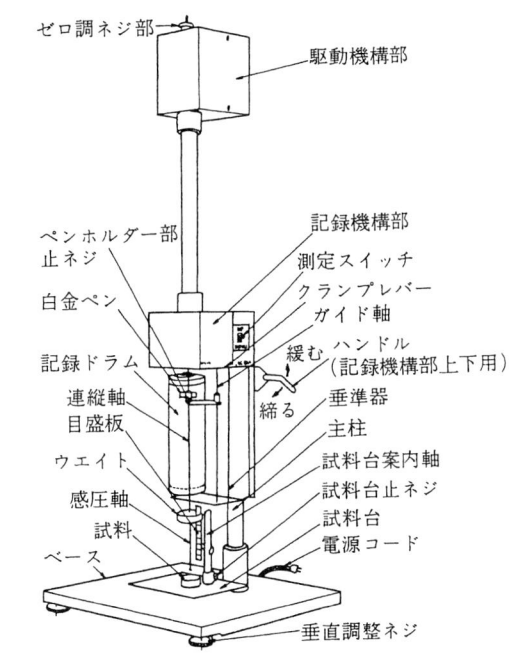

ネオカードメーターはカードメーターの測定原理を用いて侵入試験、引っ張り試験が可能である。違いは、試料台を固定し、バネと感圧軸を一定速度で下降（または上昇）させ、感圧軸試料に侵入した際（引っ張りの場合は、試料を伸張させ、切断した点まで）の記録をチャートに記録させる点である。

（1）ネオカードメーターによる侵入試験
■目的
カードメーター同様に食品の粘稠性を示す試料について同機を使用して測定し、その性質を解析する。
■試料
1%寒天ゲル、3%ゼラチンゲル、豆腐、ようかん等。
■実験方法
❶実験1に準じて、試料を調製した後、ネオカードメーターの試料台に置き、測定を開始する。
❷解析例にならい、硬さ、粘稠度、破断（ゲル強度）等を求める。

図2.29　ネオカードメーターの構造

■結果

表2.18　ネオカードメーターによる特性値

	硬さ (dyn/cm^2)	粘稠度 (dyn·sec/cm^3)
1%寒天ゲル		
3%ゼラチンゲル		
豆腐		
ようかん		

■解析例

ネオカードメーター進入度曲線の解析

(a) 硬さ、破断力のみで粘稠度の求められない測定記録

（プリン、豆腐、かまぼこ、ソーセージ、寒天など）

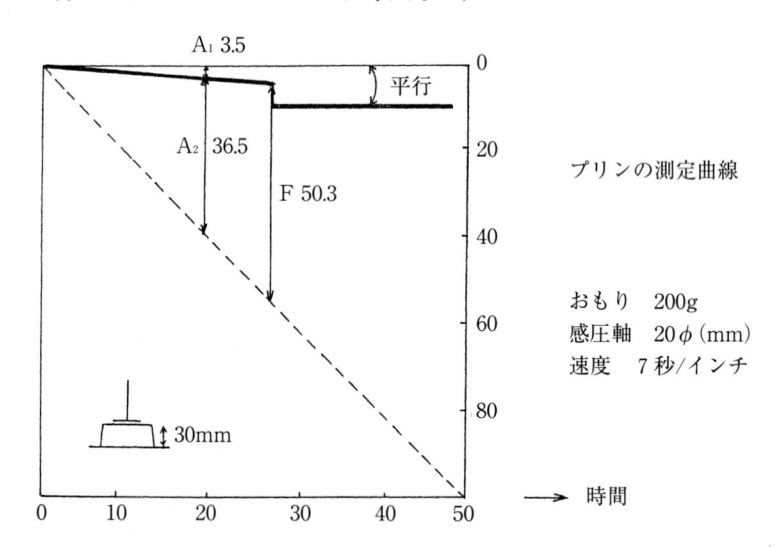

プリンの測定曲線

おもり　200g
感圧軸　20φ(mm)
速度　7秒/インチ

$$硬さ = \frac{A_2}{A_1} \cdot \frac{K}{L} = \frac{36.5}{3.5} \times \frac{6533 \times 2}{2 \times 3.14 \times 1} = 2.17 \times 10^4 \ (dyn/cm^2)$$

$$破断力 = \frac{F}{S} \times 980 = \frac{50.3 \times 2^\ast}{3.14 \times (1)^2} \times 980 = 3.14 \times 10^4 \ (dyn/cm^2)$$

※200gのばねを使用

(b) 流動性が大きく、硬さ、破断力のみで粘稠度の求められない測定記録（流動性の大きいもの）

（水あめ、マヨネーズ、くず湯、バニシングクリームなど）

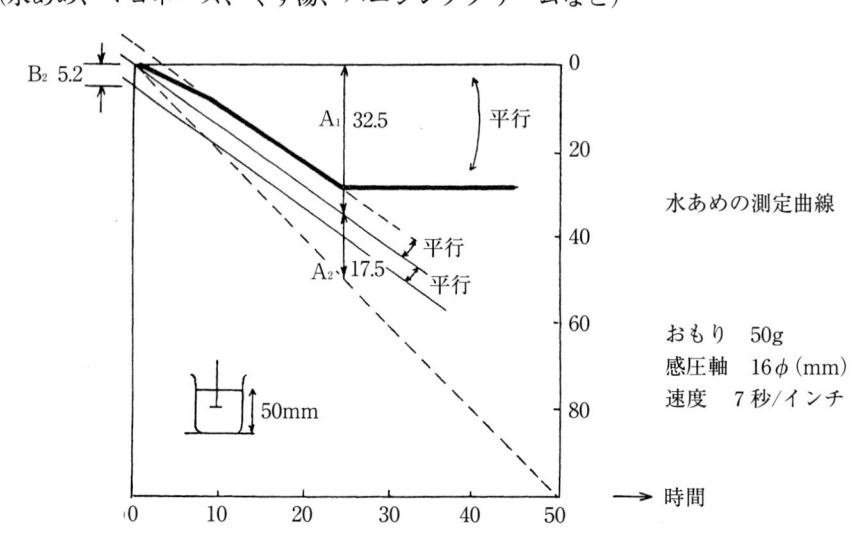

水あめの測定曲線

おもり　50g
感圧軸　16φ(mm)
速度　7秒/インチ

$$硬さ = \frac{A_2}{A_1} \cdot \frac{K}{L} = \frac{17.5}{32.5} \times \frac{6533 \times 2}{2 \times 3.14 \times 0.8} = 3.50 \times 10^2 \ (dyn/cm^2)$$

$$粘稠度 = \frac{B_2}{\alpha}\left(1 + \frac{A_2}{A_1}\right)^2 \cdot \frac{1}{S} \times 980 = \frac{5.2 \div 2^\ast}{0.36} \times \left(1 + \frac{17.5}{32.5}\right)^2 \times \frac{980}{3.14 \times (0.8)^2} = 8.34 \times 10^3 \ (dyn \cdot sec/cm^3)$$

※50gのばねを使用

(c)（b）と同じで、流動性の小さいもの（A_2=0）流動性が大きく流動性の大きいもの）
（白あん、トマトケチャップ、味噌、羊羹、メレンゲなど）

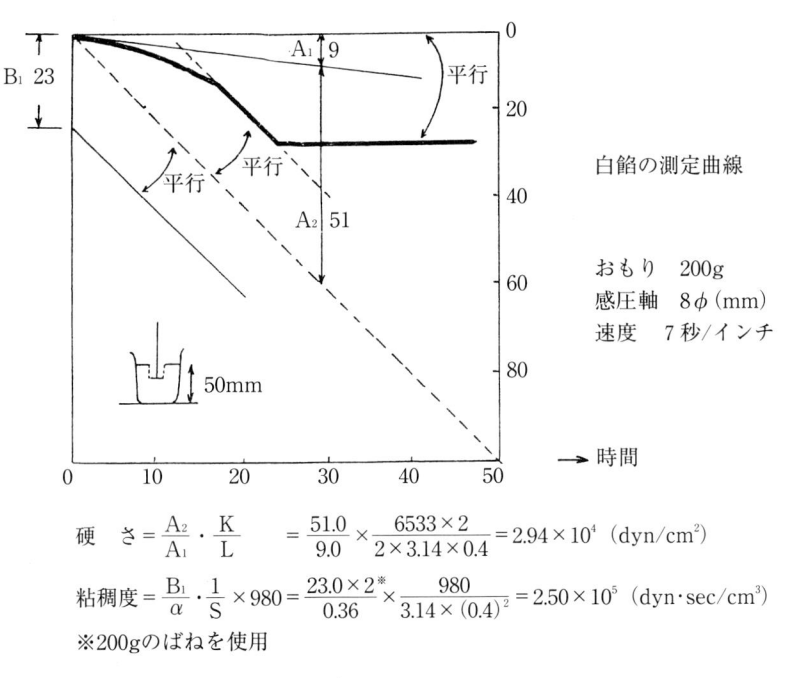

白餡の測定曲線

おもり　200g
感圧軸　8φ（mm）
速度　7秒／インチ

$$硬さ = \frac{A_2}{A_1} \cdot \frac{K}{L} = \frac{51.0}{9.0} \times \frac{6533 \times 2}{2 \times 3.14 \times 0.4} = 2.94 \times 10^4 \ (dyn/cm^2)$$

$$粘稠度 = \frac{B_1}{\alpha} \cdot \frac{1}{S} \times 980 = \frac{23.0 \times 2^*}{0.36} \times \frac{980}{3.14 \times (0.4)^2} = 2.50 \times 10^5 \ (dyn \cdot sec/cm^3)$$

※200gのばねを使用

（2）ネオカードメーターによる引張り試験

■目的

麺等の伸張・切断時の特性をネオカードメーターを用いて測定し、その性質を解析する。

■試料

うどん、そば、しらたき等

■実験方法

❶しらたきはそのまま、麺類は時間をきめて茹でる。麺等の表面の水分をろ紙で取り、乾燥を防ぐために、めんを直線状にならべた後、ラップでくるむ。

❷ネオカードメーターの感圧軸の部分にクリップをとりつけて試料をはさみ、試料台にとりつけたもう一つのクリップにはさむ。チャートの0点を確認した後、バネを取り付けた軸を上方に可動させ、麺類が切断するまでの状態をチャートに記録させる。（粘稠度の試験は左上部がスタート点だが、引っ張りは左下がスタート点となる）

❸解析例に従い、引っ張り強度を求める。

■結果

表2.19　ネオカードメーターによる引っ張り強度特性値

	引っ張り強度（dyn/cm²）
うどん	
そば	
しらたき	

■解析例

引張り曲線の解析

引張り強度を求めた測定記録（例　しらたき、麺類、スパゲッティ等）

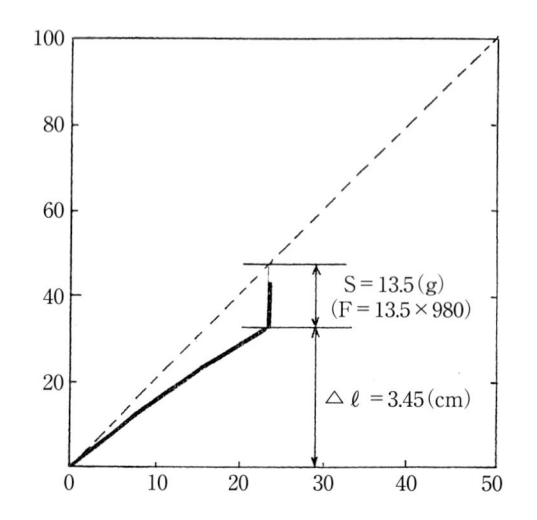

しらたきの測定曲線

スプリング　100g
ℓ　　　　　10cm
速　度　7秒/インチ

E……伸び弾性率
F……試料に加える力
A……〃の断面積
ℓ……〃の元の長さ
$\triangle\ell$……〃の伸びた長さ

とすれば　$E = \dfrac{F}{A} \cdot \dfrac{\ell}{\triangle\ell} = \dfrac{13.5 \times 980}{3.14 \times (0.274)^2} \times \dfrac{10}{3.45}$

$= 2.16 \times 10^6 \ (\mathrm{dyn/cm^2})$

注　1．$\triangle\ell$の縦軸で伸びを計算するときは、目数×1.5mmです。
　　　　　　　　　　　　　　　　　　（フルスケール100で150mm）
　　2．第7図のS＝13.5gはスプリングに100gを使用したときのg数ですから
　　　　スプリングに50g、200g、400gを用いたときはそれぞれ×$\dfrac{1}{2}$、×2、
　　　　×4のg数になります。

【実験3】レオナーによる破断特性

　食品にある力を加えて変形させ続けていると、ついに破壊する現象がみられ、これを破断という。脆性破断（降伏点と破断点が一致している：各種ゼリー、せんべい等）と延性破断（一致していない場合：ようかん、チーズ等）があるが、ここでは前者を取り扱う。

　応力―ひずみ曲線より、破断点（P_f）を破断応力（N/m²）（縦軸の応力の求め方はレオナーでのテクスチャーの硬さの荷重から応力に変換する場合と同様）、破断点の応力$P_f = P(\varepsilon_f)$、破断ひずみをε_fとし、破断にいたるまでの仕事量（応力―ひずみ曲線）の面積Sより次式により単位面積あたりの破断エネルギー（E_n：J/m³）が算出される。

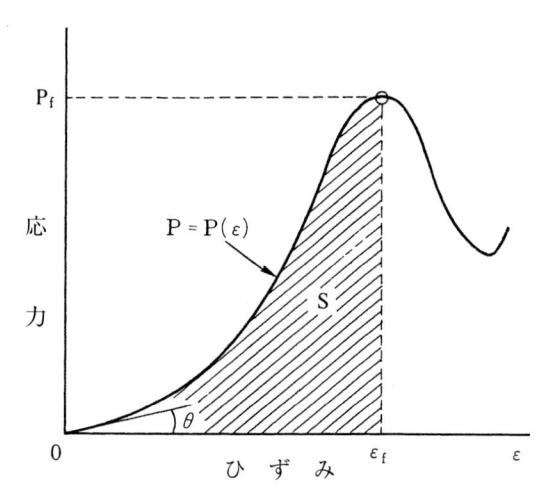

（注）ε_f：破断ひずみ、P_f：破断応力、S：面積、θ：立ち上がりの角度
　　　○：破断点

図2.30　脆性破断の場合の応力-ひずみ曲線[1]

$$En = C \cdot S$$

En：破断エネルギー
C：換算係数

また、破断曲線の初期において、直線性がなりたつ範囲内（線形性領域）での直線の立ち上がりの勾配（$\tan\theta$）から、初期弾性率（E_0）が求められる。

■目的
テクスチャー測定で用いたレオナー（山電(株)RE-33005）を用いて、食品の破断特性を検討する。

■試料
寒天、ゼラチンゼリー、または絹・木綿豆腐。

■実験器具・測定機器
レオナー（山電(株)製RE-33005）、記録計、プランジャー（くさび型）、試料

■実験方法
一定温度にした試料を20mmの立方体または円柱形（直径20mm×高さ20mm等）に用意し、レオナーの試料台にのせ、プランジャー：くさび型、圧縮速度1mm/sで侵入させ、記録計にかかせる。（または自動解析）

■結果
得られた記録紙の縦軸（荷重）、横軸の変形量を応力（縦軸）－ひずみ（横軸）量に変換する。
解析例に従い、破断強度（N/m^2）、破断エネルギー（J/m^3）を算出し、特性について検討する。

■結果

表2.20　レオナーによる破断特性値

	破断応力（N/m^2）	破断エネルギー（J/m^3）	初期弾性率（N/m^2）
寒天ゲル			
ゼラチンゲル			
絹豆腐			
木綿豆腐			

表2.21　物性に関係のあるSI単位

項目	換算	項目	換算
角度	$1° = 17.45329 \times 10^{-3}$ rad（度）	粘度（粘性率）	$1P = 10^{-1}$ Pa·s（ポアズ） $1cP = 10^{-3}$ Pa·s $= 1$ mPa·s
密度	$1 g/cm^3 = 10^3 kg/m^3$	動粘度 $= \dfrac{粘度}{密度}$	$1St = 10^{-4}\ m^2/s$（ストークス） $1cSt = 10^{-6}\ m^2/s$
力	$1 dyn = 10^{-5}$ N	仕事、エネルギー	$1 erg = 10^{-7}$ J（$1J = 1N \cdot m$）
応力、弾性率	$1 dyn/cm^2 = 10^{-1}$ Pa $= 10^{-1} N/m^2$（$1Pa = 1N/m^2$）	熱、熱量	$1 cal = 4.18605$ J（熱量1calは仕事量4.18605Jに相当する―熱の仕事当量）

1）川端晶子：食品物性学、p.95、建帛社（1989）

2.4 食品の組織

調理における組織の観察法は2つに分類される。1つは素材としての新鮮な動植物の可食部で、それらの正常な組織構造の検討であり、もう1つはそれらの素材を切る、煮る、焼くなど調理する段階での構造の変化の検討である。ここでは食品組織の基礎観察法として、肉眼観察と光学顕微鏡による簡単な観察法を取り上げる。

【実験1】光学顕微鏡による食品の観察

手間のかかる組織片調整はやめて、簡単にできる観察法を行なう。

■目的
植物性食品や粉末、流動性のある食品について、光学顕微鏡を用いて微細な構造を観察する。

■試料
片栗粉、コーンスターチ、小麦粉、マヨネーズ等。

■実験器具
光学顕微鏡、プレパラート、カバーグラス、マイクロメーター、グリセリン水（水：グリセリン＝1：1）など。

■方法
❶試料をプレパラートに少量のせ、グリセリン水で拡散するかカバーグラスで押し付けて薄く延ばす。
❷光学顕微鏡（100～400倍程度）で観察する。染色液については表2.22を参照。
（でんぷんなどの大きさを測る方法は計測法参照。）

■結果
顕微鏡にカメラをとりつけ、写真にとったり、スケッチしたりして構造（形や大きさ）を観察する。

■参考

組織の計測法（マイクロメーターの使い方）

図2.31の接眼マイクロメーターは、接眼レンズの内部に装着できる円形のガラス板で、1mmを10等分したもの、5mmを50等分したものなどある。対物マイクロメーターは小円形ガラス板に1mmを100等分したもので、最小目盛は10μmである。

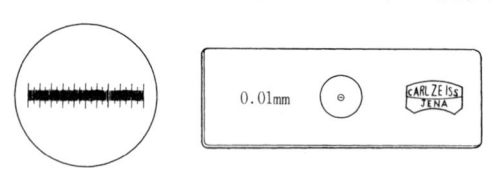

図2.32は絶対値の測定を示したもので、対物と接眼マイクロメーターとの尺度の割合は、対物マイクロメーター5目盛が接眼マイクロメーターの20目盛と一致している。したがって接眼マイクロメーター1目盛は50÷20＝2.5μmとなる。

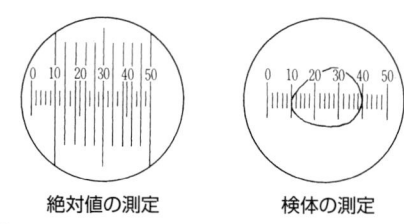

図2.33は検体（例：でんぷん）の大きさの測定を示したもので、対物マイクロメーターをはずして、測定したい検体のプレパラートをステージ上におき、検体を視野の中に入れる。ここではでんぷん粒の長径はちょうど10目盛から40目盛まであった。接眼マイクロメーターの1目盛は先の測定で2.5μmであったから、このでんぷん粒の長さは2.5μm×30＝75μmとなる。
また、染色方法と調製法について、表2.22にまとめた。
今回、簡易な方法についてのべたが、動植物の生鮮食品は組織切片を作成するにあたっては、必ず固定（特に酵素の失活）を行なわなければならない。

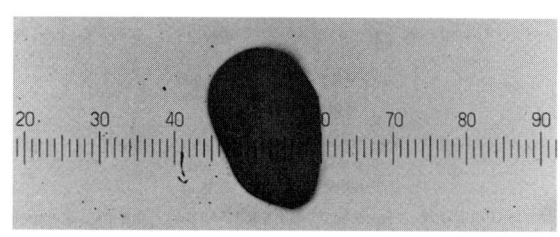

接眼マイクロメーター　対物マイクロメーター
図2.31

絶対値の測定　検体の測定
図2.32

図2.33　接眼マイクロメーターによるデンプン粒の測定例

●流動性のある試料の観察
（例　マヨネーズ）

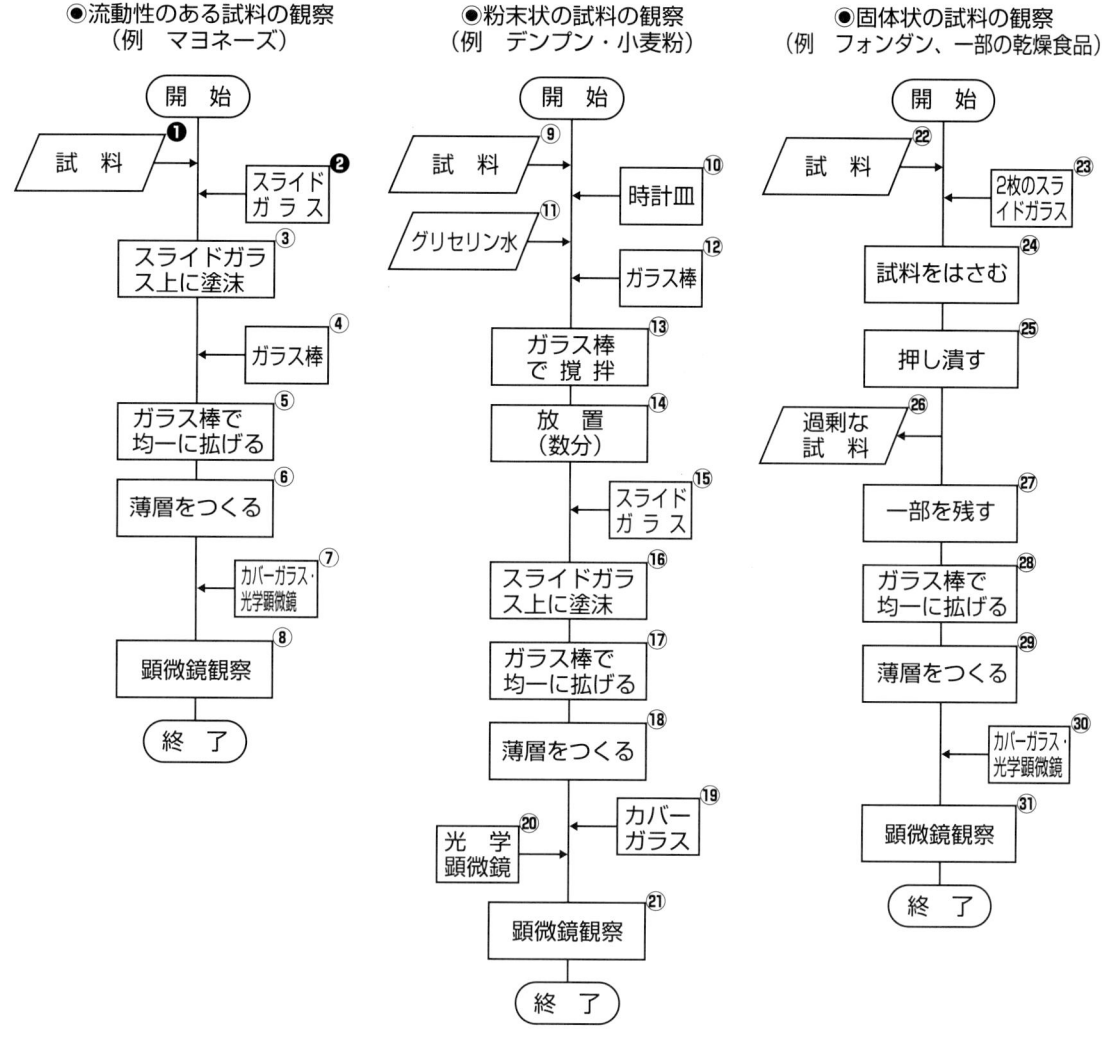

```
開始
 ↓ ①
試料
 ↓ ← スライドガラス ②
スライドガラス上に塗沫 ③
 ↓ ← ガラス棒 ④
ガラス棒で均一に拡げる ⑤
 ↓
薄層をつくる ⑥
 ↓ ← カバーガラス・光学顕微鏡 ⑦
顕微鏡観察 ⑧
 ↓
終了
```

●粉末状の試料の観察
（例　デンプン・小麦粉）

```
開始
 ↓ ⑨
試料
 ↓ ← 時計皿 ⑩
グリセリン水 ⑪ → ← ガラス棒 ⑫
ガラス棒で撹拌 ⑬
 ↓
放置（数分）⑭
 ↓ ← スライドガラス ⑮
スライドガラス上に塗沫 ⑯
 ↓
ガラス棒で均一に拡げる ⑰
 ↓
薄層をつくる ⑱
 ↓ ← カバーガラス ⑲
光学顕微鏡 ⑳
 ↓
顕微鏡観察 ㉑
 ↓
終了
```

●固体状の試料の観察
（例　フォンダン、一部の乾燥食品）

```
開始
 ↓ ㉒
試料
 ↓ ← 2枚のスライドガラス ㉓
試料をはさむ ㉔
 ↓
押し潰す ㉕
 ↓ → 過剰な試料 ㉖
一部を残す ㉗
 ↓
ガラス棒で均一に拡げる ㉘
 ↓
薄層をつくる ㉙
 ↓ ← カバーガラス・光学顕微鏡 ㉚
顕微鏡観察 ㉛
 ↓
終了
```

表2.22　染色試薬の種類と調整法

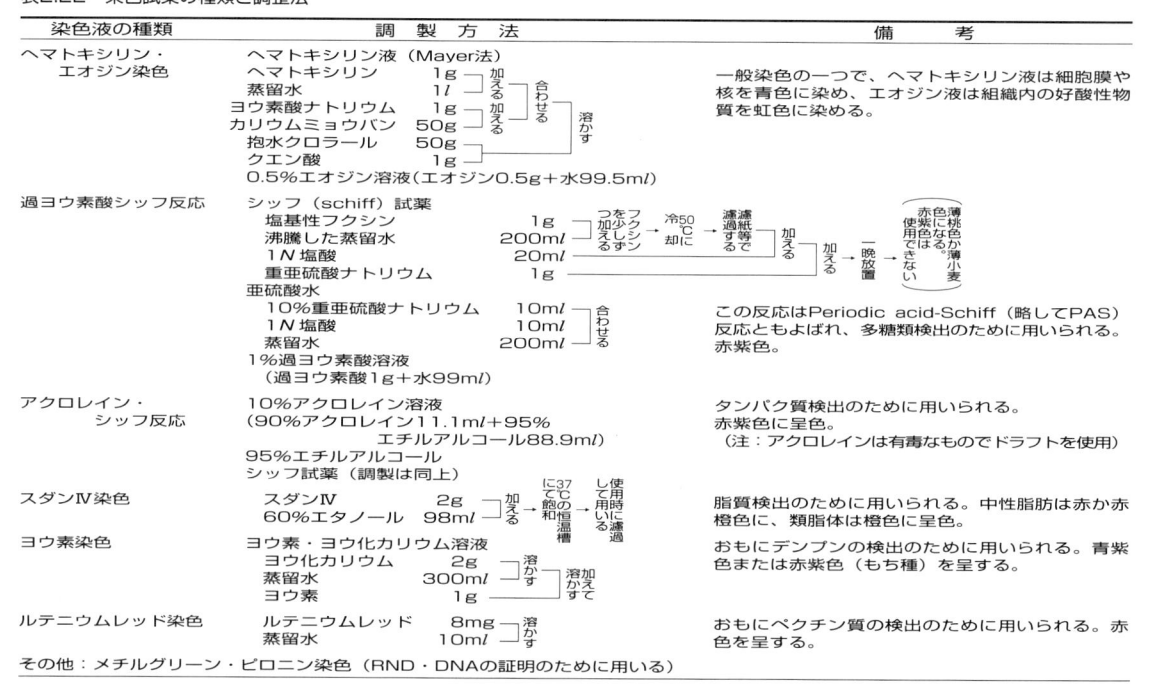

染色液の種類	調製方法	備考
ヘマトキシリン・エオジン染色	ヘマトキシリン液（Mayer法） 　ヘマトキシリン　　　　　1g 　蒸留水　　　　　　　　　1l 　ヨウ素酸ナトリウム 　カリウムミョウバン　　　50g 　抱水クロラール　　　　　50g 　クエン酸　　　　　　　　1g 0.5%エオジン溶液（エオジン0.5g＋水99.5ml）	一般染色の一つで、ヘマトキシリン液は細胞膜や核を青色に染め、エオジン液は組織内の好酸性物質を虹色に染める。
過ヨウ素酸シッフ反応	シッフ（schiff）試薬 　塩基性フクシン　　　　　1g 　沸騰した蒸留水　　　　200ml 　1N塩酸　　　　　　　　20ml 　重亜硫酸ナトリウム　　　1g 亜硫酸水 　10%重亜硫酸ナトリウム 10ml 　1N塩酸　　　　　　　　10ml 　蒸留水　　　　　　　　200ml 1%過ヨウ素酸溶液 　（過ヨウ素酸1g＋水99ml）	この反応はPeriodic acid-Schiff（略してPAS）反応ともよばれ、多糖類検出のために用いられる。赤紫色。
アクロレイン・シッフ反応	10%アクロレイン溶液 　（90%アクロレイン11.1ml＋95% 　　　　エチルアルコール88.9ml） 95%エチルアルコール シッフ試薬（調製は同上）	タンパク質検出のために用いられる。赤紫色に呈色。 （注：アクロレインは有毒なものでドラフトを使用）
スダンIV染色	スダンIV　　　　　2g 60%エタノール　98ml	脂質検出のために用いられる。中性脂肪は赤か赤橙色に、類脂体は橙色に呈色。
ヨウ素染色	ヨウ素・ヨウ化カリウム溶液 　ヨウ化カリウム　　2g 　蒸留水　　　　　300ml 　ヨウ素　　　　　　1g	おもにデンプンの検出のために用いられる。青紫色または赤紫色（もち種）を呈する。
ルテニウムレッド染色	ルテニウムレッド　8mg 蒸留水　　　　　10ml	おもにペクチン質の検出のために用いられる。赤色を呈する。

その他：メチルグリーン・ピロニン染色（RND・DNAの証明のために用いる）

2.4　食品の組織

2.5 調理のための食品衛生

【実験1】手指の衛生試験

■目的

調理の目的のひとつに「衛生的に安全な食べ物であること」があげられる。食物が口に入るまでにはいくつかの調理操作を経るが、衛生面の重要性は理解していても微生物が目に見えないので認識しにくい。ここでは、調理にかかわる人の手指について簡易的に調べる。結果を目で確認することにより、調理における衛生概念をしっかり持つことができる。

■試料

調理に際して洗浄前、洗浄後の手指

■実験器具

検査キット　栄研化学㈱製　ハンドぺたんチェック

■実験方法

洗浄前手指、洗浄後手指（水洗浄手指・石鹸洗浄手指など）それぞれについて、キットにしっかり手を付着させる。37℃24～48時間培養。その後結果観察を行う。

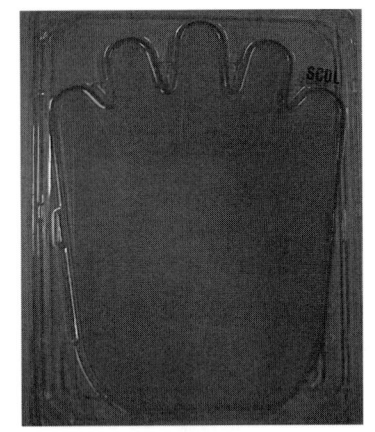

図2.34　ハンドぺたんチェック

■結果

観察結果について必要に応じ、スケッチ等を行う。

【実験2】食器洗浄試験

■目的

使用後の食器洗浄が不十分な場合、食器に残った残留成分に害虫が忍び寄る、微生物が繁殖する等の汚染が危惧される。食器洗浄における簡便検査法として、洗浄後の残留成分の検出が一般的である。ここでは、食器に付着しやすいデンプンについて洗浄後の残留実験を行い、観察する。

■試料

使用後の茶碗、皿

■実験試薬　器具

0.1Nヨウ素溶液（ヨードチンキを水で3倍ぐらいに希釈した溶液でも可）、駒込ピペット

■実験方法

茶碗ならご飯、皿ならカレーライス等を盛り、食した後のものがよい。

3ml程度のヨウ素溶液を食器に入れ、食器全体に行き渡るようにする。

食器を軽く水で洗う。

■結果

洗浄の状態による比較表を作成しまとめる。

●手指の検査

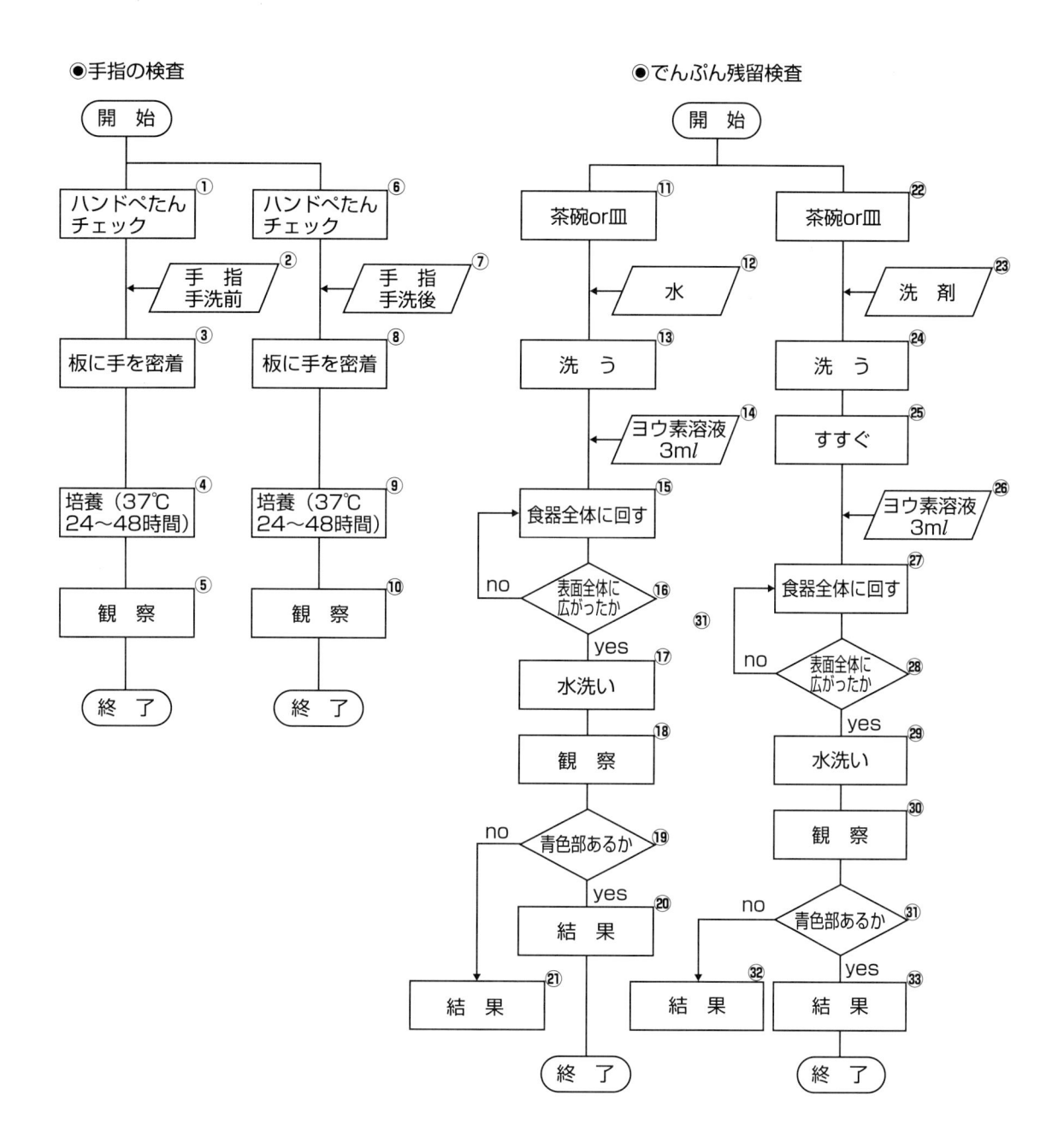

```
         開 始
           │
    ┌──────┴──────┐
    ▼             ▼
① ハンドペたん   ⑥ ハンドペたん
   チェック ← ②手指      チェック ← ⑦手指
              手洗前              手洗後
    │             │
③ 板に手を密着    ⑧ 板に手を密着
    │             │
④ 培養(37℃       ⑨ 培養(37℃
   24〜48時間)     24〜48時間)
    │             │
⑤ 観 察         ⑩ 観 察
    │             │
   終 了         終 了
```

●でんぷん残留検査

```
              開 始
                │
       ┌────────┴────────┐
       ▼                 ▼
  ⑪ 茶碗or皿         ㉒ 茶碗or皿
      ← ⑫ 水           ← ㉓ 洗 剤
       │                 │
  ⑬ 洗 う             ㉔ 洗 う
       │                 │
      ← ⑭ ヨウ素溶液   ㉕ すすぐ
         3ml             │
       │                ← ㉖ ヨウ素溶液
  ⑮ 食器全体に回す          3ml
       │                 │
  ⑯ 表面全体に        ㉗ 食器全体に回す
     広がったか           │
     no→戻る        ㉘ 表面全体に
     yes↓              広がったか
  ⑰ 水洗い             no→戻る
       │              yes↓
  ⑱ 観 察            ㉙ 水洗い
       │                 │
  ⑲ 青色部あるか     ㉚ 観 察
     no→㉑            │
     yes↓          ㉛ 青色部あるか
  ⑳ 結 果             no→㉜
       │              yes↓
  ㉑ 結 果           ㉝ 結 果
       │                 │
      終 了            終 了
```

2.5 調理のための食品衛生

3

官能検査

3.1 官能検査の意義と手法

人間が持つ感覚器官（5感）を使って検査し、判定することを官能検査法という。食品以外にも生活にまつわる様々な分野で利用されている。得られた結果から統計処理をし、他の化学的分析や物理的特性を扱う機器類で得られたデータと比較することが多い。また、機器測定では得ることのできない特性を評価できるのも官能検査の特徴である。最終的には人間が食するものだけに、官能検査の意義は大きい。ここでは食品や調理過程・料理の特性評価のための手法（検査・解析）について扱っていく。

3.1.1 ● 官能検査実施の方法

❶❷❸目的

官能検査を実施するにあたり、どのような結論・評価を得たいのか明確にした上で実施することが望ましい。官能検査の手法として、差をみたり、数量化することなど品質特性を知ることが目的なら分析型であり、好ましさなど嗜好特性を知るまことが目的なら嗜好型の官能検査を実施する。

❺❻パネルの種類と選定

官能検査を行う人をパネル、個々人はパネリストまたはパネラーという。官能検査の種類によりパネラーの選択は異なる。

分析型パネル：試料の特性を客観的に数値化したり分析したりするときに用いるパネルで、評価したい項目に鋭敏に答えられる人が求められる。通常は差を識別できる検査を行い、パネルの選定を行う。（数人～20人）

嗜好型パネル：試料の好みなどを評価するときに用いるパネルで、対象を決め、広く一般から求められ、パネルの感度はそれほど要求されない。（数十人～数百人、大型では数千人以上）

❹官能検査用紙の作成

評価したい検査の内容により決定するが、検査実施日、パネル番号、試料番号、性別、年齢など記入し、項目（色、香り、食感、味など）を選定した後、記述式、マーク式、数値式などを選び作成する。また、後の統計処理などがスムースに進めるように回答を明確に記入できるようにしておく。

❼❽❾試料の調製および供し方

試料の調製は再現性のあるものに行なうことが確認できた後、本実験にはいる。試料により形や容量、温度など考慮し、試料の点数は3～6種類ぐらいにする。

試料をパネルに供してもらう場合には、位置効果や順序効果をできるだけ避けて配置することが大事である。ラテン方格などを利用してランダム化する必要がある。

試料につける記号についても注意が必要である。数字などは乱数表を用いるとよい。

❿検査後のデータの集計、統計解析をして、結論を得る。

1	2	3
2	3	1
3	1	2

3×3標準ラテン方格

1	2	3	4
2	3	4	1
3	4	1	2
4	1	2	3

4×4標準ラテン方格

図3.1　ラテン方格

●官能検査実施の手順

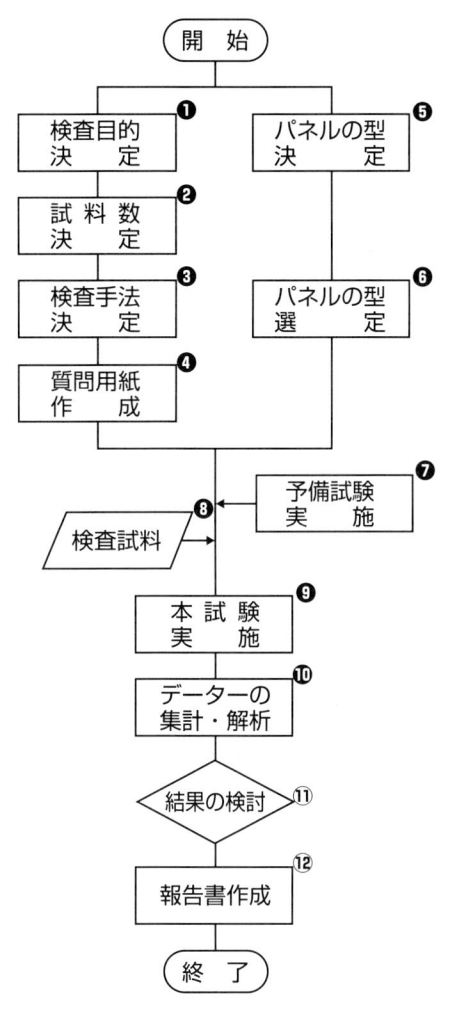

```
   開 始
     │
❶ 検査目的決定      ❺ パネルの型決定
❷ 試料数決定
❸ 検査手法決定      ❻ パネルの型選定
❹ 質問用紙作成
     │              ❼ 予備試験実施
     │ ❽
 検査試料 ─→
     │
❾ 本試験実施
❿ データーの集計・解析
⓫ 結果の検討
⓬ 報告書作成
   終 了
```

官能検査実施上の注意点

1) パネルは検査前に香水,その他,香りの強いものを使用しない.
2) 検査30分前より禁煙し,刺激の強い食物を口にしないようにしておく.
3) 検査前に十分口中を水でゆすいでおく.
4) 官能検査用紙が配られたら,質問事項をよく読んで内容を理解し,記入もれのないようにする.
5) パネルは検査中,無言で判定する.
6) 試料は飲み込んでも,吐き出してもよいが,喉を通過するときに風味を感ずるものもあるので,適宜判断する.ただ酒類のきき味のときは酔を避けるため吐き出すのがよい.
7) 舌の部位によって感覚が異なるので,口中に含む試料の量は,口の中に万遍に行きわたる程度とする.
8) 試料間の口中のゆすぎはパネルの判断で実施する.

表3.1 官能検査の目的と手法

目的	手法	利用
Ⅰ. 差を識別する手法	(1) 2点比較法 　(a) 2点識別試験法 　(b) 2点嗜好試験法 (2) 3点比較法 　(a) 3点識別試験法 　(b) 3点嗜好試験法 (3) 1:2点比較法 (4) 配偶法 (5) 選択法	・パネルの能力判定 ・優劣の判定 ・品質管理 ・試作改良の研究 ・刺激閾、弁別閾の判定
Ⅱ. 順位を決定する手法	(1) 順位法 (2) 対比較法	・優劣の判定 ・嗜好調査
Ⅲ. 品質を評価する手法	(1) 評点法 　(a) 一元配置法 　(b) 二元配置法	・品質管理 ・嗜好調査 ・試作改良の研究
Ⅳ. 特性を総合評価する手法	(1) 風味側描法 (2) テクスチャー側描法 (3) SD法	・風味改善 ・食品の総合評価 ・パネルの教育

3.1 官能検査の意義と手法

【実験1】3点比較法

2種の試料を識別するのに、3つの試料のうち同一試料を2つ入れて3点に組み合わせ、その識別を行なう試験法である。例えば、A、A、BまたはA、B、Bというふうに組み合わせ、A、Bの差の特性を識別させる。

(1) 3点識別試験法

■目的

2種の試料の差の特性を正しく識別できるか、または、各パネルに試料の識別能力があるかどうかを調べる。

■方法

試料は図3.2のように6パターンを組み合わせ、パネルの人数が少ない時は1人が複数の各組を1回ずつ検査し、パネルの人数が多い場合には各人が一つの組を1回だけ検査する。

■結果

AABまたはABBの組み合わせから正しく判定できた数を集計する。

■解析

n回の試験で、正しく判定できた数を数え、表8.2 (p.161)の3点識別試験法検定表の値に等しいか、または大きいとき、A、Bを識別する能力があると判定する。表にないnの場合は正解数をaとし、次式により検定する。

$$x_0^2 = \frac{\left(a-\frac{n}{3}\right)^2}{\frac{n}{3}} + \frac{\left(n-a-\frac{2}{3}n\right)^2}{\frac{2}{3}n} = \frac{1}{2n}(3a-n)^2$$

上式において、自由度1のχ^2分布に従うことを用いて検定する。

■検定

$\chi^2 \geq 6.64$：1％危険率で有意

$\chi^2 \geq 3.84$：5％危険率で有意

例：市販ジュースの原材料成分による識別検査（果汁100％と調整ジュース）

■試料

果汁100％および果汁30％入りジュース（りんごなど、パルプ成分のない透明なもの）

■方法

2種のりんごジュースの風味について、試料Aに果汁100％、Bに果汁30％を用意し、図3.3の官能検査用紙により12名のパネルでAAB、ABBの各組み合わせについて検査を行なう。

■結果

AABの組み合わせからBを識別したもの10名、ABBの組み合わせからAを識別したもの9名であった。

■解析

検定表（表8.2 p.161）のn＝12の危険率5％、1％点はそれぞれ8、9である。従って、AABおよびABBの組み合わせにおいても危険率1％で有意にA、B2種のジュースの風味の違いを識別している。パネルにおいても識別能力が

配列組	試料No.1	試料No.2	試料No.3
1	A	A	B
2	A	B	A
3	B	A	A
4	B	B	A
5	B	A	B
6	A	B	B

図3.2 試料の供し方

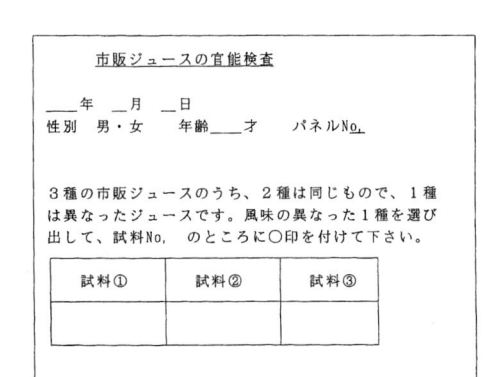

図3.3 官能検査用紙

あると判定できる。

(2) 3点嗜好試験法
■目的
3点識別試験法で選び出した1点のものと、他の同一の2点の試料とを比較し、好ましいものを検討する。
■方法
3点識別試験法に準じ、選び出した1点と他の2点の試料とを比較し、好みのものを選ばせる。
■解析
n回の識別試験のうち、正しく識別した数を数え、3点識別試験法検定表（表8.2 p.161）を用いて、試料間に差があるかどうかを検討する。差が認められた場合、正しく判定したパネルの結果からAまたはBの試料を好むと判定した数を数えて、大きい方の試料の数が（表8.3 p.161）の3点嗜好試験法検定表の値と同一かそれより大きい時はその試料が好まれていると判定する。

表にない場合は、次式により、検定する。

$$x_0^2 = \frac{\left(b-\frac{n}{6}\right)^2}{\frac{1}{6}n} + \frac{\left(n-b-\frac{5}{6}\right)^2}{\frac{5}{6}n} = \frac{(6b-n)^2}{5n}$$

ただし、bは正しく識別したなかで、AまたはBを好むとした数の大きい方の数が自由度1のχ^2分布に従うことを用いて検定する。
■検定
　$\chi^2 \geq 6.64$……1%の危険率で有意
　$\chi^2 \geq 3.84$……5%の危険率で有意

例：搗き方別餅の検査
■方法
試料Aは臼と杵で搗いた餅、Bは機械（回転羽根式）搗きの餅をそれぞれ用意し、表3.3を参考に官能検査用紙を作成し、15人のパネルで実施し、食感の違いについて識別させた後、好ましい方を選ばせる。
■結果
正解12名で、正解者中試料Aを好ましいとした者9名、Bが3名であった。
■解析
最初に3点識別試験法検定表（表8.2 p.161）のn＝15の危険率5%、1%点は9、10なので、試料A、B間は1%の危険率で有意の差が認められた。次に3点嗜好試験法検定表（表8.3 p.161）のn＝12のところの6は1%の危険率で有意であるから、試料AはBより餅の食感が好まれていると判定できる。

【実験2】配偶法

■目的

t種の試料を2組作り、各組より同種の試料を1個ずつ選択して組み合わせ、正しく組み合わさった数がいくつ得られたかで、パネルの判定能力や、試料間に識別できる差があるかどうかを調べる。

■方法

t種の試料を組み合わせる場合、繰り返しのない場合と、繰り返しのある場合の2通りがある。

■解析法

(1) 繰り返しのない場合

t種のうち、正しく組み合わさった対の数（S）が表3.2の配偶法検定表（繰り返しのない場合）の値に等しいか、それより大きい時は有意（またはt種の試料を識別する能力がある）と判定する。

(2) くりかえしのある場合

n回の繰り返し（またはn人の判定）のSの平均値$\bar{S}$を求め、その値が表3.5の配偶法検定表（繰り返しのある場合）の値に等しいかそれより大きい時、t種の試料間には差がある（またはt種の試料を識別する能力がある）と判定する。

例：レギュラーコーヒーの種類の識別検査

■方法

種類を異にするレギュラーコーヒー5種について、それぞれドリップタイプなどで同濃度でいれたコーヒーを2組作り、図3.4の官能検査用紙を用いて6人のパネル（または6回の繰り返し）に与え、各組から同じものを選び出して組合させる。

■結果

正しく組み合わされた数は以下のようである。

■解析

表3.2　配偶法検定表（繰り返しのない場合）

危険率　t	5%	1%	0.1%
1	—	—	—
2	—	—	—
3	—	—	—
4	3	—	—
5	4	—	—
6	4	—	—
7	4	5	6
8	4	5	6
9 以上	4	5	6

表3.3　配偶法検定表（繰り返しのある場合）

n	$\bar{S}$	n	$\bar{S}$
1	4.00	10	1.60
2	3.00	11	1.64
3	2.33	12	1.58
4	2.25	13	1.54
5	1.80	14	1.50
6	1.83	15	1.53
7	1.86	20	1.45
8	1.75	25	1.36
9	1.67	30	1.33

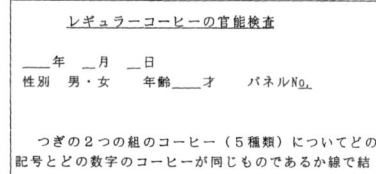

危険率　$\alpha = 0.05$　$t \geq 4$

表3.4

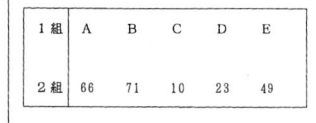

パネル	No.1 (1回)	No.2 (2回)	No.3 (3回)	No.4 (4回)	No.5 (5回)	No.6 (6回)
配偶数 (S)	4	3	3	2	3	1

図3.4　官能検査用紙（配偶法）

配偶法検定表（繰り返しのない場合）（表3.4）より、t=5の時、危険率5%点のSの値は、4であるので、パネルNo.1のみが5%の危険率で有意に識別能力があると判定できる。またこの検査を一人のパネルが6回繰り返した結果であるとするならば、$S = \frac{1}{6}(4+3+3+2+3+1) = 2.67$であるので、配偶法検定表（繰り返しのある場合）（表3.5）のn=6のときのS=1.83より大であるので、このパネルは危険率5%で識別能力があると判定できる。また、この結果を6人のグループで行なったとすれば、このグループは危険率5%で識別能力があると判定できる。

【実験3】順位法

t種（t≧3）の試料の特性（外観、濃度、色、テクスチャーなどの差や嗜好特性を調べる）について、n人のパネルに順位をつけさせて判定する方法である。

■目的

t種の試料をn人が判定した順位合計より、有意に順位が高いか（有意に好まれているか）または順位が低いか（有意に好まれていないか）をクレーマーの検定表を用いて判断する。また客観的に順位づけられた試料でパネルの識別能力を判定する場合には、スピアマンの順位相関係数（r_s）の検定を行なう。さらにt種の試料に対してn人の判定が一致しているかどうかを、ケンドールの一致性係数Wを検定して、その順位づけの有用性を判定するのに用いることが可能である。

■方法

t種の試料の特性の各項目についてパネルに順位をつけさせ、検査の目的に合った解析法により判定する。

■解析

(1) クレーマー（Kuramer）の検定による順位の検定

t種の試料をn人が判定した順位合計がクレーマーの検定表（表8.4 p.162）（$\alpha=5\%$、$\alpha=1\%$）のtとnの該当の数値より小さい試料は順位が最も高く（あるいは有意に好まれ）、逆に大きい試料は順位が低い（あるいは有意に好まれない）と判定する。

(2) スピアマン（Spearman）の順位相関係数（r_s）の検定

t種の試料について、2組の順位の間の一致性の度合いを求めたり、客観的順位がすでにわかっていて、各パネルの主観的順位の判断がどの程度一致しているかを検討する場合に用いる。

順位相関係数r_sは次式により求める。

$$r_s = 1 - \frac{6\sum(xi-yi)^2}{t^3-t}, \quad (-1 \leq r_s \leq 1)$$

xi, yi …… 2組の順位
t …… 試料数

r_sの検定は表8.5（p.163）に示す。

判定

r_sが1の時は、2組の順位が完全に一致

r_sが-1の時は、2組の順位が全く逆の場合

相関がない時は、r_sは0に近い値になる。

(3) ケンドール（Kenndoll）の一致性係数Wの検定

t種の試料についてn人のパネルがある特性について順位をつけた場合、n人のパネルに一致性があるかどうかを検討する方法で、一致性のあることが確認されれば、その順位合計より傾向を検討することができる。

試料i（$i=1, 2……t$）に与えられたn人の順位合計をTi、全平均を$\overline{T}$とすると、

$$\overline{T} = \frac{\sum Ti}{t} = \frac{n(t+1)}{2}, \quad 残差平方和Sは、 S = \sum_{i=1}^{t}(Ti-\overline{T})^2 = \sum\left(Ti - \frac{n(t+1)}{2}\right)^2,$$

一致性係数Wは、 $W = \dfrac{12S}{n^2(t^3-t)}$ （$0 \leq W \leq 1$）

一致性があるかどうかの検定は表8.6（p.163）のケンドールの順位の一致性係数WのSによる検定表を用い、$S_0 \geq S$ならば一致性があると判定する。（S_0：実測値、S：表の数値）。表にないn、tに対しては、

$F_0 = \dfrac{(n-1)W}{1-W}$ が自由度 $\Phi = t - 1 - \dfrac{2}{n}$、$\Phi_2 = (n-1)\Phi_1$ の F 分布に従うことを用いて検定する。F 分布表は表8.7（p.163）に示す。

例：ゾル、ゲルと味の相互作用（甘味の強さ）に関する実験

■方法

味覚のうち、甘味の強さが、他の呈味が混合した状態やゲルの場合とで異なるかについてその順位を調べる。

■試料

A：10%ショ糖溶液、B：10%ショ糖＋0.2%クエン酸溶液、C：10%ショ糖＋0.2%クエン酸＋1%寒天ゲルを使用し、図3.5の官能検査用紙を用い、12人のパネルにその順位をつけさせる。

■結果

順位合計の結果は以下の通りである。

表3.5

	A	B	C
甘味の強さと順位合計	13	26	33

■解析

最初に、甘味の強さの順位について、12人のパネルの判定に一致性があるかどうか、ケンドールの一致性係数 W の検定を行なう。

$$T = \dfrac{13 + 26 + 33}{3} = \dfrac{72}{3} = 24$$

$$S_0 = (13-24)^2 + (26-24)^2 + (33-24)^2 = 206$$

$$W_2 = \dfrac{12 \times 206}{12^2(3^3 - 3)} = \dfrac{2472}{3456} \fallingdotseq 0.715$$

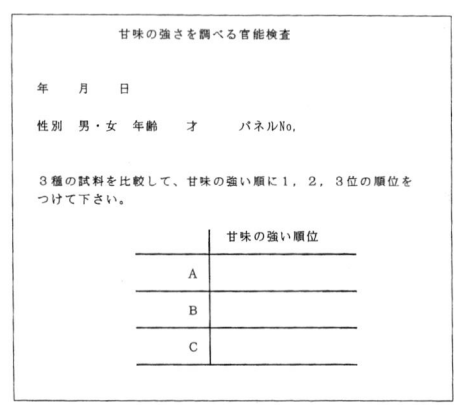

図3.5 官能検査用紙（順位法）

表8.6（p.163）の t = 3、n = 12 の α = 1% の S の値は103.5であるので、$S_0 = 206 > S = 103.5$ となり、この W は有意である。すなわち、12人の判定結果は1%の危険率で有意に一致していると判定できる。

計算で求める場合は、

$$F_0 = \dfrac{(12-1) \times 0.715}{1 - 0.715} = \dfrac{7.865}{0.285} \fallingdotseq 27.60$$

$$\Phi_1 = 3 - 1 - \dfrac{2}{12} \fallingdotseq 1.83 \, (\fallingdotseq 2)$$

$$\Phi_2 = (12-1) \times 1.83 = 20.13 \, (\fallingdotseq 20)$$

F 分布表（表8.7 p.163）より、$F_0 = 27.60 > F(0.01) = 5.85$、したがって1%の危険率で一致している。

つぎに、クレーマーの検定表（表8.4 p.162）を用いて検定する。t = 3、n = 12 の5%点は18〜30、1%点17〜31であるので、試料Aは1%の危険率で有意に小であるので最も甘く、同じく試料Cが有意に大であるので、最も甘くないと判定することができる。

【実験4】評点法

評点法はパネル自身の判断基準によって、品質や嗜好など試料の特性を数値尺度を用いて絶対的判断で評価する方法である。評価尺度は目的に応じて数値のスケールなどを細かく設定することが可能である。

表3.6 食品の品質評価および嗜好調査尺度

5段階評価尺度	7段階評価尺度	嗜 好 尺 度
5（+2）……大変よい 4（+1）……かなりよい 3（ 0 ）……普通 2（−1）……かなり悪い 1（−2）……大変悪い	7（+3）……大変よい 6（+2）……かなりよい 5（+1）……少しよい 4（ 0 ）……普通 3（−1）……少し悪い 2（−2）……かなり悪い 1（−3）……大変悪い	9……最も好き 8……かなり好き 7……少し好き 6……やや好き 5……好きでも嫌いでもない 4……やや嫌い 3……少し嫌い 2……かなり嫌い 1……最も嫌い

■目的
品質の特性について評点で評価させた後、得られたデータから統計処理して判定する。

■方法
一元配置法と二元配置法があり、前者は試料間の差、後者は試料間とパネル間の差が検討できる。

（1）一元配置法

■方法
一人のパネルは1種類の試料を1回だけ評価し、n人のパネルで繰り返す。試料がt種あればパネルは $n \times t$（人）を必要とする。

■解析
iという試料をj回目に評価された評点を x_{ij} とし、データを以下のようにまとめ、解析する。

表3.7 集計表

試料＼くり返し	1	2	…	j	…	n	計(A)	平均
1	x_{11}	x_{12}	…	x_{1j}	…	x_{1n}	A_1	$\overline{A_1}$
2	x_{21}	x_{22}	…	x_{2j}	…	x_{2n}	A_2	$\overline{A_2}$
⋮								
i	x_{i1}	x_{i2}	…	x_{ij}	…	x_{in}	A_i	$\overline{A_i}$
t	x_{t1}	x_{t2}	…	x_{ti}	…	x_{tn}	A_t	$\overline{A_t}$
							T	

ただし
$$A_i = \Sigma_{j=1}^{n} x_{ij}, \quad T = \Sigma_{i=1}^{t} A_t, \quad \overline{A_t} = \frac{A_i}{n}$$

(a) 平方和の計算

$$\begin{cases} CF = \dfrac{T^2}{t \times n} \\ S_T = (x^2_{11} + x^2_{12} \cdots + x^2_{ij} \cdots\cdots + x^2_{tn}) - CF \\ S_A = \dfrac{1}{n}(A_1^2 + A_2^2 \cdots\cdots + A_i^2 \cdots\cdots + A_t^2) - CF \\ S_E = S_T - S_A \end{cases}$$

(b) 自由度の計算

$$\begin{cases} \Phi_T = t_n - 1 \\ \Phi_A = t - 1 \\ \Phi_E = t(n-1) = \Phi_T - \Phi_A \end{cases}$$

(c) 分散分析表の作成

表3.8 分散分析票

要因	平方和	自由度	平均平方	F_0
試料間	S_A	Φ_A	$V_A = S_A/\Phi_A$	V_A/V_E
誤差	S_E	Φ_E	$V_E = S_E/\Phi_E$	
合計	S_T	Φ_T		

■検定

F分布表(表8.7 p.163)より、自由度Φ_A、Φ_Eのα点と比較し、$F_0 \geq F(\Phi_A, \Phi_E, \alpha)$ならば、試料間に有意差ありと判定する。

また、試料間の有意差検定において、V_A/V_Eが有意となった場合に、次式によりRを計算し、任意の2つの試料間の平均点の差がRに等しいか、大きいかにより、α%の有意となる。(ある項目における試料間の有意の差がどの試料と試料の間の差によるものかを判定できる)

$$R = q^t_{\phi_E}(0.05) \times \sqrt{\dfrac{V_E}{n}}$$

ただし$q^t_{\phi_E}(0.05)$はスチューデント化された範囲qの表(表8.8 p.164)より求める。

すなわち、試料iの平均点Ai、試料jの平均点Ajとすれば、Ai − Aj ≧ Rのとき、試料iとjとの間には有意の差があると判定する。

例:一元配置法―ゲル化剤の種類を変えた果汁ゼリーの食感の嗜好性に関する実験

■方法

3種の果汁ゼリーを下記に示すように原材料を用いて調製し、図3.6の官能検査用紙を用いて、パネル1人について1種類の試料を与え、食感(特に硬さ)の嗜好性を評価させる。(市販の果汁ゼリーを用いてもよい。)各試料のパネルは15人、計45人で実施する。

■試料

A:1%寒天を用いた果汁ゼリー、B:3%ゼラチンを用いたゼリー、C:1%カラギーナンを用いたゼリー

果汁ゼリーの官能検査		
年 月 日 年齢 才	試料記号＿＿＿＿ パネルNo.＿＿＿＿	
果汁ゼリーの食感(硬さ)の好みについて、下記に示す評価基準により、評価点数をつけて下さい。(該当する欄に○印をつけて下さい)		
評価基準	評価(○印)	
非常によい	+2	
よい	+1	
普通(どちらでもない)	0	
悪い	−1	
非常に悪い	−2	

図3.6 官能検査用紙(一元配置法)

■結果

表3.9 官能検査結果集計表（一元配置法）

判定　　　試料	A	B	C
＋2をつけた人数	5	1	2
＋1　　〃	7	5	6
0　　〃	2	6	1
－1　　〃	1	1	1
－2　　〃	0	2	0
合　計　点	16	4	19
平　均　点	1.07	0.27	1.27

■解析

(a) 平方和の計算

$$C_F = \frac{(16+4+19)^2}{3 \times 15} = 33.80$$

$$S_T = (+2)^2(5+1+7) + (+1)^2(7+5+6)$$
$$+ 0^2(2+6+1) + (-1)^2(1+1+1)$$
$$+ (-2)^2(0+2+0) - 33.80 = 50.2$$

$$S_A = \frac{1}{15}(16^2 + 4^2 + 19^2) - 33.80 = 8.40$$

$$S_E = 50.2 - 8.4 = 41.80$$

(b) 自由度の計算

$$\Phi_T = 3 \times 15 - 1 = 44, \quad \Phi_A = 3 - 1 = 2$$
$$\Phi_E = 44 - 2 = 42$$

(c) 分散分析表の作成

表3.10 分散分析表（一元配置法）

要　因	平方和	自由度	平均平方	Fo
試料間	8.40	2	4.20	4.20
誤　差	41.80	42	1.00	
合　計	50.20	44		

■検定

F分布表（表8.7 p.163）より、F_{51}^{2}の5%点は3.22であるので、試料間の$F_0 = 4.20 > F_{51}^{2} = 3.22$となり、試料間には5%の危険率で有意差があると判定できる。

従って、3種の果汁ゼリーの食感に嗜好差が認められたことになる。

さらに、Rを求めて試料間の有意差検定を行なう。

(2) 二元配置法

■方法

n人のパネルで、各人がt種の試料をすべて1回ずつ評価する。

■解析

パネルjが試料iを評価した場合の評点をx_{ij}として、データを以下のようにまとめる。

表3.11 官能検査結果集計表（二元配置法）

くり返し 試料	1	2	…… j	n	計 (A)	平均 ($\overline{A}$)
1	x_{11}	x_{12}	…… x_{1j}	x_{1n}	A_1	$\overline{A}_1$
2	x_{21}	x_{22}	…… x_{2j}	x_{2n}	A_2	$\overline{A}_2$
⋮ i	x_{i1}	x_{i2}	…… x_{ij}	x_{in}	A_i	$\overline{A}_i$
⋮ t	x_{t1}	x_{t2}	…… x_{ij}	x_{tn}	A_t	$\overline{A}_t$
計(B)	B_1	B_2	…… B_j	B_n	T	

ただし
$$\begin{cases} A_i = \sum_{j=1}^{n} x_{ij} \\ B_j = \sum_{i=1}^{t} x_{ij} \\ \overline{A}_i = \dfrac{A_i}{n} \\ T = (A_1 + A_2 \cdots + A_i \cdots + A_t) \end{cases}$$

(a) 平方和の計算

$$\begin{cases} CF = \dfrac{T^2}{t \times n} \\ S_T = (x_{11}^2 + x_{12}^2 \cdots + x_{ij}^2 \cdots + x_{tn}^2) - CF \\ S_A = \dfrac{1}{n}(A_1^2 + \cdots A_2^2 + \cdots A_j^2 + \cdots A_t^2) - CF \\ S_B = \dfrac{1}{t}\sum_{i=1}^{n} B_j^2 - CF \\ S_E = S_T - S_A - S_B \end{cases}$$

(b) 自由度の計算

$$\begin{cases} \Phi_T = tn - 1 \\ \Phi_A = t - 1 \\ \Phi_B = n - 1 \\ \Phi_E = (t-1)(n-1) = \Phi_T - \Phi_A - \Phi_B \end{cases}$$

(c) 分散分析表の作成

表3.12 分散分析票(二元配置法)

要因	平方和	自由度	平均平方	F_0
試料間	S_A	ϕ_A	$V_A = S_A/\phi_A$	V_A/V_E
パネル間	S_B	ϕ_B	$V_B = S_B/\phi_B$	V_B/V_E
誤差	S_E	ϕ_E	$V_E = S_E/\phi_E$	
合計	S_T	ϕ_T		

■検定

表3.11のV_A/V_Eの値を自由度Φ_A、Φ_EのF分布表（表8.7 p.163）のα点と比較し、$F_0 \geq F(\Phi_A, \Phi_E, \alpha)$ならば試料間に有意差があると判定する。

さらに、V_B/V_Eの値を自由度Φ_B、Φ_EのF分布表のα点と比較し、$F_0 \geq F(\Phi_B, \Phi_E, \alpha)$ならば、パネル間（判定者間）に有意差があると判定する。

各資料間の有意差検定は、一元配置法と同様にRを求めて検定する。

例：二元配置法―つなぎを異にするそばの品質（特に風味）と嗜好特性に関する実験

■方法

以下のような配合で3種類のそば麺を調製し、図3.7の官能検査用紙を用いて12人のパネルで各試料を1回ずつ検査し、9点尺度の評点（1～9）で評価し、麺のつなぎと風味の嗜好関係を検討する。

　A：そば粉100％（そば粉の一部を熱湯で捏ね全体をまとめたもの）
　B：そば粉80％＋小麦粉20％で捏ねたもの
　C：そば粉70％＋乾燥山いも粉15％＋全卵15％で捏ねたもの
　（調製用の水はいずれも同量とする）

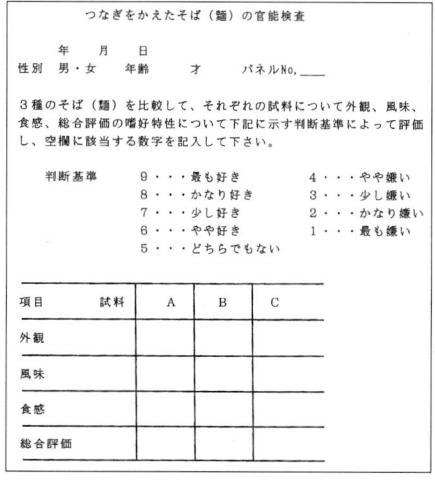

図3.7 官能検査用紙（二元配置法）

■結果

評価した結果を表3.13に示すように各項目別にまとめる（集計）。

表3.13 分散分析票(二元配置法)

試料	1	2	3	4	5	6	7	8	9	10	11	12	計	平均
A	8	8	7	6	7	8	8	8	6	7	8	7	88	7.33
B	5	6	6	5	6	7	6	5	6	6	5	6	69	5.75
C	6	7	7	8	8	7	7	8	6	7	7	8	86	7.16
計	19	21	20	19	21	22	21	21	18	20	20	21	243	

■解析

項目のうち、風味について解析を行なう。

(a) 平方和の計算

$$CF = \frac{243^2}{3 \times 12} = 1640.25$$

$$S_T = (8^2 + 8^2 \cdots\cdots + 8^2) - 1640.25 = 34.75$$

$$S_A = \frac{1}{12}(88^2 + 69^2 + 86^2) - 1640.25 = 18.17$$

$$S_B = \frac{1}{3}(19^2 + 21^2 + 20^2 + 19^2 + 21^2 + 22^2 + 21^2$$
$$+ 21^2 + 18^2 + 20^2 + 20^2 + 21^2) - 1640.25 = 4.75$$

$$SE = 18.17 - 4.75 = 13.42$$

(b) 自由度の計算

$\phi_T = 35$, $\phi_A = 2$, $\phi_B = 11$

$\phi_E = 35 - 2 - 11 = 22$

(c) 分散分析表の作成

表3.14 分散分析票(二元配置法)

要因	平方和	自由度	平均平方	F_0
試料間	18.17	2	9.08	14.89
パネル間	4.75	11	0.43	0.70
誤差	13.42	22	0.61	
合計	36.34	35		

■検定

F分布表（表8.7 p.163）より、F_{22}^{2} 1%点は5.72であるので、試料間の$F_0 = 14.89 > F$となり、試料間には1%の危険率で有意な差がある。また、F_{22}^{11} 1%点は2.26であるので、判定者間の$F_0 = 0.70 < F$となり、有意な差は見られない。従って、つなぎを異にするそば（麺）の風味の好ましさには差があり、判定者の評価はばらばらでなく、一定の評価の基準にあるといえる。

なお、試料間に有意差が認められたので、表8.8（p.164）より$q_{22}^{3}(0.01) = 4.59$であるから、

$R = 4.59 \times \sqrt{\frac{0.61}{12}} \fallingdotseq 1.268$となり、試料間の平均点の差が1.268より大となるのは試料A、B間の$7.33 - 5.75 = 1.58$およびB、C間の $7.16 - 5.75 = 1.41 > R = 0.984$で、1%の危険率で有意な差があるといえる。従って、そば粉100%と小麦粉入りそば、および乾燥いも粉＋卵入りと小麦粉入りそばの間に風味による差があるということができる。

3.1 官能検査の意義と手法

【実験5】SD法

SD法（セマンティック・ディファレンシャル法）[1)2)]は意味微分法ともいわれ、心理学者オスグッド（C.E.Osgood）が言語の心理学的研究手法の一つとして開発した方法で、名前が示すように、個々の言葉が書く個人に与える感覚的意味を分析するために用いる。実際には選択された多数の対になる形容語区の評価尺度により、試料のプロファイルを審査員の官能量（心理量）で捉えようとするものであり、食品の意持つイメージの評価や、具体的に食品を味わった時の食感や風味などの特性を総合的に評価することができる。

例：デンプンを異にする"くず湯"の食味特性

■目的

"くず湯"はくずデンプンに少量の砂糖と水を加えて吸水させた後、熱湯を注いでどろりと仕上げた飲み物であるが、くずデンプンが高価なため、他の馬鈴薯デンプンなどで代用されることが多い。そこで4種のデンプンを用いて"くず湯"を調製し、SD法による官能検査を行い、くず湯の食味特性について検討する。

■試料

くず、馬鈴薯、甘藷、とうもろこしの核デンプン、ショ糖

■実験器具

ビーカー（1l、4個）、電動撹拌器（板状撹拌翼つき）またはガラス棒（2本）、電気コンロ、石綿金網、温度計、玉杓子（小）、湯煎用バット（ビーカー4個が入る大きさ）、磁器小皿（官能検査用）4個×人数、トレイ、コップ、官能検査用紙

■実験方法

❻くず湯のデンプン濃度は5％（無水換算物）、ショ糖8〜10％とする。パネラーが20人、検体量15ml、とすると使用する量は20名×15ml×0.05/1−0.15、ショ糖は15×20×0.08＝24gを計量し、水を加えて全量を300ml（w/v）とする。そして電動撹拌器かガラス棒を用いて一定速度（例：200rpm/分）で撹拌する。

❽充分に懸濁した液をセラミック金網をひいた電気コンロに乗せ、温度計を差し込み、一定速度で撹拌しながら加熱する。

❿ここで15分保持するのは、試料デンプンにより、最高粘度に達する温度と時間が異なるため。

⓬蒸発した水分量を個々で補充する。

⓮出来上がった試料はラップなどで密閉し、60℃で湯煎し、4種の試料をそろえる。

⓱小皿は試料の温度が下がらないように暖めておく。

⓴検査用紙は図3.8に示したように、評価項目に対する強弱と好き嫌いの両方より検討する。

㉒集計は評価項目ごとに縦軸に人数、横軸に試料数を書き、評点を順次記載する（図3.9 p.58）

㉙各試料のそれぞれの評価項目の平均評点を算出する。

㉚二元配置法（p.53）により、資料間および判定者間の有意差検定を行う。

㉛各評価項目ごとに尺度を書き、㉗の結果の平均値を試料ごとに企業に変えて尺度上にプロットし、各項目間を線でつなぐ（図3.10 p.59）。

㉜強弱と好き嫌いの間の相関係数[3)]を算出する（表3.15 p.59）。

㉝各試料を特徴づける食味特性は何かを要約し把握する目的で、評価項目間の相関行列を算出し、因子分析[4)5)]を行う。

●くず湯の調製法

```
開始
 ↓
 ├─① ビーカー
②各デンプン（5%濃度分）
 ↓
③ショ糖（全体の8〜10%）
 ↓
④純水
 ↓
 ├─⑤ 攪拌器 or ガラス棒
 ↓
⑥懸濁
 ↓
 ├─⑦ 電気コンロ・温度計
 ↓
⑧加熱
 ↓
⑨90℃になったか ── no ──┐
 │ yes                  │
 ↓←────────────────────┘
⑩温度保持（90℃、15分）
 ↓
⑪純水
 ↓
⑫くず湯の濃度補正
 ↓
 ├─⑬ 湯煎用バット
 ↓
⑭湯煎（60℃に保温）
 ↓
終了
```

●くず湯の官能検査実施

```
開始
 ↓
⑮60℃のくず湯（4種）
 ↓
 ├─⑯ 磁製小皿、玉杓子
 ↓
⑰試料を小皿に配る
 ↓
 ├─⑱ 官能検査用紙
 ↓
⑲くず湯試料（4種）
 ↓
⑳パネラーに検査用紙を配る
 ↓
 ├─㉑ トレイ、コップ、鉛筆
 ↓
㉒官能検査実施
 ↓
㉓記入ミスはないか ── no ──┐
 │ yes                     │
 ↓←───────────────────────┘
㉔データー
 ↓
終了
```

●S.D.法による解析法

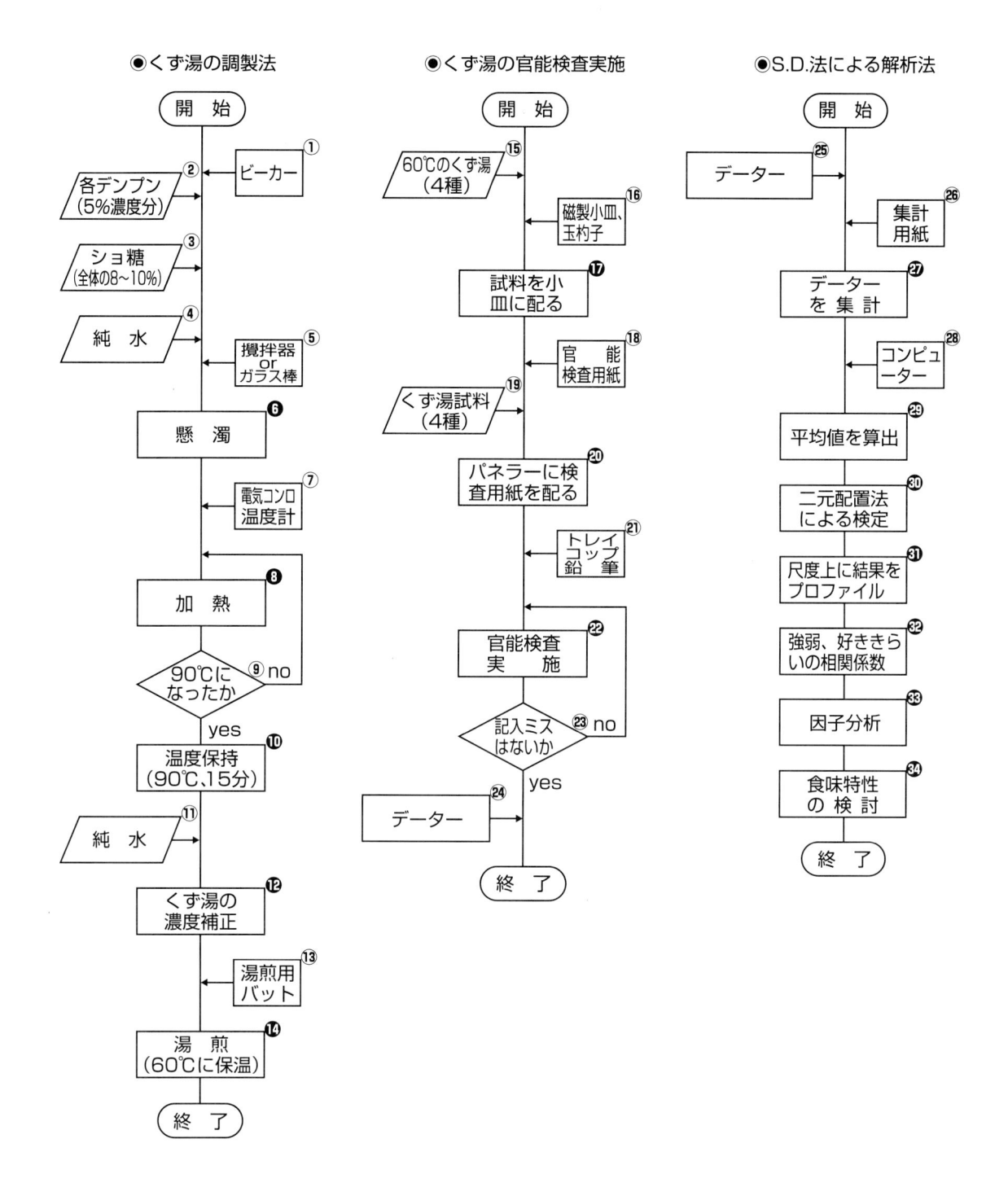

```
開始
 ↓
㉕データー
 ↓
 ├─㉖ 集計用紙
 ↓
㉗データーを集計
 ↓
 ├─㉘ コンピューター
 ↓
㉙平均値を算出
 ↓
㉚二元配置法による検定
 ↓
㉛尺度上に結果をプロファイル
 ↓
㉜強弱、好ききらいの相関係数
 ↓
㉝因子分析
 ↓
㉞食味特性の検討
 ↓
終了
```

1) C.E. Osgood：*Amer. Psychologist*、17、10、1962
2) 岩下豊彦：SD法によるイメージの測定、川島書店（1983）
3) 野中繁雄：官能検査ハンドブック、p.294、日科技連（1985）
4) 川端晶子他：家政誌、33、633、1982
5) 吉沢正：多変量解析法、p323、日科技連（1979）

図3.8 官能検査用紙（左：強弱、右：好き嫌い）

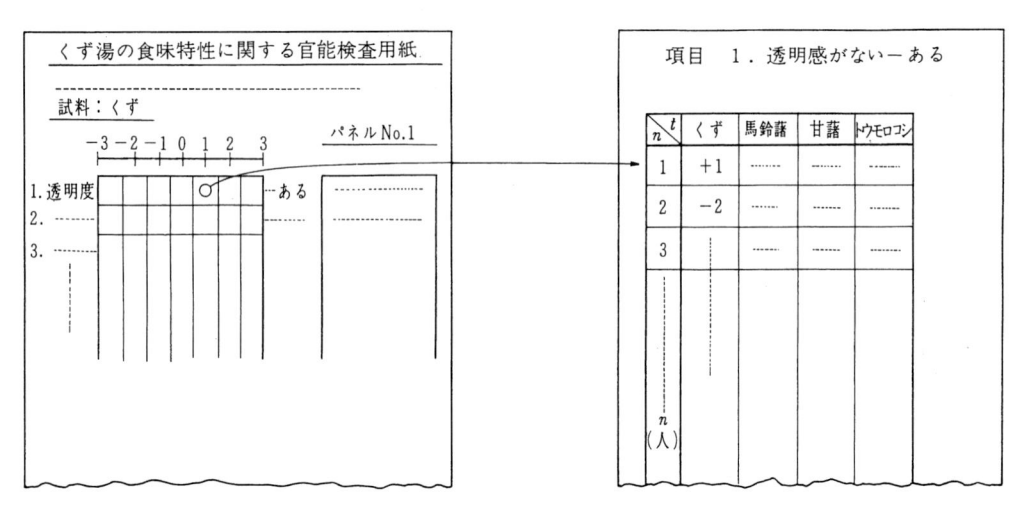

図3.9 データの集計方法

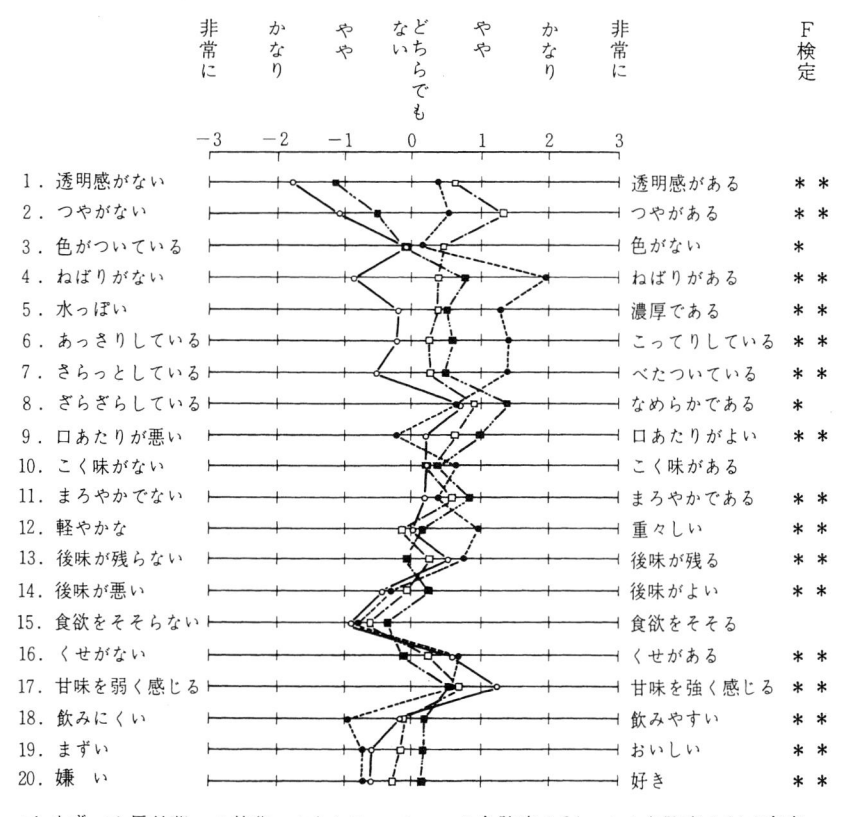

	非常に	かなり	やや	どちらでもない	やや	かなり	非常に		F検定

```
        −3  −2  −1   0   1   2   3
```

1. 透明感がない ────────── 透明感がある ＊＊
2. つやがない ────────── つやがある ＊＊
3. 色がついている ────────── 色がない ＊
4. ねばりがない ────────── ねばりがある ＊＊
5. 水っぽい ────────── 濃厚である ＊＊
6. あっさりしている ────────── こってりしている ＊＊
7. さらっとしている ────────── べたついている ＊＊
8. ざらざらしている ────────── なめらかである ＊
9. 口あたりが悪い ────────── 口あたりがよい ＊＊
10. こく味がない ────────── こく味がある
11. まろやかでない ────────── まろやかである ＊＊
12. 軽やかな ────────── 重々しい ＊＊
13. 後味が残らない ────────── 後味が残る ＊＊
14. 後味が悪い ────────── 後味がよい ＊＊
15. 食欲をそそらない ────────── 食欲をそそる
16. くせがない ────────── くせがある ＊＊
17. 甘味を弱く感じる ────────── 甘味を強く感じる ＊＊
18. 飲みにくい ────────── 飲みやすい ＊＊
19. まずい ────────── おいしい ＊＊
20. 嫌い ────────── 好き ＊＊

○：くず，●：馬鈴薯，□：甘藷，■：トウモロコシ　　＊危険率5％，＊＊危険率1％で有意

図3.10　くず湯のSD法による評価項目の強弱に関する平均評点

表3.15　くず湯の評価項目の強弱と好き嫌いの相関関係

評価項目	1次回帰式	相関係数
1．透　明　感	Y＝ 0.087＋0.639X	0.6645＊＊
2．つ　　　や	Y＝ 7.709＋0.734X	0.7176＊＊
3．色	Y＝ 0.161＋0.285X	0.2866＊＊
4．ね　ば　り	Y＝ 0.244＋0.080X	0.0959
5．濃　　　度	Y＝ 0.458＋0.259X	0.2483＊＊
6．こってりしているかどうか	Y＝ 0.518＋0.027X	0.0238
7．べ た つ き	Y＝ 0.448＋0.160X	−0.1331
8．なめらかさ	Y＝ 0.605＋0.619X	0.5910＊＊
9．口あたり	Y＝ 0.181＋0.315X	0.3326＊＊
10．こ　く　味	Y＝ 0.320＋0.272X	0.2556＊＊
11．まろやかさ	Y＝ 0.359＋0.629X	0.6106＊＊
12．かろやかさ	Y＝ 0.291＋0.004X	0.0042
13．後味が残るかどうか	Y＝ 0.101＋0.011X	0.0106
14．後味のよさ	Y＝ 0.071＋0.564X	0.5914＊＊
15．食欲をそそるかどうか	Y＝−0.178＋0.727X	0.7294＊＊
16．くせがあるかどうか	Y＝ 0.433＋0.104X	−0.1003
17．甘味の感じ方	Y＝ 0.807＋0.147X	0.1584＊
18．飲みやすさ	Y＝−0.311＋0.567X	0.5883＊＊

＊危険率5％で有意、＊＊危険率1％で有意

3.1　官能検査の意義と手法

3.2 調理と味

【実験1】味覚による閾値の測定

■目的
味覚の基本味である塩、酸、苦、甘について、それぞれの閾値を知ることを目的に行なう。

■試料
食塩、クエン酸、カフェイン、ショ糖

■実験器具
電子天秤、薬包紙、スパーテル、ビーカー（300〜500ml）、1lのメスフラスコ。

■方法
表3.16にある1〜14までのそれぞれの呈味液を口に含み、味を感じるところ、濃度の差がわからないところを調べる。

表3.16 試料組成

味の種類		塩	酸	苦	甘
呈味物質		食塩	クエン酸	カフェイン	ショ糖
分子量		58.45	210.14	194.19	342.30
番号	原液0.1mol モル数	5.845g/l	21.014g/l	19.419g/l	34.23g/l
1	0.00005mol	原液0.5に1lに	原液0.5に1lに	原液0.5に1lに	原液0.5に1lに
2	0.0001	1	1	1	1
3	0.0002	2	2	2	2
4	0.0004	4	4	4	4
5	0.0008	8	8	8	8
6	0.0016	16	16	16	16
7	0.0032	32	32	32	32
8	0.0064	64	64	64	64
9	0.0128	128	128	128	128
10	0.0256	256	256	256	256
11	0.0512	2.994g/l	10.759g/l	9.943g/l	17.526g/l
12	0.1024	5.998g/l	21.518g/l	19.885g/l	35.052g/l
13	0.2048	11.976g/l	43.036g/l	39.770g/l	70.103g/l
14	0.4096	23.953g/l	86.072g/l	79.540g/l	140.206g/l

❸各試料呈味液を口の中にいれ、舌全体に行きわたるように広げ、鑑定する。
❾鑑別しにくいなど疲労と思われる場合は、少し時間を空けて再度行なう。

■結果
各呈味液の結果について、下記の基準で判断がついた番号を記入していく。最初に味を感じた番号1（検知閾）と味の強さ（濃度）が変わらないと感じた番号5（弁別閾）を記録、集計する。

0：味がない
1：ごくわずかに味を感じる
2：味があることが分かる
3：はっきりと味が分かる
4：味が強い
5：それ以上味が強くならない

● 味覚による閾値の測定

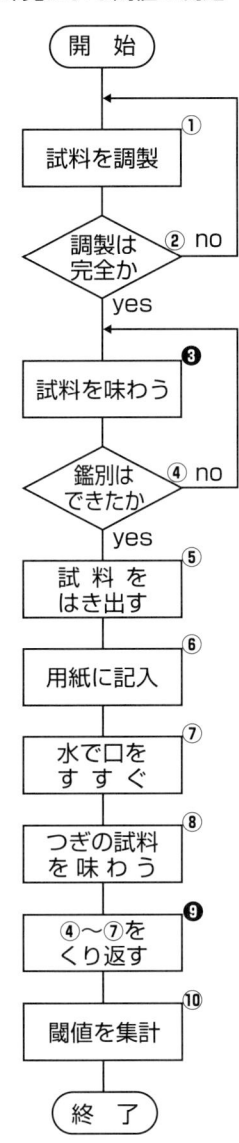

```
       開  始
         ↓
    ①試料を調製 ←──┐
         ↓        │
    ②調製は ──no──┘
      完全か
       yes
         ↓
    ③試料を味わう ←──┐
         ↓          │
    ④鑑別は ──no────┘
      できたか
       yes
         ↓
    ⑤試料を
      はき出す
         ↓
    ⑥用紙に記入
         ↓
    ⑦水で口を
      すすぐ
         ↓
    ⑧つぎの試料
      を味わう
         ↓
    ⑨④～⑦を
      くり返す
         ↓
    ⑩閾値を集計
         ↓
       終  了
```

表3.17　基本味の閾値

基本味	代表的なもの	閾　値（％）
甘味	ショ糖	0.5
酸味	酢酸	0.012
塩味	食塩	0.2
苦味	キニーネ	0.00005
うま味	グルタミン酸ナトリウム	0.03

3.2　調理と味

【実験2】味の対比効果

■目的

呈味物質の相互作用のひとつに対比効果がある。本来異なった味を持つ物質どうしが混ざり合うことにより、一方の味が強められることをいう。例えばしるこなどに入れる砂糖に少量の塩を加えると甘味が増すことが知られている。ここでは砂糖（甘味）と塩（塩味）の対比効果について検討する。

■方法

表3.18に示すような濃度の試料を用意し、グループごとに順位法での官能検査を行なう。試料溶液の検査法は実験1の方法（P.60）に準ずる。

表3.18 試料溶液の組成

グループ	ショ糖	食塩				
A	25%	0	0.05	0.10	0.15	0.20
B	50%	0	0.05	0.10	0.15	0.20

■結果

結果の順位を集計後、順位法のまとめ方を参考にクレーマーの順位合計の有意差検定を行なう。

■参考

呈味液の相互の作用としては、対比効果のほかに、以下のようなものが上げられる。

表3.19 うま味物質の相互作用

分類	混合した味刺激 (多) ＋ (少)	呈味の変動	例
対比効果	甘味 ＋ 塩味	甘味を強める	しるこ、すいかと食塩
	酸味 ＋ 苦味	酸味を強める	レモネード
	うま味 ＋ 塩味	うま味を強める	すまし汁
抑制効果	苦味 ＋ 甘味	苦味を弱める	コーヒー、チョコレート
	塩味 ＋ 酸味	塩味を弱める	漬物
	酸味 ＋ (塩味/甘味)	酸味を弱める	すし酢
	塩味 ＋ うま味	塩味を弱める	しょうゆ、塩辛
相乗効果	うまみ (MSG＋IMP)	うま味が強くなる	こんぶとかつおぶしのだし汁
	甘味 (ショ糖＋サッカリン)	甘味が強くなる	粉末ジュース
変調効果	先に味わった呈味物質の影響で、後に味わうと味が異なって感じられる現象		
順応効果	ある強さの呈味物質を長時間味わっていると、閾値が上昇する現象		

【実験3】 五味の識別検査

■目的

うま味を加えた五基本味の標準的な刺激閾値に近い濃度の溶液（またはろ紙にしみ込ませる）を調製し、正しく識別できるかを検討する。

■試料

甘味（ショ糖）、塩味（食塩）、酸味（クエン酸）、苦味（カフェインまたはPTC）、うま味（グルタミン酸ナトリウム）、純水

■方法

表3.20の濃度の各呈味溶液を調製し、純水を加えた6種類（または純水を2つ加えた7種類）を用意し、実験1の検査方法に準じて呈味液の味の種類を検討する。

苦味と味盲を同時に判定するにはPTC溶液を、苦味のみならカフェイン溶液を用いる。

表3.20 試料溶液の濃度

味 の 種 類	呈 味 物 質	濃 度 （％）
甘 味	シ ョ 糖	0.5
酸 味	ク エ ン 酸	0.005
塩 味	食 塩	0.2
苦 味	P T C	0.00023
旨 味	グルタミン酸ソーダ	0.05
無 味	純 水	―

■結果

各溶液の味覚が、正しく判断できたかどうか、正解数を集計する。

■参考

PTC（フェニルチオカーバマイト）は味盲物質のひとつで、正常な味覚なら苦味を感じるが、味盲のひとは全く感じない（無味）。これらのひとを味盲という（先天的なもので、劣性遺伝する）。別に、近年問題にされている味覚障害（五味の判断ができない）は後天的な場合が多く、亜鉛を含む食品を摂取しなかったり、食品添加物（リン酸塩など）との同時摂取で亜鉛の十分な吸収ができないため、味覚の感覚細胞である味蕾細胞が正常な働きをしなくなる場合におこる。

4

糖質性食品の調理科学実験

4.1 米

【実験1】炊飯

■目的
　炊飯とは、米を水とともに加熱して、でんぷんを糊化する― すなわちβ-でんぷんをα化する操作である。加熱して米が軟らかくなり、飯になった時に、炊き水がなくなり、かつ焦げず、飯が固すぎても良くない。そのためには、水洗、浸漬、吸水、水加減、火加減の操作が必要となってくる。本実験では、米がどのくらいの水分を吸収するのか、出来上がった飯がもとの米の何倍の重量・体積になっているかについて検証する。また釜の中の飯の位置による飯の食味の比較を行う。

■試料
　精白米20g（できれば産地と精白度が記載されているもの）

■実験器具
　一般調理器具、目盛りつきビーカー（100ml）、鍋（蓋に温度計の差し込めるもの）温度計100℃、ストップウォッチ、白い皿、スプーン

■実験方法
❻ビーカーに米を加えて軽く洗米する。この時米を割らないように手早く洗う。
❽米と水で46gにする。
❾そのまま浸漬を60分行う。
❿装置を組むときは、鍋の蓋のつまみをはずして、その穴に温度計を差し込む。そのときに中に入れるビーカーの中心部に温度計が行くように高さを測っておく。その高さで温度計をコルクまたはビニールテープで止めておく。
⓬点火後5分ごとに温度を読む（沸騰後は、沸騰をつづける程度の弱火にする）。
⓮最高温度に達したら、20分間加熱する。鍋の湯が沸騰し始めたら、沸騰を続ける程度の弱火にする。
⓱蒸らし終了後、飯の温度を測定し、ビーカーを倒さないように温度計を抜く。
⓴飯の状態をビーカーの上部と下部に分けて官能評価する。

■結果

表4.1　飯の測定値

米の重量（a）	20g
米の体積（b）	ml
水の重量	g
浸漬時間	60分
浸漬後の米の体積	ml
初めの温度	℃
炊飯中のビーカー内の温度	点火後5分	℃
	点火後10分	℃
	点火後15分	℃
	点火後20分	℃
	最高温度（点火後　分）	℃
	弱火20分	℃

点火後消火までの時間	分
蒸らした後の温度	℃
出来上がりの飯の重量（c）	
出来上がりの飯の体積（d）	
もとの米の何倍か（重量）c/a	
もとの米の何倍か（体積）d/b	
水分蒸発量	

表4.2　飯の官能評価

	色	味	香り	硬さ	総合評価
上部					
下部					

●炊飯

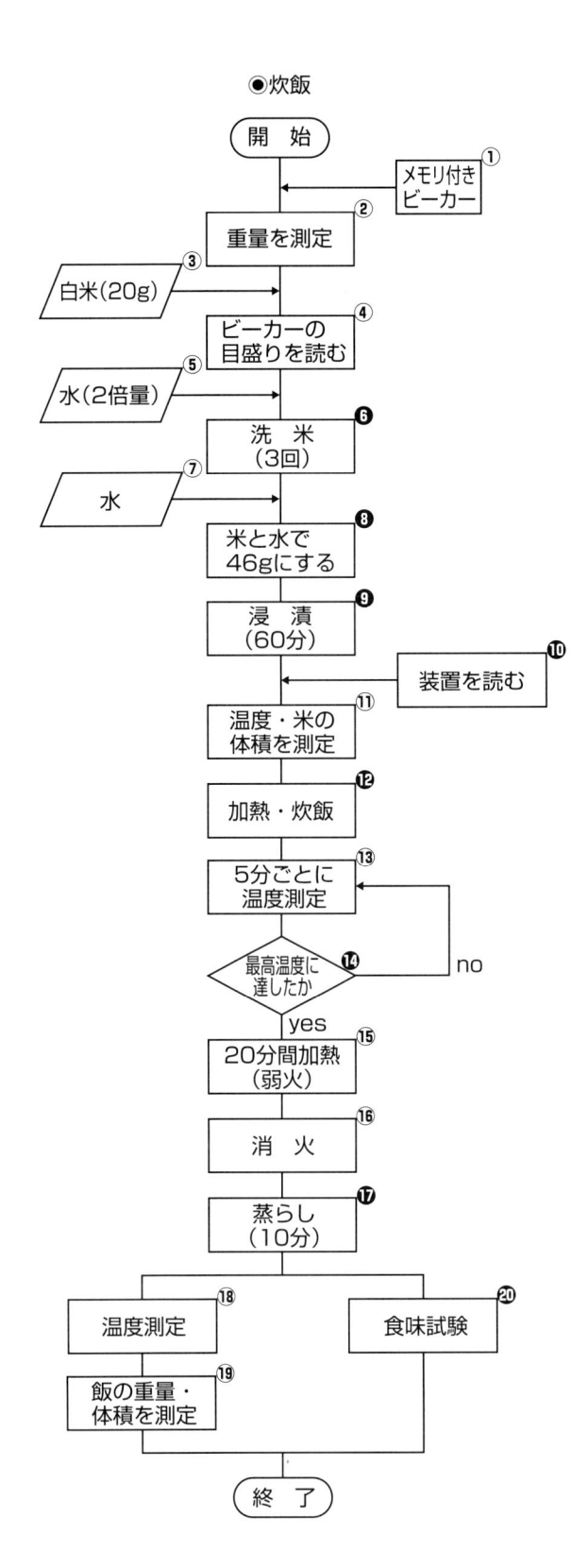

```
                開 始
                  ↑
                  ①── メモリ付きビーカー
                  ↓
                ② 重量を測定
                  ↑
       ③ 白米(20g) ──→
                  ↓
                ④ ビーカーの目盛りを読む
                  ↑
       ⑤ 水(2倍量) ──→
                  ↓
                ⑥ 洗米(3回)
                  ↑
       ⑦ 水 ──→
                  ↓
                ⑧ 米と水で46gにする
                  ↓
                ⑨ 浸漬(60分)
                  ↑
                  ⑩── 装置を読む
                  ↓
                ⑪ 温度・米の体積を測定
                  ↓
                ⑫ 加熱・炊飯
                  ↓
                ⑬ 5分ごとに温度測定 ←──┐
                  ↓                  │
                ⑭ 最高温度に達したか ── no
                  ↓ yes
                ⑮ 20分間加熱(弱火)
                  ↓
                ⑯ 消 火
                  ↓
                ⑰ 蒸らし(10分)
                  ↓
       ⑱ 温度測定      ⑳ 食味試験
       ⑲ 飯の重量・体積を測定
                  ↓
                終 了
```

コルク栓
(ビニールテープを巻きつけるでも良い)

温度計

ビーカー

ふきん

図4.1 実験器具

4.1 米

【実験2】うるち米ともち米

■目的
　米には、うるち米ともち米があり、料理様式によって、さまざまな炊飯の方法がある。本実験ではうるち米を水とともに炊飯した白米飯と、米を油脂で炒めてから飯に炊くバターライスについて、炊飯時の状態の変化、出来上がり体積・重量、食味の比較を行う。またもち米を蒸す場合の、振り水の有無による強飯の体積・重量、食味の違いから、振り水の意義を知ることを目的とする。

■試料
　うるち米100g、もち米100g、バター5g

(A)	(B)	(C)	(D)
うるち米　50g （米＋水）125g	うるち米　50g バター　　5g （米＋バター＋水）125g	もち米　　50g	もち米　　50g

■実験器具
　目盛り付ビーカー（300m*l*）、時計皿（またはアルミホイル）、金網、木べら、熱電対温度計または水銀温度計、ストップウォッチ、一般実験器具、一般調理器具

■実験方法
❹手早く行う（15秒撹拌する）。
❿炊飯に必要な水の量は「米の吸水量（米の重量の120%〜140%）＋炊飯時の蒸発量（米の重量の10〜30%）」となり、米の重量の150%（1.5倍）、体積の120%（1.2倍）にあたる。この場合は（米50g＋水）で125gとする。
⓭火加減と温度変化の関係、それに伴う炊飯状態の変化を記録する。
⓮炊き上がりの体積、重量を測定する。
⓯風味側描法を用いて食味の評価を行う。
㉘小鍋の付着物は少量の水でゆすぎ入れる。
㊸蒸し器はあらかじめ沸騰させておく。

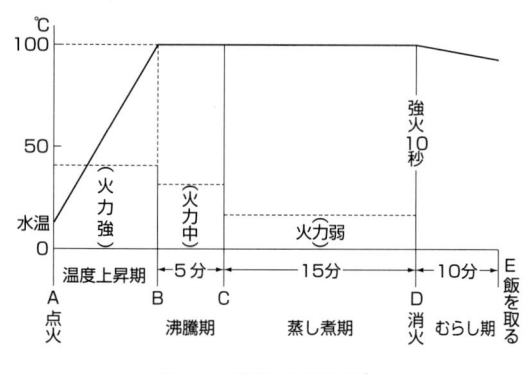

図4.2　ガスによる炊飯[1]

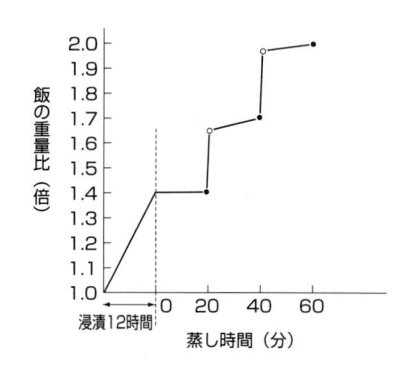

図4.3　加熱中のこわ飯の重量変化[2]
●水の補給前の米の重量比
○水の補給後の米の重量比

---

1) 山崎清子、島田キミエ、渋川祥子、下村道子：新版調理と理論、p.51、同文書院（2003）
2) 石井久仁子、下村道子、山崎清子：家政誌、**29**、84（1978）

●うるち米ともち米の炊飯

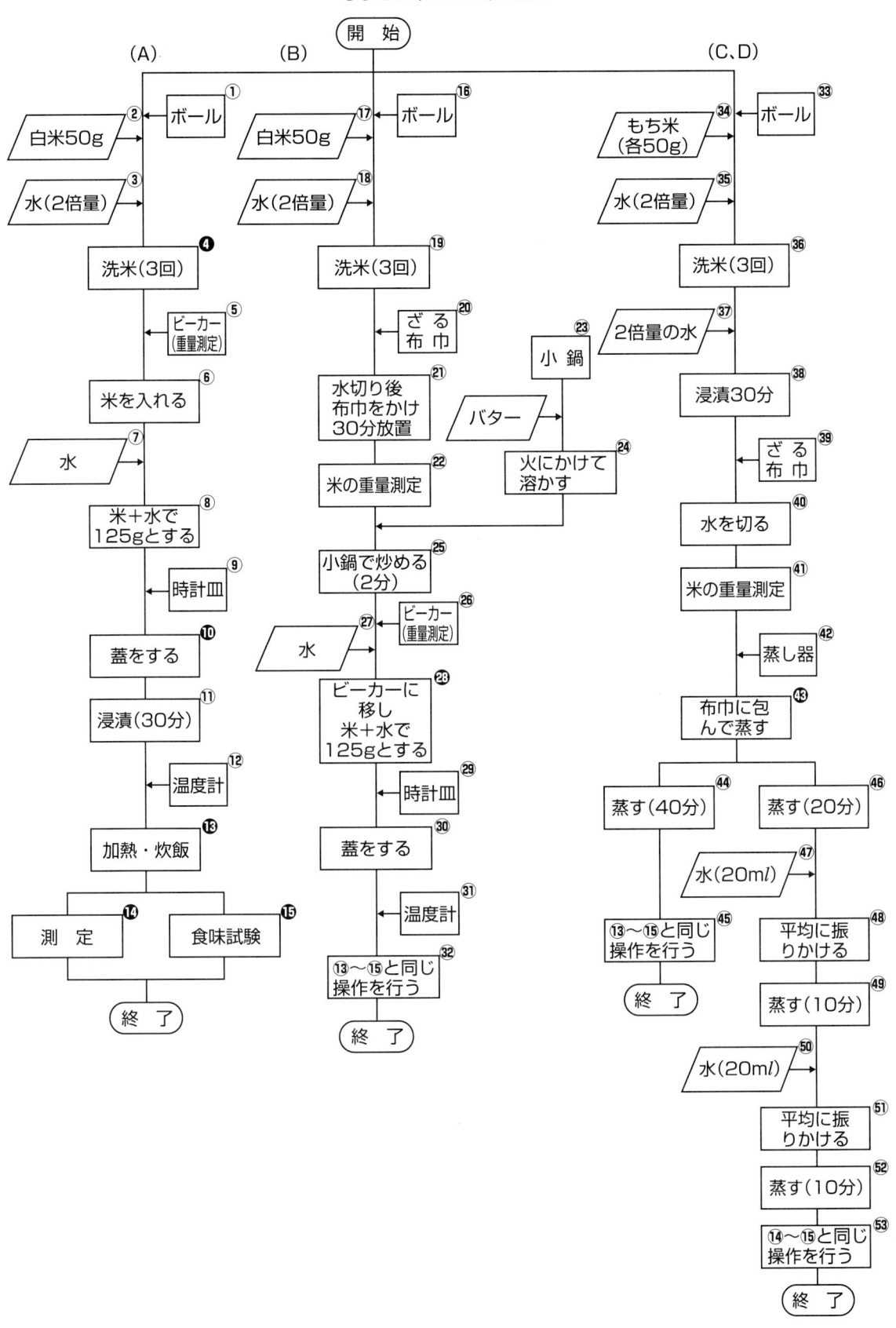

開始

(A)
1. ボール
2. 白米50g
3. 水(2倍量)
4. 洗米(3回)
5. ビーカー(重量測定)
6. 米を入れる
7. 水
8. 米+水で125gとする
9. 時計皿
10. 蓋をする
11. 浸漬(30分)
12. 温度計
13. 加熱・炊飯
14. 測定
15. 食味試験

終了

(B)
16. ボール
17. 白米50g
18. 水(2倍量)
19. 洗米(3回)
20. ざる 布巾
21. 水切り後布巾をかけ30分放置
22. 米の重量測定
23. 小鍋
24. バター / 火にかけて溶かす
25. 小鍋で炒める(2分)
26. ビーカー(重量測定)
27. 水
28. ビーカーに移し米+水で125gとする
29. 時計皿
30. 蓋をする
31. 温度計
32. ⑬〜⑮と同じ操作を行う

終了

(C、D)
33. ボール
34. もち米(各50g)
35. 水(2倍量)
36. 洗米(3回)
37. 2倍量の水
38. 浸漬30分
39. ざる 布巾
40. 水を切る
41. 米の重量測定
42. 蒸し器
43. 布巾に包んで蒸す
44. 蒸す(40分)
45. ⑬〜⑮と同じ操作を行う

終了

46. 蒸す(20分)
47. 水(20ml)
48. 平均に振りかける
49. 蒸す(10分)
50. 水(20ml)
51. 平均に振りかける
52. 蒸す(10分)
53. ⑭〜⑮と同じ操作を行う

終了

4.1 米

【実験3】 だんご生地の性状に及ぼす添加材料の影響

■目的

うるち米を粉にしたしん粉は、小麦粉のようにグルテンを含んでおらず、水でこねても粘りが出ず、取り扱いにくいため、熱湯でこね、デンプンの一部を糊化して用いられる。しん粉で作られただんごは、こねるほど柔らかさを増し、口当たりがよくなるが、しん粉に白玉粉（もち米の粉）やデンプン、砂糖などの副材料を加えることにより、歯切れ、粘り、味が変化する。

本実験では、しん粉に添加する材料が、だんご生地の性状にどのような影響を及ぼすかを、カードメーターなどを用いて比較する。

■試料

(A)	(B)	(C)	(D)	(E)
しん粉 50g 水 50ml	しん粉 50g 熱湯 50ml	しん粉 45g 白玉粉 5g 熱湯 50ml	しん粉 45g 片栗粉 5g 熱湯 50ml	しん粉 45g 砂糖 5g 熱湯 50ml

■実験器具

一般調理器具、ボール、メスシリンダー、秤、蒸し器、カードメーター

■実験方法

⑪ 熱いうちに手水をつけながら、ほどよい硬さになるまでよくこねる。それぞれこね回数は同じになるようにする。

⑫ カードメーターで硬さを測定する。カードメーターがない場合は、図4.5のような装置で2cmの棒状だんごが一定の重さをかけたときに切れる時間を測って比較してもよい。

⑮ 色、つや、口ざわりなどをSD法（セマンティック・ディファレンシャル法）で比較考察する。

■結果

表4.3 計測結果

試料	生地の重量		硬さ		こね回数	でき上がりの生地				
	蒸す前(g)	蒸し後(g)	蒸す前	蒸し後		硬さ	切り口	色	つや	口ざわり
(A) しん粉（水）										
(B) しん粉（熱湯）										
(C) しん粉＋白玉粉										
(D) しん粉＋片栗粉										
(E) しん粉＋砂糖										

■参考

(1) 白玉粉の量が増すほどに弾性が下がり、しん粉だけでこね回数を多くしただんごと同じような弾性となるので、白玉粉を加えるとこねる労力を省くことができる。片栗粉を加えた場合は、量が増すほど硬くなる。

(2) 砂糖を加えると、甘みがつくと共に、デンプンの老化を防ぎ、だんごを柔らかく保つことができる。

(3) 白玉粉は、もち米を水に浸漬し、水切り後、加水しながら磨砕し、ふるいわけした乳液を圧搾脱水して粉にしたものである。寒中に清水にさらして作ったことから寒晒粉ともいう。

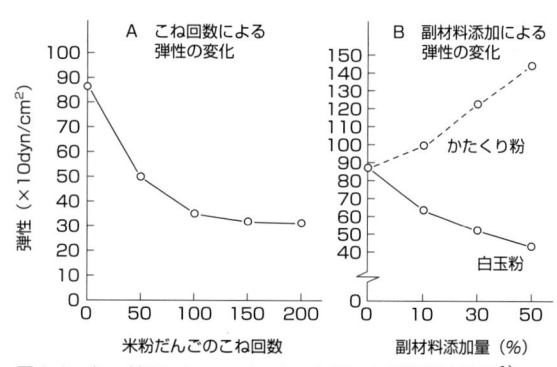

図4.4 カードテンションメーターを用いた弾性測定結果[1]

● だんご生地の性状に及ぼす添加材料の影響

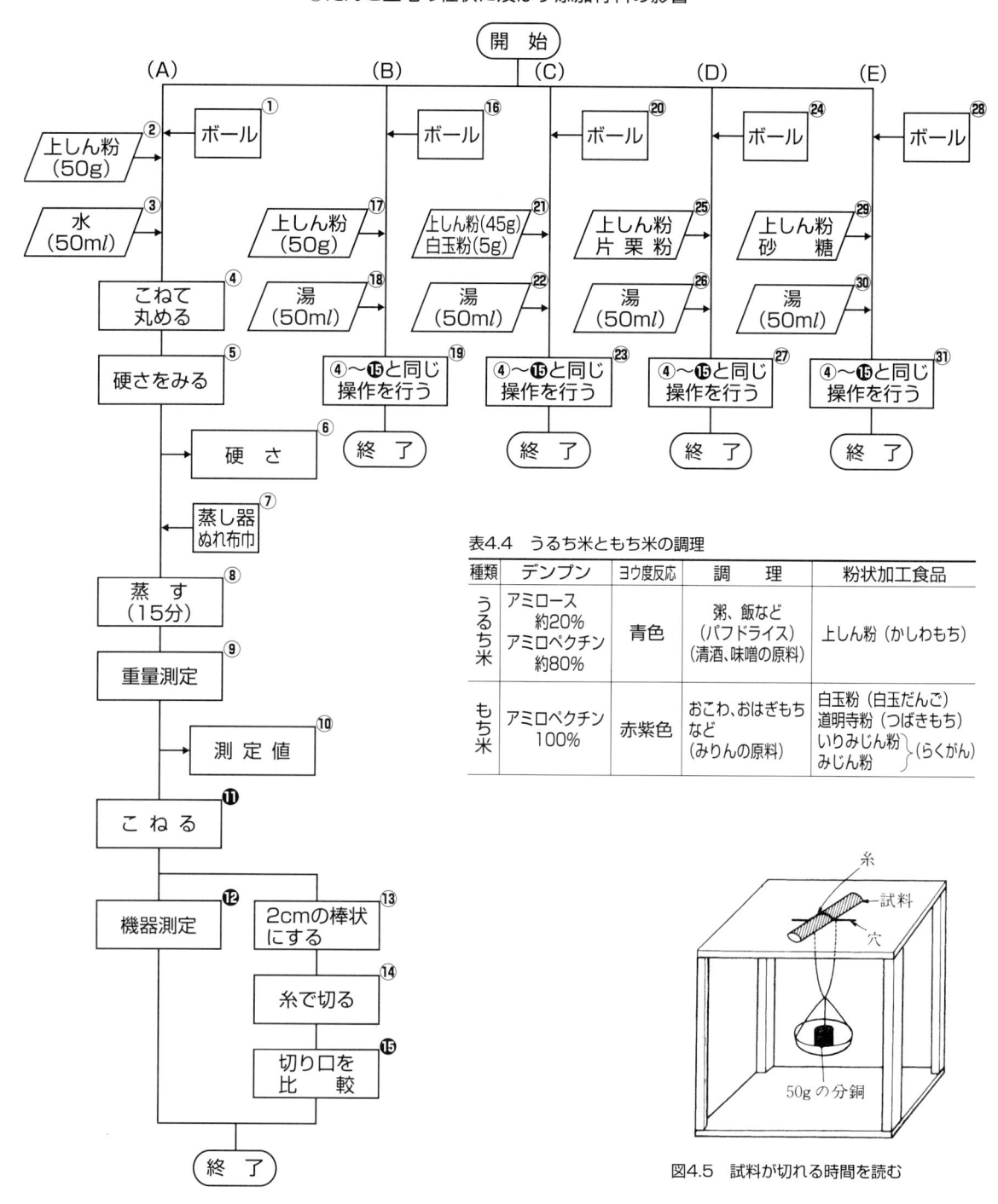

```
                              開 始
    (A)          (B)          (C)          (D)          (E)
   ┌──①         ┌──⑯        ┌──⑳         ┌──㉔        ┌──㉘
   │ボール       │ボール      │ボール       │ボール      │ボール
   │②           │⑰          │㉑          │㉕          │㉙
   │上しん粉     │上しん粉    │上しん粉(45g) │上しん粉    │上しん粉
   │(50g)        │(50g)       │白玉粉(5g)   │片栗粉      │砂糖
   │③           │⑱          │㉒          │㉖          │㉚
   │水           │湯          │湯           │湯          │湯
   │(50ml)       │(50ml)      │(50ml)       │(50ml)      │(50ml)
   │④           │⑲          │㉓          │㉗          │㉛
   │こねて       │④～⑮と同じ │④～⑮と同じ  │④～⑮と同じ │④～⑮と同じ
   │丸める       │操作を行う  │操作を行う   │操作を行う  │操作を行う
   │⑤            │            │             │            │
   │硬さをみる   │終了        │終了         │終了        │終了
   │→ 硬さ ⑥
   │
   │← 蒸し器 ⑦
   │   ぬれ布巾
   │⑧
   │蒸す(15分)
   │⑨
   │重量測定
   │→ 測定値 ⑩
   │⑪
   │こねる
   │⑫          ⑬
   │機器測定 → 2cmの棒状にする
   │            ⑭
   │            糸で切る
   │            ⑮
   │            切り口を比較
   │
   終了
```

表4.4 うるち米ともち米の調理

種類	デンプン	ヨウ度反応	調 理	粉状加工食品
うるち米	アミロース約20% アミロペクチン約80%	青色	粥、飯など (パフドライス) (清酒、味噌の原料)	上しん粉(かしわもち)
もち米	アミロペクチン100%	赤紫色	おこわ、おはぎもちなど (みりんの原料)	白玉粉(白玉だんご) 道明寺粉(つばきもち) いりみじん粉 みじん粉 }(らくがん)

図4.5 試料が切れる時間を読む

1) 松元文子、吉松藤子：三訂調理実験、p.20、柴田書店 (1979)

4.2 小麦粉

【実験1】小麦粉の種類と性質

■目的

　小麦粉の主成分はデンプンであるが、タンパク質含量により強力粉、中力粉、薄力粉に分類され、用途によって使い分けられている。小麦粉に50％前後の水を加え、混捏（こんねつ）した生地をドウ（dough）という。ドウを水中でもみ洗いし、でんぷんを洗い流すと粘弾性のあるガム状の塊が得られる。これがグルテン（gluten）である。グルテンの主成分であるグルテニンとグリアジンが網目構造を形成し、このグルテンの性質が他の穀類とは異なる小麦粉特有の調理特性を与えている。調理目的に応じた粉を選択することにより、操作しやすく、調理効果を上げることができる。実験1では種類の異なる小麦粉を用い、外観、ねかし効果、グルテン含量と膨化、麺の物性について比較検討する。食塩添加の影響を見る場合、強力粉に2％程度の塩を加えた麺を作り、官能評価を行う。

■試料

　薄力粉60g、強力粉60g

■実験器具

　天火、レオメーター、メスシリンダー、一般調理器具

■実験方法

❹2種類の小麦粉をボールに入れ、粉の色、手ざわり等の外観を見る。

❽〜❿薄力粉に粉の50％の水（50ml）を加え、全体がまとまる程度にざっとこねる。強力粉は、シリンダーに水を用意し、薄力粉と同じ程度になるよう水を加え、加水量を記録する。長さ10cmの棒状に成形し、両手で引っ張り伸び具合をみる。さらに50回こねて❿同様に引っ張る。

⓬ぬれ布巾をかけて15分、30分ねかした後、引っ張り伸び具合を比較する（0分）。

⓮〜⓱こねて麺棒で伸ばし、麺線（厚さ、幅、長さをそろえる）をつくる。

ゆで麺の官能評価を行う。レオメーターにて切断強度・引張り強度を測定する。

㉑水を入れたボールでドウをもみ洗いし、白い水が出なくなるまででんぷんを洗い流す。

㉓、㉔水気をふいた後、重量を測定し、測定値を2倍して100gあたりの湿麩量とする。

㉗薄力粉と強力粉のグルテン各4gを丸めてろ紙にのせ、180℃のオーブンで約20分間焼き、形および大きさを比較観察する。菜種法（p.16）で体積をはかる。

■結果

表4.5　計測結果

		薄力粉	強力粉
外観	手ざわり 色		
	加水量	ml	ml
伸び	（0分） 50回こねる 15分ねかす 30分ねかす		
グルテン	湿麩の状態 湿麩重量（g） 湿麩率（％）		

表4.6　ゆで麺の官能評価

	強力粉	強力粉
こしの強さ		
なめらかさ		
のどごし		
総合評価		

1）下村道子、和田淑子：新訂調理学、光生館（2006）
2）松元文子、松元エミ子、高野敬子：家政誌、11、348（1962）

●小麦粉の種類と性質

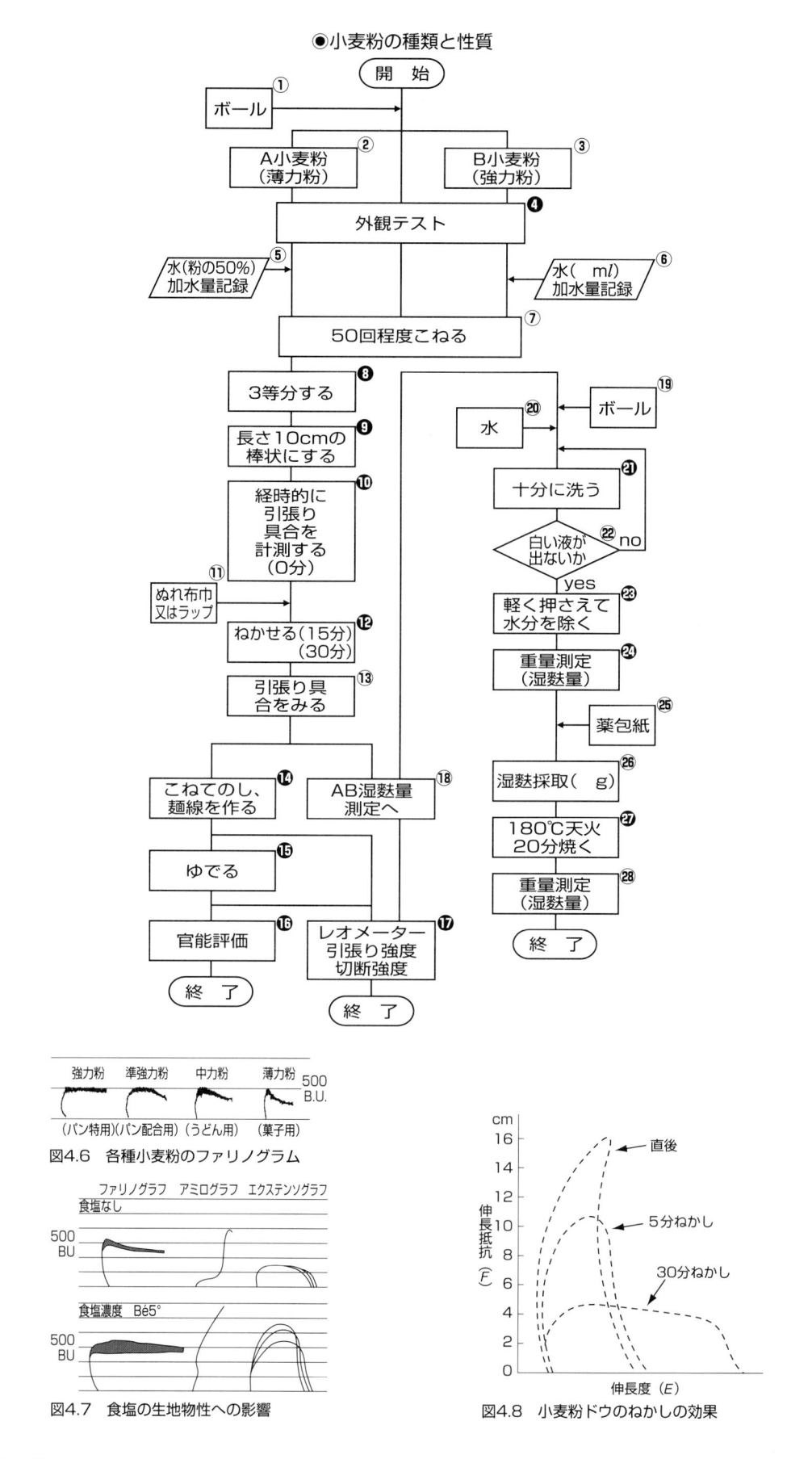

```
                    開 始
                     │
        ① ボール ────┤
                     │
         ┌───────────┴───────────┐
    ② A小麦粉              ③ B小麦粉
      (薄力粉)               (強力粉)
         └───────────┬───────────┘
                ④ 外観テスト
         ┌───────────┴───────────┐
  ⑤ 水(粉の50%)           ⑥ 水( ml)
     加水量記録              加水量記録
         └───────────┬───────────┘
             ⑦ 50回程度こねる
                     │
         ┌───────────┴─────────────────────────┐
      ⑧ 3等分する                        ⑲ ボール
             │                        ┌─────┤
      ⑨ 長さ10cmの                 ⑳ 水   │
         棒状にする                     └─────┤
             │                    ㉑ 十分に洗う
      ⑩ 経時的に                         │
         引張り                       ㉒ 白い液が ─no
         具合を                          出ないか
         計測する                          │ yes
         (0分)                    ㉓ 軽く押さえて
             │                       水分を除く
  ⑪ ぬれ布巾 ──┤                          │
     又はラップ                     ㉔ 重量測定
      ⑫ ねかせる(15分)                  (湿麩量)
         (30分)                          │
             │                  ㉕ 薬包紙 ──┤
      ⑬ 引張り具                           │
         合をみる                    ㉖ 湿麩採取( g)
             │                           │
         ┌───┴────┐                 ㉗ 180℃天火
    ⑭ こねてのし、 ⑱ AB湿麩量         20分焼く
       麺線を作る    測定へ                │
          │                        ㉘ 重量測定
    ⑮ ゆでる                           (湿麩量)
          │                              │
    ⑯ 官能評価  ⑰ レオメーター          終 了
       │         引張り強度
     終 了       切断強度
                   │
                 終 了
```

図4.6　各種小麦粉のファリノグラム

強力粉　準強力粉　中力粉　薄力粉　500 B.U.
(パン特用)(パン配合用)(うどん用)(菓子用)

図4.7　食塩の生地物性への影響

ファリノグラフ　アミログラフ　エクステンソグラフ
食塩なし
500 BU
食塩濃度 Bé5°
500 BU

図4.8　小麦粉ドウのねかしの効果

縦軸: 伸長抵抗 (F)　横軸: 伸長度 (E)
直後、5分ねかし、30分ねかし

4.2　小麦粉

【実験2】小麦粉の膨化調理

■目的

小麦粉を主材料とする膨化調理には、(1) スポンジ状膨化（パン、スポンジケーキなど）(2) 空洞状膨化（シュー）、(3) 層状膨化（パイ）がある。スポンジ状膨化では、①気泡に内包する空気の熱膨張あるいはこれを核として発生する水蒸気によるもの②ベーキングパウダー（以下B.P.とする）などの化学膨化剤によるもの③イーストの発酵により発生する炭酸ガスによるものなどがある。膨化剤の種類により材料の混合方法や生地の扱い方が異なることから、市販B.P.を用いて膨化実験を行い、B.P.の成分や性能および膨化機構を理解する。

本実験では、加熱後のきめ、色、匂い、膨化率など機器測定および官能評価により重曹による膨化と比較する。また、重曹に酢を添加する効果について理解を深める。イースト発酵による膨化は、イーストの処理温度や時間の影響が大きいことを知り、ガス抜き操作の効果についても理解する。

■試料

表4.7　BPによる膨化実験

	(A) 重曹	(B) 重曹＋酢	(C) B.P.
薄力粉	30g	30g	30g
重曹	0.3g	0.3g	—
B.P.	—	—	1.2g
酢	—	7.5ml	—
水	18ml	10.5ml	18ml

表4.8　イーストによる膨化実験

強力粉	70g
薄力粉	30g
ドライイースト	2g
砂糖	4g
塩	1g
水（温湯40℃）	60ml

■実験器具

温度計、スタンプ、菜種、メスシリンダー、一般調理器具

■実験方法

❷、❻、❿小ボールに小麦粉30gと重曹0.3gを加えて混ぜ、粉の60％の水18mlを加えてざっと混ぜ、なめらかになるように丸めて、サラダ油塗った薬包紙（3cm角）の上に置く。これを（A）とする。（B）、（C）についても同様に生地を用意する。このとき、こね加減や丸め終わるのを同時になるようにし、すぐ蒸せるように準備しておく。

㉕イーストによる膨化は、ドライイーストを小麦粉重量の2％用い、直捏法によりドウを調製する。40℃の湯温60mlにドライイーストと砂糖を混ぜ小麦粉と塩も加えて十分にこねる。たたいて生地をひきしめ、なめらかな生地とする。

㉜、㉝生地の重量をはかり2等分して丸め表面にサラダ油を薄く塗り乾燥を防ぐ。

⓳、㊷菜種法（p.16参照）にて体積測定を行う。

㉑、㊹スタンプ法は切り口をスタンプ台に押しつけた後、その切り口を用紙に押し当てる。または、製品を5mm厚に切り、コピー機で印刷する。

■結果

表4.9　計測結果

	B.P.による膨化			イーストによる膨化	
	(A)	(B)	(C)	ガス抜きなし	ガス抜きあり
外観　体積（ml） 　　　形状 　　　きめ					
切り口　形状 　　　　すだちの様子					
食感　味 　　　匂い					
総合評価					

● 小麦粉の膨化調理

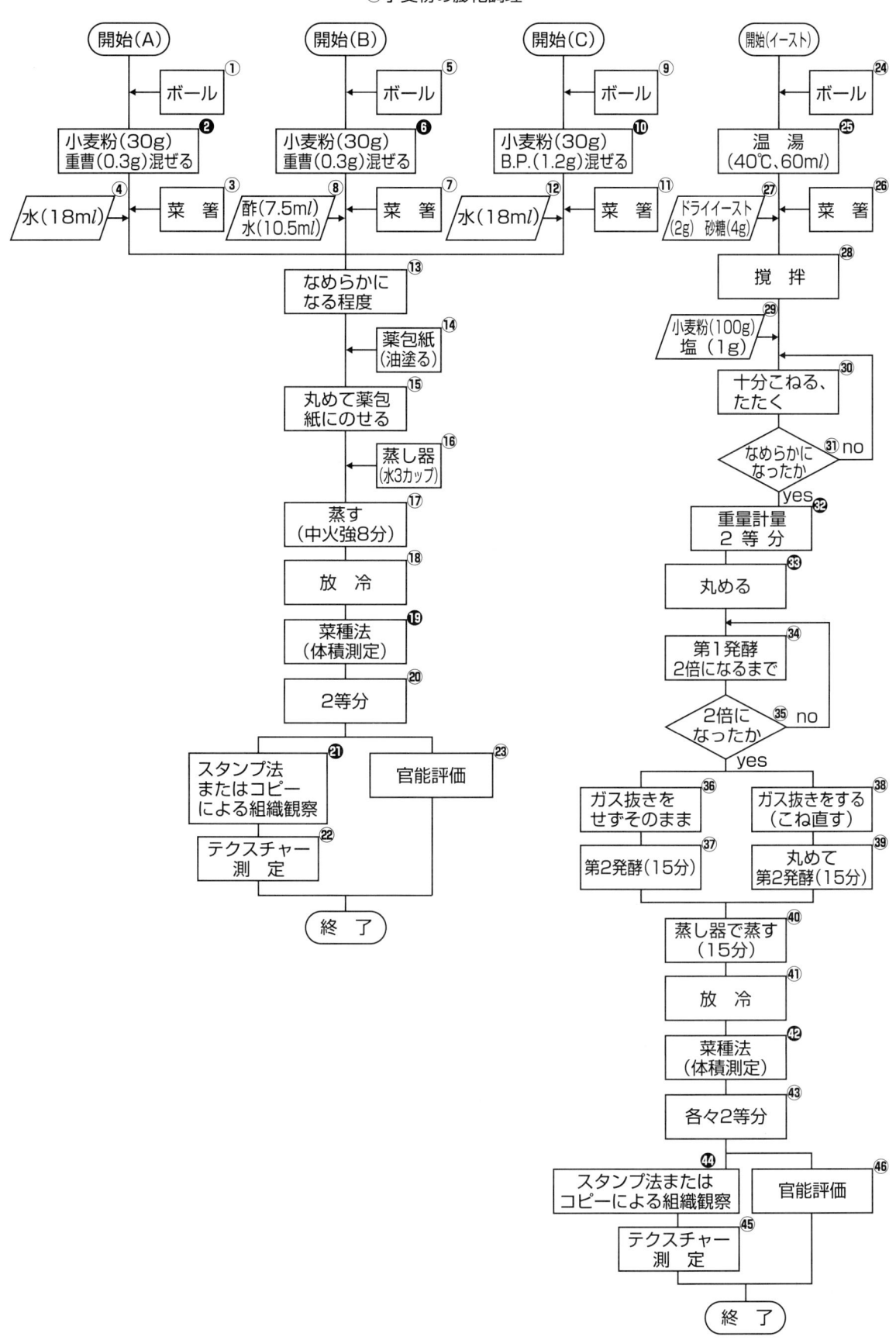

開始(A)
1. ボール
2. 小麦粉(30g) 重曹(0.3g)混ぜる
3. 菜箸
4. 水(18ml)

開始(B)
5. ボール
6. 小麦粉(30g) 重曹(0.3g)混ぜる
7. 菜箸
8. 酢(7.5ml) 水(10.5ml)

開始(C)
9. ボール
10. 小麦粉(30g) B.P.(1.2g)混ぜる
11. 菜箸
12. 水(18ml)

13. なめらかになる程度
14. 薬包紙(油塗る)
15. 丸めて薬包紙にのせる
16. 蒸し器(水3カップ)
17. 蒸す(中火強8分)
18. 放冷
19. 菜種法(体積測定)
20. 2等分
21. スタンプ法またはコピーによる組織観察
22. テクスチャー測定
23. 官能評価

終了

開始(イースト)
24. ボール
25. 温湯(40℃、60ml)
26. 菜箸
27. ドライイースト(2g) 砂糖(4g)
28. 撹拌
29. 小麦粉(100g) 塩(1g)
30. 十分こねる、たたく
31. なめらかになったか — no → (戻る)
32. 重量計量 2等分
33. 丸める
34. 第1発酵 2倍になるまで
35. 2倍になったか — no → (戻る) / yes
36. ガス抜きをせずそのまま
37. 第2発酵(15分)
38. ガス抜きをする(こね直す)
39. 丸めて第2発酵(15分)
40. 蒸し器で蒸す(15分)
41. 放冷
42. 菜種法(体積測定)
43. 各々2等分
44. スタンプ法またはコピーによる組織観察
45. テクスチャー測定
46. 官能評価

終了

4.2 小麦粉

【実験3】加熱条件を異にするホットケーキの食味特性

■目的

　小麦粉を用いた調理の代表としてホットケーキを作る。よい焦げ色をつけることは見た目に影響を与える。ホットケーキ作りの条件を探ることを目的とし、実験3では調理器具の板の厚みや生地の流し入れ時の温度が性状に及ぼす影響について検討する。

■試料

　小麦粉（薄力粉）200g、ベーキングパウダー6g（小麦粉の3%）、卵50g、牛乳200m*l*、バター10g、サラダ油大さじ2、砂糖30g、バニラオイル少々

■実験器具

　秤、フライパン、厚手フライパン（ない場合は魚焼き網の上にフライパンを置く又はフライパンを2枚重ねる等）、ホットケーキ型、熱電対温度計、一般調理器具

■実験方法

⑰、㉖生地流し入れ時温度の測定方法は、低温の場合は生地を流し入れる際、フライパンをいったん火から下ろして温度を下げ、フライパンの中央部の温度を熱電対温度計で測定し、生地を流し入れる。高温の場合は、フライパンを熱し、煙が出はじめたところでフライパンの中央部の温度を測定して生地を流し入れる。

⑮、㉙目玉焼きリング型にはあらかじめ油を塗っておく。

㉟表面（最初に焼く面）を焼き上げるまで（気泡が前面にできた状態）と全体を焼き上げる所要時間を測定する。

㊱評点法により官能評価を実施し、統計処理を行う。

※熱源は、ガスの他ホットプレート・IH等の調理器具を設備に応じて使用する。低温130℃程度・高温180℃程度に設定して行うとよい。

■結果

表4.10　機器測定値

調理器具の種類	生地流し入れ温度	所要時間	
		表　面	焼き上がり
フライパン	低温（　　　　℃）		
	高温（　　　　℃）		
厚手フライパン	低温（　　　　℃）		
	高温（　　　　℃）		

表4.11　官能評価

調理器具の種類	生地流し入れ温度	官能評価（各項目10点満点）			合計点
		焼きむら	焼き上がり性状	食味	
フライパン	低温（　　　　℃）				
	高温（　　　　℃）				
厚手フライパン	低温（　　　　℃）				
	高温（　　　　℃）				

1）五訂増補日本食品成分表値
2）新野サツエ：家政誌、8、6（1957）

● 加熱条件を異にするホットケーキの食味特性

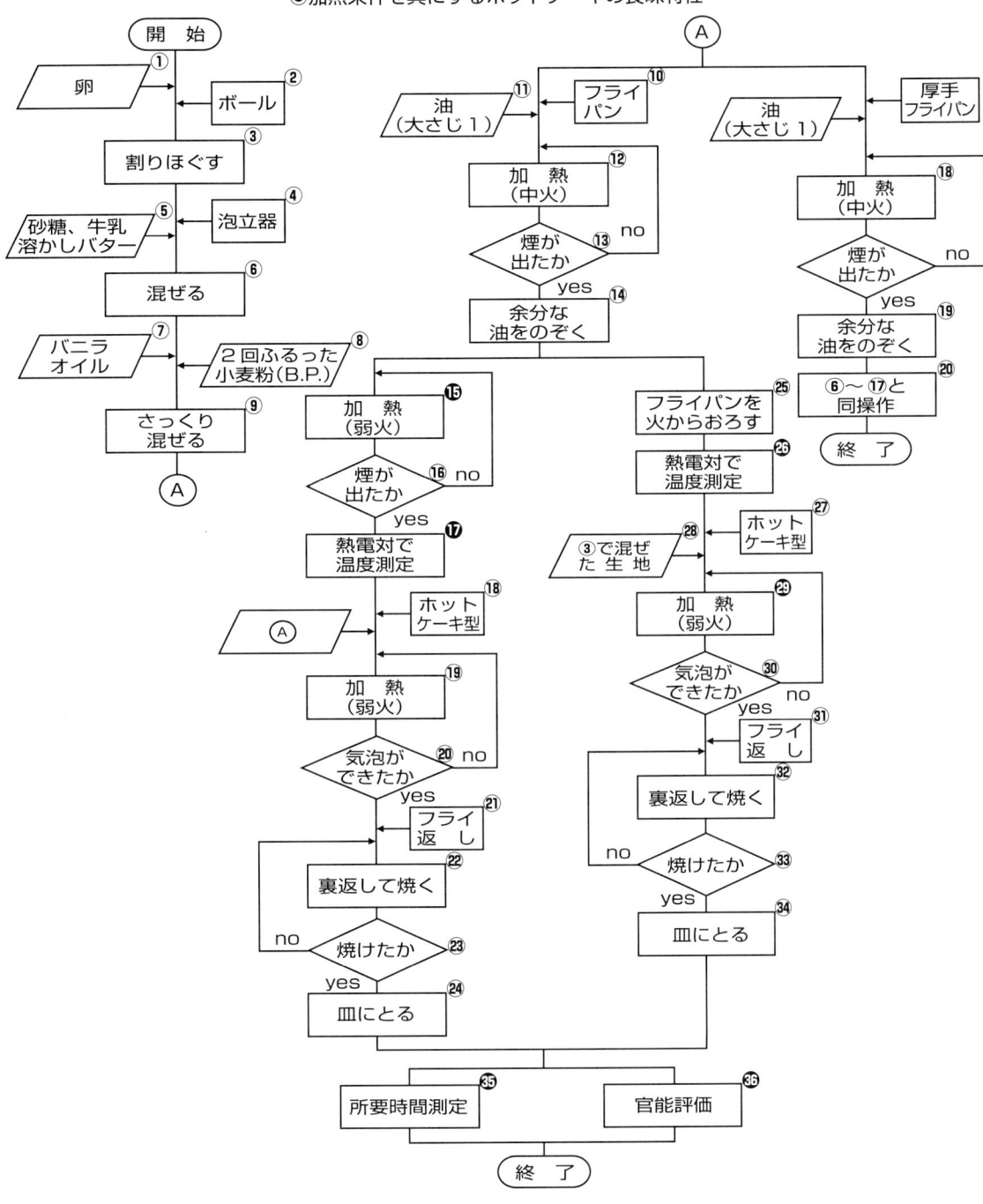

```
                          開 始
                            │①
           ┌──卵──┐         ├──→ ボール ②
                            │
                       割りほぐす ③
                            │
   ┌砂糖、牛乳──┐          ├──→ 泡立器 ④
    溶かしバター  ⑤
                            │
                         混ぜる ⑥
                            │
   ┌バニラ──┐ ⑦           ├──← 2回ふるった ⑧
    オイル                        小麦粉(B.P.)
                            │
                      さっくり混ぜる ⑨
                            │
                            Ⓐ
```

(右側)
```
                     Ⓐ
          ┌─────────┴─────────┐
     フライパン ⑩             厚手フライパン
     ← 油(大さじ1)⑪          ← 油(大さじ1)
          │                       │
     加熱(中火)⑫              加熱(中火)⑱
          │                       │
     煙が出たか⑬──no            煙が出たか──no
          │yes                    │yes
     余分な油をのぞく⑭         余分な油をのぞく⑲
          │                       │
     加熱(弱火)⑮              ⑥～⑰と同操作 ⑳
          │                       │
     煙が出たか⑯──no           終 了
          │yes
     熱電対で温度測定 ⑰
          │
          ← ホットケーキ型 ⑱
     加熱(弱火)⑲
          │
     気泡ができたか⑳──no
          │yes
          ← フライ返し ㉑
     裏返して焼く ㉒
          │
     焼けたか ㉓──no
          │yes
     皿にとる ㉔
```

(右下)
```
     フライパンを火からおろす ㉕
          │
     熱電対で温度測定 ㉖
          │          ← ホットケーキ型 ㉗
     ③で混ぜた生地 → ㉘
          │
     加熱(弱火) ㉙
          │
     気泡ができたか ㉚──no
          │yes
          ← フライ返し ㉛
     裏返して焼く ㉜
          │
     焼けたか ㉝──no
          │yes
     皿にとる ㉞
```

```
     ┌────┴────┐
  所要時間測定㉟  官能評価㊱
     └────┬────┘
         終 了
```

表4.12 各種添加材料の換水値

材料名		材料の水分[1]	換水値[2] (20℃)
水			100
牛乳	普通牛乳	87.4	90
鶏卵		76.1	83〜85
バター	有塩バター	16.2	80
	無塩バター	15.8	
	発酵バター	13.6	
砂糖		0.8	33〜40

4.2 小麦粉

【実験4】ルーの加熱温度とその性状変化

■目的
小麦粉を用いてソースやスープなどに濃度をつける調理にはシチュー、カレー、ポタージュなどがある。それらの用い方には、小麦粉を溶いて用いる場合、小麦粉と油（バターマーガリン）を練り合わせただけの場合、油で炒める場合がある。小麦粉を炒めるか炒めないかにより、香味や粘りに違いが出る。実験4では、小麦粉の加熱温度ができ上がりのルーの色や粘度等にどのような影響を与えるかを比較する。

■試料
薄力粉45g（15g×3群）、バター45g（15g×3群）

■実験器具
秤、温度計、ストップウオッチ、メスシリンダー、ビーカー、メスピペット、一般調理器具、恒温槽

■実験方法
❸鍋の重量をあらかじめ量っておく。
❼中火で10分間木べらで1分間に60回の一定速度で撹拌しながら温度を一定にする。
❽鍋ごと秤にのせ、鍋の重量を差し引く。
⓫出来上がった濃厚汁を湯煎にいれ、55～60℃に保ち測定時の温度を一定にする。
⓬B型粘度計でみかけの粘度を測定する。またはメスピペットを用いて相対粘度をはかる。

試料の相対粘度は次式で算出する。

$$相対粘度 = \frac{t_2}{t_1} \quad \frac{50℃の試料5mlの落下時間}{50℃の水5mlの落下時間}$$

⓭0.8～1％の食塩を加えて色味について官能評価を行う。
⓱㉙木べらで1分間に60回撹拌する速度で撹拌するから加熱する。

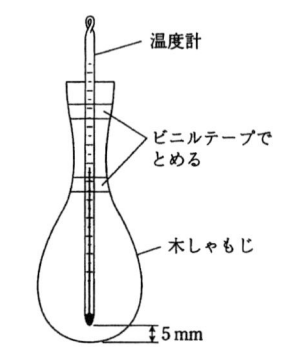

図4.9 温度計をとりつけた木べら

■結果
表4.13 計測結果

	加熱最終温度		
	炒めない	120℃	180℃
炒め時間　分　秒			
ルーの状態			
色			
味			
香り			
相対粘度			

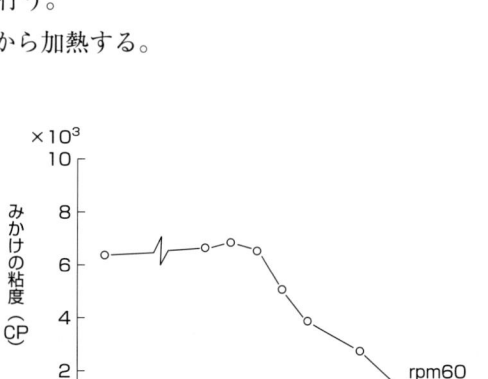

図4.10 ルーのいため温度による白ソースの粘度変化[1]

1) 2) 大沢はま子、中浜信子：家政誌、**24**、361（1973）

●ルーの加熱温度とその性状の変化

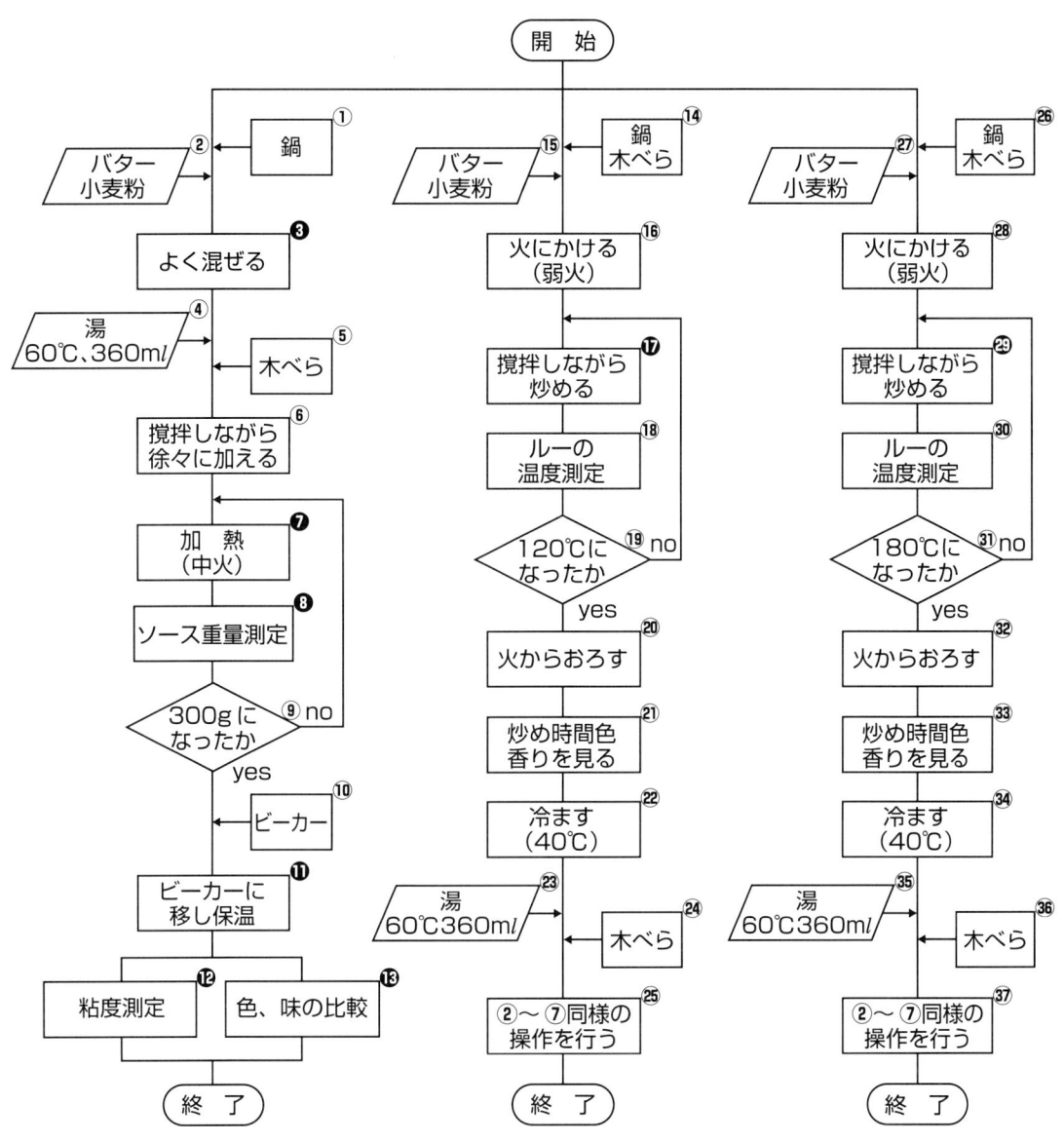

```
                                    ┌─────┐
                                    │ 開始 │
                                    └──┬──┘
        ┌───────────────────────────────┼───────────────────────────────┐
  ②┌────────┐ ①┌────┐          ⑮┌────────┐ ⑭┌──────┐          ㉗┌────────┐ ㉖┌──────┐
   │バター   │  │ 鍋 │           │バター   │  │鍋    │           │バター   │  │鍋    │
   │小麦粉   │  └────┘           │小麦粉   │  │木べら│           │小麦粉   │  │木べら│
   └───┬────┘                   └───┬────┘  └──────┘           └───┬────┘  └──────┘
       │                             │                               │
   ③┌────────┐                  ⑯┌────────┐                    ㉘┌────────┐
    │よく混ぜる│                   │火にかける│                     │火にかける│
    └───┬────┘                   │(弱火)   │                     │(弱火)   │
        │                        └───┬────┘                     └───┬────┘
  ④┌────────┐ ⑤┌──────┐               │◄──────┐                        │◄──────┐
   │湯       │  │木べら│          ⑰┌────────┐ │                    ㉙┌────────┐ │
   │60℃、360ml│ └──────┘           │撹拌しながら│ │                     │撹拌しながら│ │
   └───┬────┘                     │炒める   │ │                     │炒める   │ │
       │                         └───┬────┘ │                     └───┬────┘ │
   ⑥┌────────┐                  ⑱┌────────┐ │                    ㉚┌────────┐ │
    │撹拌しながら│                   │ルーの   │ │                     │ルーの   │ │
    │徐々に加える│                   │温度測定 │ │                     │温度測定 │ │
    └───┬────┘                   └───┬────┘ │                     └───┬────┘ │
   ⑦┌────────┐                       ◇⑲     │                          ◇㉛     │
    │加 熱    │                    120℃に no─┘                      180℃に no─┘
    │(中火)   │                    なったか                           なったか
    └───┬────┘                     yes│                               yes│
   ⑧┌────────┐                  ⑳┌────────┐                    ㉜┌────────┐
    │ソース重量測定│                  │火からおろす│                     │火からおろす│
    └───┬────┘                   └───┬────┘                     └───┬────┘
         ◇⑨                      ㉑┌────────┐                    ㉝┌────────┐
       300gに no                    │炒め時間色│                     │炒め時間色│
       なったか                      │香りを見る│                     │香りを見る│
        yes│                        └───┬────┘                     └───┬────┘
   ⑩┌──────┐                      ㉒┌────────┐                    ㉞┌────────┐
    │ビーカー│                         │冷ます   │                     │冷ます   │
    └──────┘                         │(40℃)   │                     │(40℃)   │
        │                            └───┬────┘                     └───┬────┘
   ⑪┌────────┐                ㉓┌────────┐ ㉔┌──────┐         ㉟┌────────┐ ㊱┌──────┐
    │ビーカーに│                   │湯        │  │木べら│           │湯        │  │木べら│
    │移し保温  │                   │60℃360ml │  └──────┘           │60℃360ml │  └──────┘
    └───┬────┘                   └───┬────┘                     └───┬────┘
  ⑫┌──────┐ ⑬┌──────────┐      ㉕┌────────┐                    ㊲┌────────┐
   │粘度測定│  │色、味の比較│         │②〜⑦同様の│                     │②〜⑦同様の│
   └──────┘  └──────────┘         │操作を行う│                     │操作を行う│
        │                          └───┬────┘                     └───┬────┘
     ┌─────┐                        ┌─────┐                         ┌─────┐
     │ 終了 │                        │ 終了 │                         │ 終了 │
     └─────┘                        └─────┘                         └─────┘
```

表4.14 ルーの炒め温度と観察の色と状態[2]

ルーの炒め温度(℃)	マンセル表色 H・V/C	色	状 態
40	7.5Y・9/4	クリーム色	ねばりのあるカスタードクリーム状
90	7.5Y・9/4	〃	プツリプツリと泡立ちはじめる
100	5Y・9/4	薄クリーム色	力づよくブクブク泡立つ
110	5Y・9/4	〃	泡立ちがよわまって、ゆるくなる
120	5Y・9/4	〃	いっそう弱まって、サラリとなる
130	5Y・9/4	〃	サラサラして、色はつかない
140	2.5Y・9/4	ごく薄いきつね色	いっそうサラサラするが、わずか色づく
150	2.5Y・9/4	〃	さらにサラサラして、色をます
160	2.5Y・9/4	薄いきつね色	〃
180	2.5Y・9/4	きつね色	〃　　　香ばしいにおいがする
200	10YR・6/8	茶　色	〃　　さらに　　〃

4.3　イモ・デンプン

【実験1】電子レンジによるサツマイモの調理

■目的

サツマイモは時間をかけてゆっくり加熱したほうがおいしいとされている。サツマイモに含まれる酵素 β-アミラーゼの最適温度は55〜65℃であるが、この最適温度付近で加熱されると、糖量が増加して甘味を増す。加熱により、β-アミラーゼは温度上昇とともに失活していく。電子レンジのように短時間加熱では、酵素が急速に失活するので、デンプンからの糖生成量が少なくなる。本実験においては、サツマイモをオーブンで加熱した場合と、電子レンジで加熱した場合の生成糖量を糖度計を用いて測定し、甘さの変化を比較する。また官能評価を行い、舌ざわりや香りの比較を行う。

■試料

サツマイモ（300gくらい）1本、海砂

■実験器具

アルミホイル、ラップフィルム、ピペット、メスシリンダー、ロート、ろ紙、三角フラスコ、糖度計（0〜32%）、乳鉢、乳棒、一般調理器具

■実験方法

❸試料を精秤する。(a) g

❻生の場合は、海砂を入れてよくすりつぶした後に水を加えたほうが良い。

A（生）の場合は水10mlを加える。（希釈倍数2）

B（電子レンジ）、C（オーブン加熱）の場合は水50mlを加える。（希釈倍数6）

⓳重量減少率を計算する。

$$\text{重量減少率}(\%) = \frac{\text{加熱前重量}(g) - \text{加熱後重量}(g)}{\text{加熱前重量}(g)} \times 100$$

㉔次式により生に対する糖度を計算する。

$$\text{生に対する糖度} = \text{糖度計の読み} \times \text{希釈倍数} \times \frac{10}{\text{試料量}(ag)} \times \frac{10}{100 - \text{重量減少率}}$$

㉕残りのサツマイモを試食して、香り、口ざわり、甘味について2点比較法を用いて官能評価する。

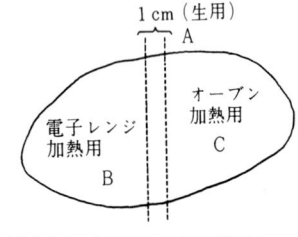

図4.11　サツマイモの切り方

■結果

表4.15　計測結果

	生	電子レンジ加熱	オーブン加熱
加熱時間（分）			
加熱前重量（g）			
加熱後重量（g）			
重量減少率（%）			
糖度計の読み			
生に対する糖度比			
官能評価　香り			
官能評価　舌ざわり			
官能評価　甘味			

1-3) 桐淵壽子、久保田久枝：家政誌、**27**、421（1976）

●加熱方法によるサツマイモの糖生成量の違い

```
                            開 始
                              │
                         ①   ▼
                     サツマイモ─→
                              │
                         ②   ▼
                        3個に分ける
                              │
         ┌────────────────────┼────────────────────┐
      (A:生)              (B:電子レンジ)        (C:オーブン用)
         ▼                    ▼                    ▼
      ❸精 秤          ⑬ラップフィルム→包む⑭   ㉖アルミホイル→包む㉗
       (10g)                  │                    │
         │                    ▼                    ▼
      ④乳鉢乳棒→          ⑮重量測定            ㉘重量測定
      ⑤海砂→                 │                    │
         ▼                    ▼                    ▼
      ❻すりつぶす        ⑯測定値記録          ㉙測定値記録
         │                    │                    │
      ⑦水(10ml)→         ⑰電子レンジ→        ㉚オーブン(予備加熱)→
         ▼                    ▼                    ▼
      ⑧すりつぶす        ⑱加熱(2分)          ㉛加熱(300℃25分)
         │                    │                    │
      ⑨ロートろ紙→       ⑲取り出し重量を測る  ㉜⑲〜㉔と同じ操作を行う
         ▼                    │                    │
      ⑩ろ過                   ▼                    ▼
         │                 ⑳測定値記録           終 了
         ▼                    │
      ⑪上澄み液を取る         ▼
         │                 ㉑精秤(10g)
         ▼                    │
      ⑫糖度測定          ㉒乳鉢乳棒→
         │               ㉓海砂 水(50ml)→
         ▼                    ▼
       終 了             ㉔⑥〜⑫と同じ操作を行う
                              │
                         ㉕測定値記録
                              │
                              ▼
                           終 了
```

表4.17 焼き芋におけるサツマイモの糖化度とβ-アミラーゼの活性及び糖量(140℃)[2]

加熱時間(分)	糊化度(%)	β-アミラーゼ活性(unit)*	マルトース(mg/g)**
0(生)		86.5	67
30	39〜46	43.4	135
60	99〜102	10.3	248
90	100〜102	5.1	251

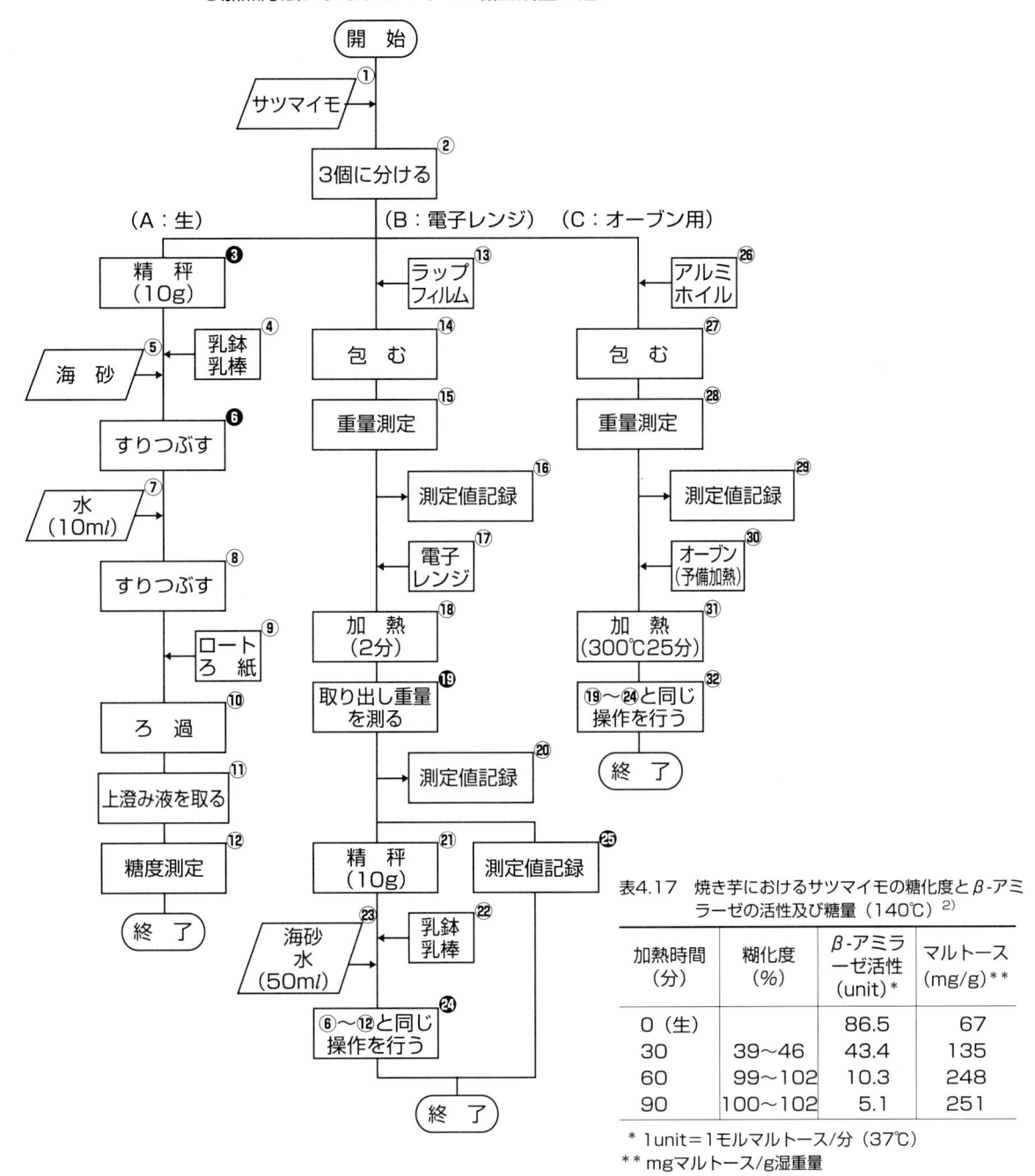

* 1unit=1モルマルトース/分(37℃)
** mgマルトース/g湿重量

表4.16 オーブン加熱および電子レンジ過熱によるサツマイモの温度変化[1]

電子レンジ加熱			オーブン加熱(140℃)		
加熱時間(秒)	中心温度(℃)	外側温度(℃)	加熱時間(分)	中心温度(℃)	外側温度(℃)
20	43	37	30	68	81
40	69	54	60	78	92
60	97	76	90	80	93
90	99	80			

表4.18 電子レンジによるサツマイモの糖化度とβ-アミラーゼの活性及び糖量[3]

加熱時間(分)	糊化度(%)	β-アミラーゼ活性(unit)	マルトース(mg/g)
0(生)		213.4	10
20	6.6	139.5	19
40	62.8	144.0	92
60	88.5	30.6	102
90	68.8	3.7	120

4.3 イモ・デンプン

【実験2】デンプンの種類と糊化特性

■目的

調理に用いるデンプンは種類が多く、原料の種類によって加熱糊化したときの透明度や粘度、付着性、流れやすさなど糊の性質は異なる。また加熱条件や攪拌の程度、添加物の種類などによっても、糊の性状が異なることが知られている。本実験では、デンプンの種類による糊化特性を把握することを目的とし、各種デンプンの糊化温度や粘度、糊の透明度を比較し、さらに官能評価により調理への適用を検討する。また調味料（特に酢）が粘度に及ぼす影響についても実験を行い、調理への適性を考察する。

■試料

馬鈴薯、トウモロコシ、くず、小麦の各デンプン　各40g、酢20mlを4群

■実験器具

温度計、B型粘度計、トールビーカー（500ml）、ビーカー（100ml）、一般調理器具

■実験方法

❷デンプン20gと水400mlを小鍋に入れて懸濁し、中火強の火加減で90℃まで加熱する。その間温度計により温度履歴曲線を記録し、透明度の変化する温度、粘りの出始める温度を記録する。

❾出来た糊約300mlをトールビーカーに入れ、粘度測定を行う（75℃）。さらに25℃まで水中で冷却して粘度を測定し透明度を比較する。

⓭残りの糊はビーカーに入れ、官能評価により各特性を記述するとともに調理への適性を考察する。

⓮酢は液量に対し5%添加とし、各々20mlを添加して粘度に及ぼす影響を無添加と比較する。

■結果

表4.19　計測結果

デンプンの種類		馬鈴薯		トウモロコシ		くず		小麦	
酢添加		無	有	無	有	無	有	無	有
糊化特性	粘りの出始める温度（℃）								
	透明度を増す温度（℃）								
粘度	75℃（c.p.）								
	25℃（c.p.）								
官能評価	透明度								
	流れやすさ								
	粘り								
	口ざわり								
調理への適性									

c.p.＝測定値×換算係数
換算係数は、速度（r.p.m）とローターの種類で読む

■参考

（1）デンプンの糊化状態を知る方法としてブラベンダー社のビスコグラフが用いられ、デンプンの種類による粘度曲線の特徴が示される。一般に馬鈴薯デンプンは穀類デンプンに比べて、何度上昇し始める温度が低く、急激に粘度は上昇し、ブレークダウンも大きい。また各種添加物の影響も顕著に現れる。

（2）加熱中の透明度の変化から糊化点を求めるフォトペーストグラフによる測定は、希薄溶液での測定として糊化状態をより正確に把握でき、広く用いられている。

（3）図4.12、4.13に各種デンプンの粘度・透明度を示した。

1) 寺元芳子：家政誌、**25**、3、8（1974）
2) 高橋節子、北原久子、貝沼圭二：澱粉科学、**28**、151（1981）

● でんぷんの種類と糊化特性

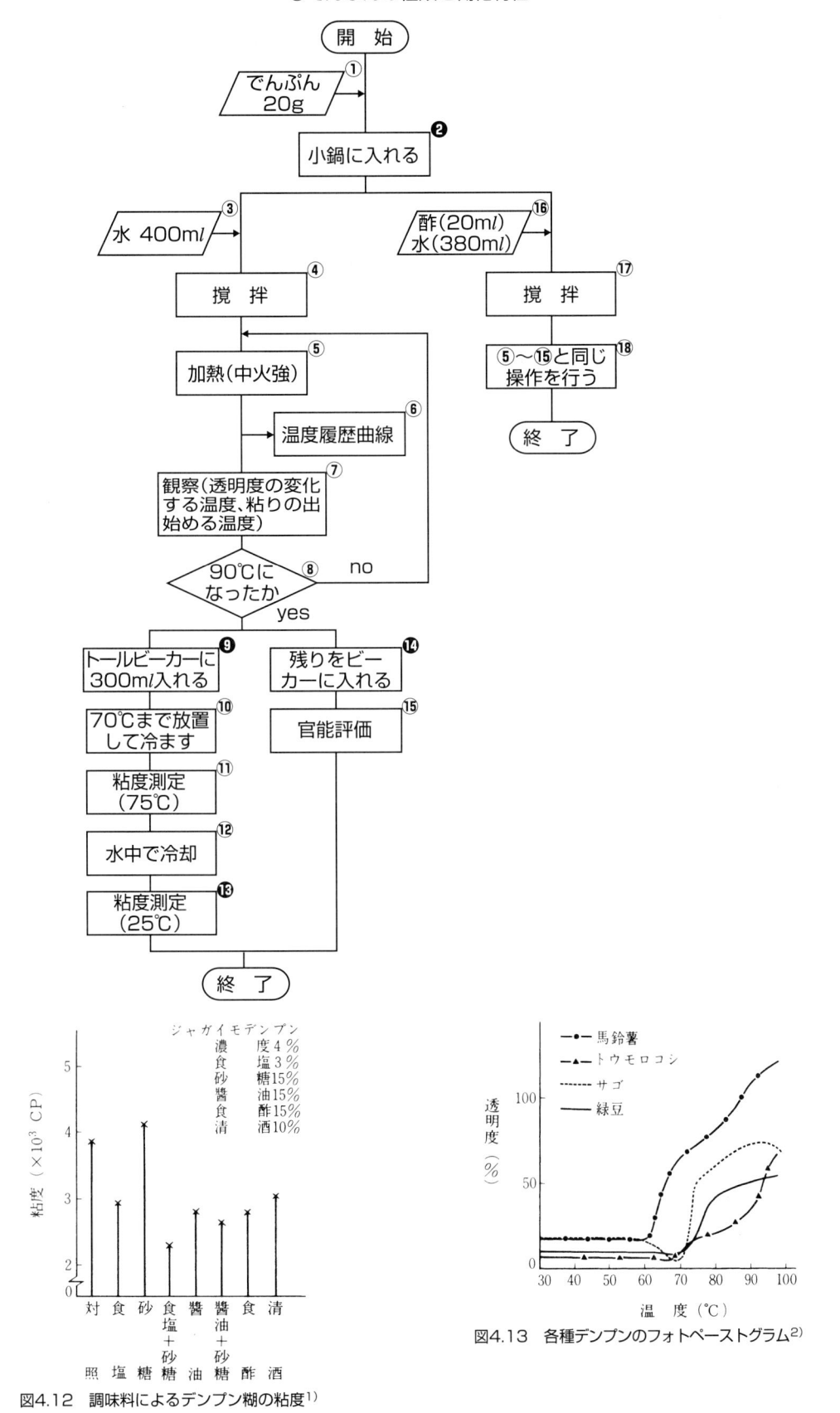

```
        ┌─────────┐
        │  開 始  │
        └────┬────┘
       ①    │
    ┌でんぷん┐
    │ 20g   ├──→
    └───────┘    │
              ❷ ▼
         ┌─────────┐
         │小鍋に入れる│
         └────┬────┘
              │
   ③    ┌────┴──────────────┐ ⑯  ┌酢(20ml)┐
 ┌水 400ml├→│                  │←──┤水(380ml)│
 └───────┘  │                  │   └────────┘
         ④ ▼                  ▼ ⑰
      ┌─────┐             ┌─────┐
      │撹 拌│             │撹 拌│
      └──┬──┘             └──┬──┘
       ⑤ │←──┐            ⑱ │
    ┌────────┐│        ┌──────────┐
    │加熱(中火強)│         │⑤〜⑮と同じ│
    └──┬─────┘│         │操作を行う │
       │   ⑥  │         └────┬─────┘
       ├→┌─────────┐        │
       │  │温度履歴曲線│        ▼
       │  └─────────┘     ┌─────┐
     ⑦ ▼                  │終 了 │
   ┌──────────┐            └─────┘
   │観察(透明度の変化│
   │する温度、粘りの出│
   │始める温度)   │
   └────┬─────┘
      ⑧ ▼
    ◇90℃に ◇─no──┘
     なったか
       │yes
     ⑨ ▼
   ┌──────────┐      ⓮
   │トールビーカーに│   ┌──────────┐
   │300ml入れる  │   │残りをビー  │
   └────┬─────┘   │カーに入れる │
      ⑩ ▼          └────┬─────┘
   ┌──────────┐       ⑮ ▼
   │70℃まで放置 │    ┌─────┐
   │して冷ます  │    │官能評価│
   └────┬─────┘    └─────┘
      ⑪ ▼
   ┌──────────┐
   │粘度測定    │
   │(75℃)      │
   └────┬─────┘
      ⑫ ▼
   ┌──────────┐
   │水中で冷却  │
   └────┬─────┘
      ⑬ ▼
   ┌──────────┐
   │粘度測定    │
   │(25℃)     │
   └────┬─────┘
        ▼
     ┌─────┐
     │終 了│
     └─────┘
```

図4.12 調味料によるデンプン糊の粘度[1]

ジャガイモデンプン
濃 度 4％
食 塩 3％
砂 糖15％
醬 油15％
食 酢15％
清 酒10％

粘度(×10^3 CP)

対照／食塩／砂糖／食塩+砂糖／醬油／醬油+砂糖／食酢／清酒

図4.13 各種デンプンのフォトペーストグラム[2]

― ● ― 馬鈴薯
― ▲ ― トウモロコシ
------ サゴ
―― 緑豆

透明度(％) / 温度(℃)

4.3 イモ・デンプン

4.4 糖

【実験1】砂糖溶液の加熱による変化

■目的

　砂糖溶液は加熱していくと水分が蒸発し、温度上昇にともなって濃度が増し、溶液の状態が変化するとともに沸騰点は高くなる。さらに高温になると砂糖はカラメル化し、褐色に着色する。本実験では砂糖溶液の加熱による変化を、泡立ちの状態、色、香りの変化、冷水テストによる硬さの変化などの観察から調理加工への適性温度を的確に把握する。また砂糖溶液に酸や酸性塩を加えて加熱すると結晶化は阻止されるが、中国料理の抜糸はこの結晶化を防止する調理法である。この抜糸については加熱温度と色、糸を引く最適温度、酢添加の効果、さらに果物の飴がけなどの調理技術について理解を深めることを目的とする。

■試料

　ショ糖（グラニュー糖）200g　果物（イチゴ、さくらんぼなど）適量

■実験器具

　温度計（200℃）、ビーカー（200ml）、セラミック付き金網、一般調理器具

■実験方法

❸温度計の感温部が液の中央部に位置するように吊り下げて、ビーカーを緩やかに加熱する。攪拌しないこと。

❺目安の温度に近づいたら弱火にする。

❻測定温度は103、106、110、120、130、140、150、160、180、200℃とし、温度ごとに一滴を白い大皿に、順に滴下しておく。皿に滴下したものの色や香り、固まり方を調べ、さらに透明なラップで水分の蒸発を防いでおき、室温に放置して1日目、7日目の結晶析出状態などを観察する。

⓭冷水テストは水温を一定にし、水中で急冷した場合の固まり具合や、指でつまんだ硬さを比較する。

㉒飴がけは糖液が140℃になったとき、果物の上にそっとかぶせる。

㉓糖液は、冷めると糸を引くので、その温度を測定し箸2本に糸を巻きつけながら、抜糸の要領を会得する。

■結果

表4.20　計測結果

砂糖液の温度 (℃)	泡の立ち方	滴下した糖液の色・状態	滴下した糖液の色・状態 (1日目)	滴下した糖液の色・状態 (7日目)	水中での状態	適応調理
103						
103						
110						
120						
130						
140						
150						
160						
180						
200						

抜糸	糸の引き始め(℃)	糸の長さ(cm)	色・光沢・硬さ・味
無添加（B）			
酢添加（C）			

1) Circular of the National Breau of Standardsより
2) 松元文子：改訂調理と水、p.139、家政教育社（1972）

● 砂糖溶液の加熱による変化

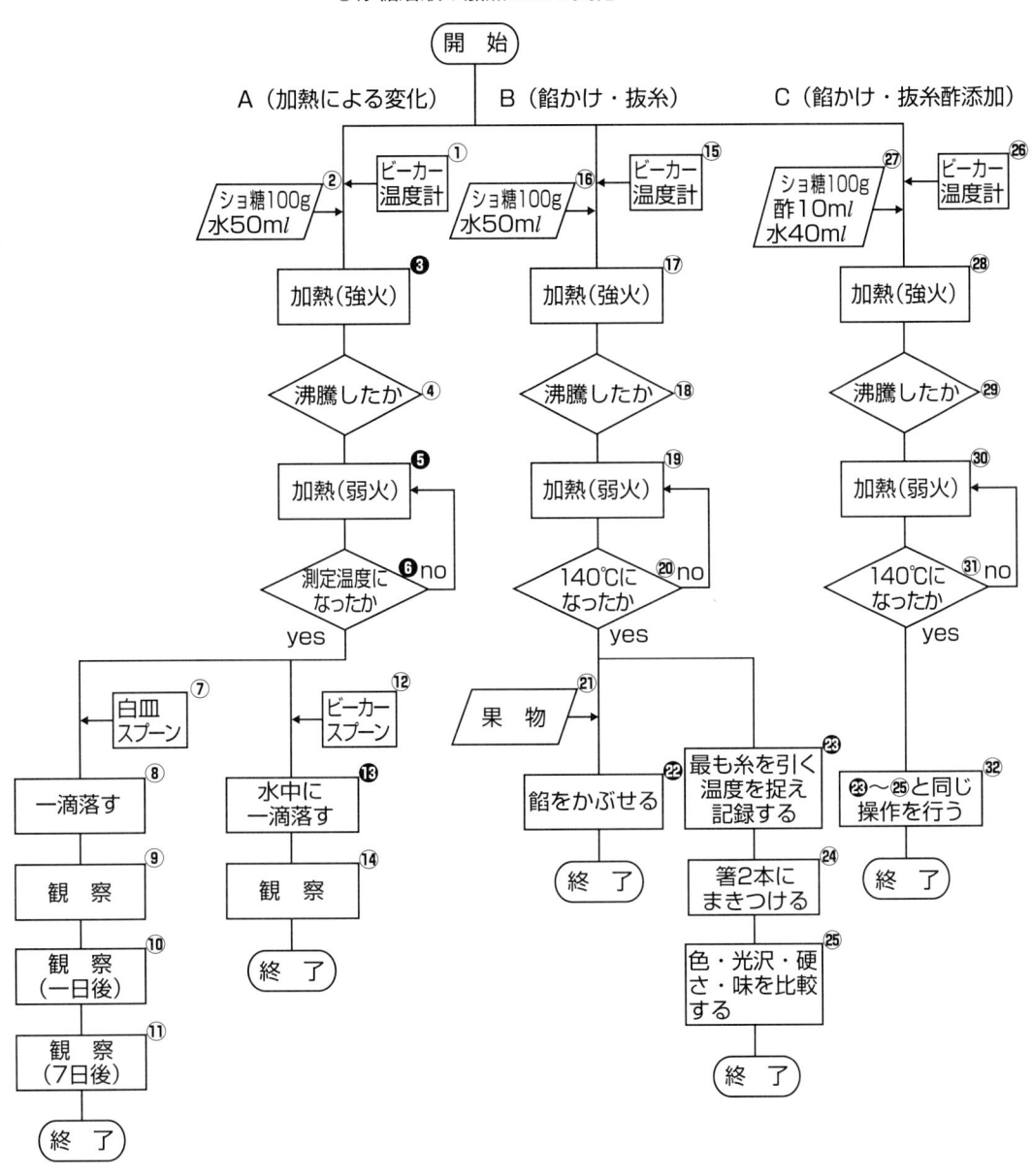

```
                              開 始
       ┌────────────────────────┼────────────────────────┐
  A（加熱による変化）        B（餡かけ・抜糸）       C（餡かけ・抜糸酢添加）
       │                         │                         │
  ①ビーカー                 ⑮ビーカー                 ㉖ビーカー
    温度計                     温度計                     温度計
       │                         │                         │
  ②ショ糖100g              ⑯ショ糖100g              ㉗ショ糖100g
    水50mℓ                    水50mℓ                    酢10mℓ
                                                         水40mℓ
       │                         │                         │
  ❸加熱(強火)               ⑰加熱(強火)               ㉘加熱(強火)
       │                         │                         │
  ❹沸騰したか               ⑱沸騰したか               ㉙沸騰したか
       │                         │                         │
  ❺加熱(弱火)               ⑲加熱(弱火)               ㉚加熱(弱火)
       │                         │                         │
  ❻測定温度に no            ⑳140℃に no               ㉛140℃に no
    なったか                   なったか                   なったか
       │yes                      │yes                      │yes
   ┌───┴───┐                ㉑果物                    ㉜㉓〜㉕と同じ
  ⑦白皿   ⑫ビーカー            │                        操作を行う
    スプーン   スプーン       ㉒餡をかぶせる                │
       │        │                │                       終 了
  ⑧一滴落す ⑬水中に           終 了
       │    一滴落す         ㉓最も糸を引く
  ⑨観察      │                 温度を捉え
       │   ⑭観察                記録する
  ⑩観察      │                  │
    (一日後) 終 了           ㉔箸2本に
       │                         まきつける
  ⑪観察                          │
    (7日後)                  ㉕色・光沢・硬
       │                         さ・味を比較
     終 了                       する
                                  │
                                終 了
```

表4.21 ショ糖とブドウ糖の溶解度[1)]

温度(℃) 糖の種類	0	15	20	30	50	80
ショ糖(%)	64.2	66.3	67.1	68.7	72.3	78.4
ブドウ糖(%)	35.0	44.0	47.2	54.6	70.9	81.0

表4.22 ショ糖液の沸騰点[2)]

ショ糖(%)	10	20	30	40	50	60	70	80	90
沸騰点(℃)	100.4	100.6	101.0	101.5	102.0	103.0	106.5	112.0	130.0

4.4 糖

【実験2】フォンダン・衣がけ

■目的
砂糖の過飽和水溶液は、放置すると砂糖が析出し結晶を生ずるが、この性質を利用した調理にフォンダン・衣がけがある。フォンダンは砂糖の微小な結晶がシロップで包まれた状態である。衣がけより煮詰め温度が低いので過飽和分が少なく、撹拌時間は長くかかるが、水分の割合が多く、なめらかなクリーム状となる。本実験においては、糖液の加熱温度や撹拌時の温度によって結晶の硬さ、きめ、光沢が異なることなどについて比較し、軟らかいベルベット状のフォンダンを作るポイント、糖衣を全体にまといつける技術を把握する。

■試料
ショ糖（グラニュー糖）400g、ビスケット8～9枚、ピーナッツ80g×2、食酢10ml

表4.23 試料の配分

フォンダン(A)	フォンダン(B)	衣がけ(C)	衣がけ(D)
ショ糖　100g 水　　　100ml	ショ糖　100g 水　　　100ml ビスケット 　　　　8～9枚	ショ糖　100g 水　　　100ml ピーナッツ　80g	ショ糖　100g 水　　　100ml 食酢　　　10ml ピーナッツ　80g

■実験器具
温度計（200℃）、ストップウォッチ、一般調理器具

■実験方法
❸鍋は小鍋（径15cm）を用い、沸騰までは強火加熱とし、目的の温度に近づいたら弱火にする。
❹、⓬フォンダンの加熱温度は120℃、110℃、106℃の3種について比較すると良い。106℃はベルネット状のフォンダン調製温度である。
❽、⓭、㉛、㊷撹拌は手早く、一定速度で行い、結晶が出始めるまでの撹拌時間を測定する。
⓴クリーム状になるまでの時間も記録する。
㉑出来たフォンダンはビスケットの表面に手早く、平らに塗り乾かす。
㉞、㊺ピーナツを入れ、手早く木杓子で撹拌しながら糖液をからませる。

■結果

表4.24 計測結果

加熱温度（℃）	結晶が出来るまでの撹拌時間(分)	結晶の状態			
		結晶の状態大きさ	硬さ	きめ	なめらかさ
フォンダン					
120℃→直後					
106～110℃→40℃					
衣がけ					
115～117℃→直後					
115～117℃→40℃					

●フォンダン・砂糖衣の温度による結晶の状態の違い

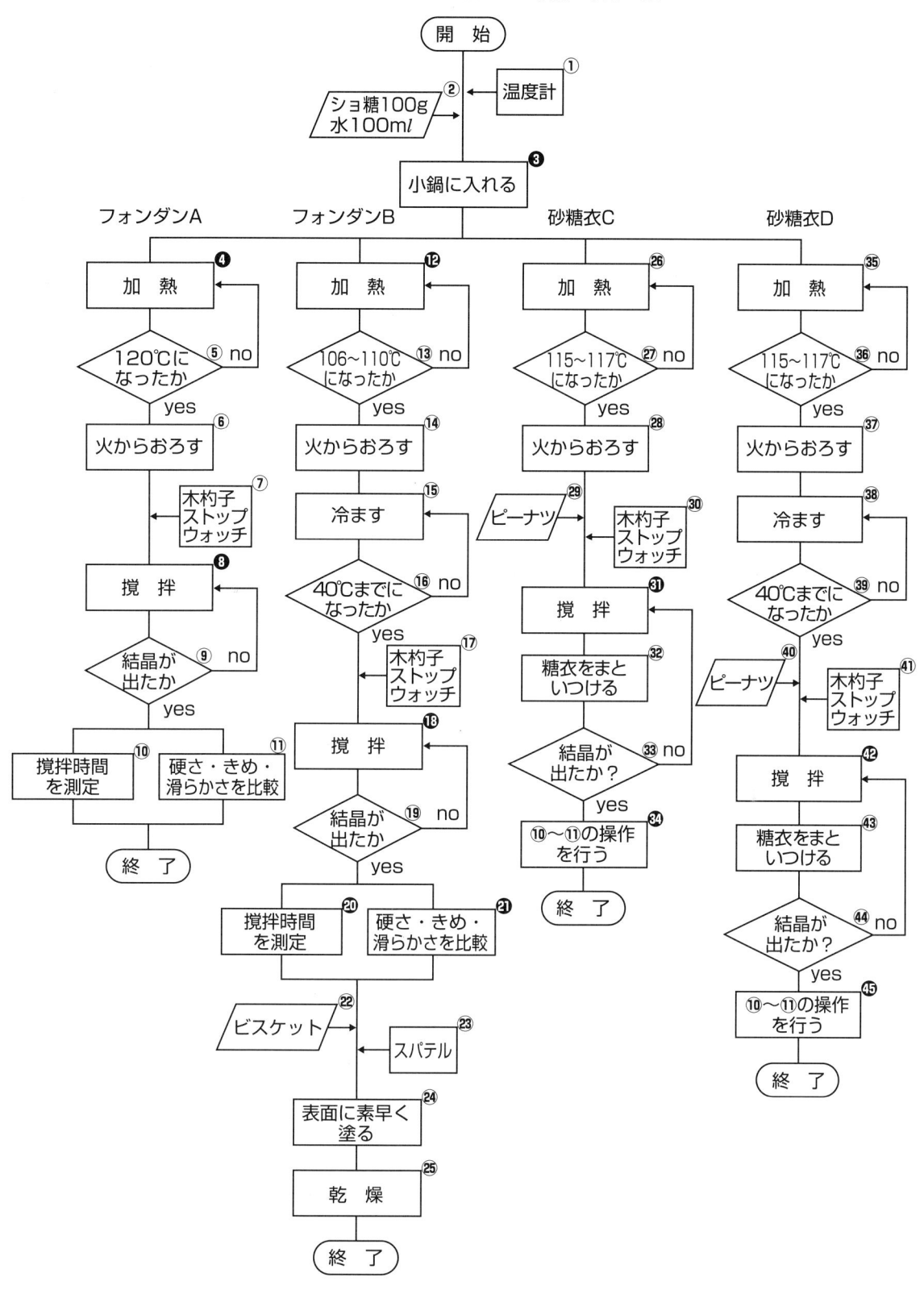

```
                    開 始
                      │
         温度計 ①─→② ショ糖100g
                      │    水100ml
                      ▼
                  ③ 小鍋に入れる
                      │
    ┌─────────┬────┴─────┬─────────┐
 フォンダンA  フォンダンB   砂糖衣C    砂糖衣D
    ▼          ▼          ▼          ▼
  ④加熱←┐   ⑫加熱←┐    ㉖加熱←┐   ㉟加熱←┐
    │   │     │   │      │   │     │   │
  ⑤120℃に no   ⑬106〜110℃ no  ㉗115〜117℃ no ㊱115〜117℃ no
   なったか    になったか    になったか    になったか
    │yes       │yes         │yes        │yes
  ⑥火からおろす ⑭火からおろす ㉘火からおろす ㊲火からおろす
    │          │            │            │
  木杓子     ⑮冷ます←┐  ピーナツ㉙→㉚木杓子  ㊳冷ます←┐
  ストップ⑦    │    │              ストップ   │    │
  ウォッチ   ⑯40℃までに no            ウォッチ ㊴40℃までに no
    ↓       なったか                    │    なったか
  ⑧撹拌←┐   │yes                    ㉛撹拌←┐  │yes
    │   │  木杓子⑰                   │   │  ピーナツ㊵→㊶木杓子
  ⑨結晶が no ストップ                ㉜糖衣をまと│        ストップ
   出たか   ウォッチ                   いつける  │        ウォッチ
    │yes     ↓                       │      │        ↓
    ▼      ⑱撹拌←┐                ㉝結晶が no         ㊷撹拌←┐
 ⑩撹拌時間   │   │                  出たか?│            │   │
  を測定   ⑲結晶が no                 │yes              ㊸糖衣をまと│
 ⑪硬さ・きめ・ 出たか                ㉞⑩〜⑪の操作        いつける  │
  滑らかさを比較  │yes                 を行う              │      │
    │           ▼                    ▼                ㊹結晶が no
   終了    ⑳撹拌時間                 終了                出たか?│
         を測定                                          │yes
        ㉑硬さ・きめ・                                  ㊺⑩〜⑪の操作
         滑らかさを比較                                    を行う
   ビスケット㉒→㉓スパテル                                  │
              │                                          終了
           ㉔表面に素早く
            塗る
              │
           ㉕乾燥
              │
             終了
```

4.4 糖

4.5 寒天・ゼラチン

【実験1】寒天寄せの分離

■目的

　寒天寄せの場合、水羊羹のあんのように、水に溶けない混合物の比重が寒天液より大きい場合は沈降し、泡立てた卵白のように比重の小さい場合は浮上する傾向がある。これは容器に流すときの温度や放置温度、凝固に至るまでの時間に影響される。本実験では比重の異なるものを混合する場合の影響について検討する。

■試料

　角寒天：8.8g（粉末寒天の場合は1/2量）、生あん：180g、砂糖：160g、卵白：1個

表4.25　試料の配合

材料		A	B	C	D
寒天	(g)	1	3	2.4	2.4
水	(ml)	150	300	300	300
砂糖	(g)	―	40	60	60
卵白		―	1個	―	―
生あん	(g)	―	―	60	120
出来上がり量	(g)	100	300	300	300

■実験器具

　ビーカー（200ml）、トールビーカー（50ml）、回転粘度計、温度計、小鍋、泡立器、ものさし

■実験方法

③、⑪、㉖前もって重量を測定しておく。

⑤、⑭、㉙ビーカーまたは鍋の重さ＋試料の重さをはかり、求める試料の重さになるまで煮つめる。

⑧80、70、60、50、40℃の各温度になったら、回転粘度計で粘度を測定する。

㉑撹拌しつつ冷まし、60、50、40℃の各温度で、50gずつビーカーに流して固める。このとき、泡の上の方だけをとらないように、全体から流し入れる。

㉓ゲル全体の高さに対する分離ゲルの高さを求める。

㉔さらしあんを使って生あんを作るときは、所要生あん量の1/3に3倍の水を加えて火にかけ、かき混ぜながら所要量に練り上げる。加熱や撹拌時間が長くなると、デンプンが流れでて、ゲル形成能は減少し、腰が弱くなるため、あんを加えてからの加熱、撹拌時間は5～10分くらいにする。

■結果

表4.26　ゾルの温度降下にともなう粘度変化　室温（　　℃）

ゾルの温度（℃）	80	70	60	50	40
粘度（C・P）					

表4.27　ゾルの温度降下にともなう泡の分離状態の変化　室温（　　℃）

ゾルの温度（℃）	60	50	40
泡の分離状態（cm）			

表4.28　あん、砂糖混合ゾルの温度降下にともなうあんの分離状態（室温　　℃）

混合物 ゾルの温度℃	あん20% 砂糖20%	あん40% 砂糖20%
80		
60		
50		
40		

1) 山崎清子：家政誌、**14**．341、343、1963

● 寒天材料の混合比率による粘度変化の違い

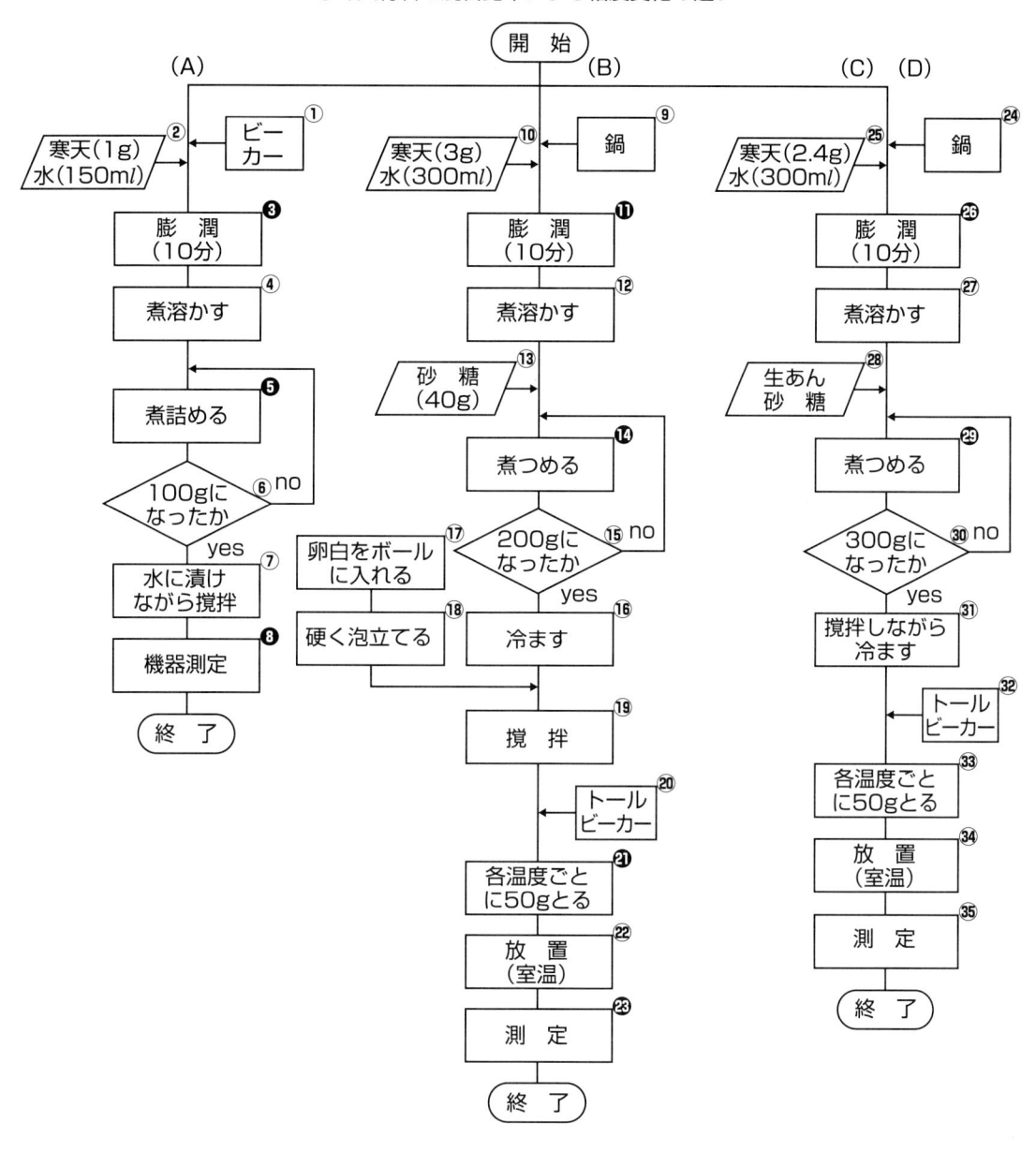

```
                           開 始
       (A)                  │                  (B)                        (C) (D)
        │                                       │                           │
   ②  ┌─────┐①                          ⑩ ┌────┐⑨                   ㉕ ┌────┐㉔
 ╱寒天(1g)╱──│ビーカー│                ╱寒天(3g)╱──│ 鍋 │             ╱寒天(2.4g)╱──│ 鍋 │
 ╱水(150ml)╱ └─────┘                  ╱水(300ml)╱ └────┘             ╱水(300ml)╱  └────┘
        │                                       │                           │
     ┌─────┐③                              ┌─────┐⑪                     ┌─────┐㉖
     │ 膨 潤│                              │ 膨 潤│                     │ 膨 潤│
     │(10分)│                              │(10分)│                     │(10分)│
     └─────┘                              └─────┘                     └─────┘
        │                                       │                           │
     ┌─────┐④                              ┌─────┐⑫                     ┌─────┐㉗
     │煮溶かす│                            │煮溶かす│                    │煮溶かす│
     └─────┘                              └─────┘                     └─────┘
        │                                       │                           │
     ┌─────┐⑤                      ╱ 砂糖 ╱⑬ │                ╱ 生あん ╱㉘ │
     │煮詰める│                     ╱(40g)╱──→│                ╱ 砂糖  ╱──→│
     └─────┘                              ┌─────┐⑭                    ┌─────┐㉙
        │                                  │煮つめる│                   │煮つめる│
      ◇⑥                                  └─────┘                     └─────┘
   100gに   no                                 │                           │
   なったか───┐                              ◇⑮                          ◇㉚
      │yes  │                         200gに   no              300gに    no
        │    └──→                    なったか───┐            なったか────┐
     ┌─────┐⑦    ┌───────┐⑰        │yes  │                 │yes    │
     │水に漬け│    │卵白をボール│         │    └──→             │      └──→
     │ながら撹拌│   │に入れる  │     ┌─────┐⑯              ┌─────┐㉛
     └─────┘    └───────┘          │冷ます│              │撹拌しながら│
        │           │                 └─────┘              │冷ます   │
     ┌─────┐⑧    ┌───────┐⑱        │                    └─────┘
     │機器測定│    │硬く泡立てる│        │                           │
     └─────┘    └───────┘       ┌─────┐⑲          ┌────┐㉜
        │           │                │ 撹 拌│←─────│トール│
      (終 了)       └──────→       └─────┘           │ビーカー│
                                              │                └────┘
                                     ┌────┐⑳                    │
                                     │トール│─→              ┌─────┐㉝
                                     │ビーカー│                │各温度ごと│
                                     └────┘                   │に50gとる │
                                              │                └─────┘
                                     ┌─────┐㉑                   │
                                     │各温度ごと│                ┌─────┐㉞
                                     │に50gとる │                │ 放 置│
                                     └─────┘                  │(室温)│
                                              │                └─────┘
                                     ┌─────┐㉒                   │
                                     │ 放 置│                  ┌─────┐㉟
                                     │(室温)│                  │ 測 定│
                                     └─────┘                  └─────┘
                                              │                           │
                                     ┌─────┐㉓                       (終 了)
                                     │ 測 定│
                                     └─────┘
                                              │
                                           (終 了)
```

表4.29 水羊羹の均質化に及ぼす温度・あん・砂糖濃度の影響[1]
　　　水羊羹の分離　寒天濃度0.8%　室温（29～31℃）

あん濃度＼温度	80℃			60℃			40℃		
砂糖濃度	20%	30%	40%	20%	30%	40%	20%	30%	40%
20%	13	10	2	7	7	0	3.3	0	0
30%	8	7	0	5	3	0	3.3	0	0
40%	5	3	0	3	2	0	3	0	0

単位；%（あんを加えた寒天・砂糖ゾルの体積に対する上層に分離した寒天・砂糖ゾルの百分率、あん水分62%）

【実験2】寒天・ゼラチンの性質

■目的
寒天とゼラチンの各濃度の違いによる溶解、凝固、溶解の温度を調べ、ゼリー強度の測定、官能評価を行って両者の性質を比較検討する。

■試料
粉末寒天0.5、1.0、2.0％の各濃度（合計10.5g）、ゼラチン1.0、3.0、5.0％の各濃度（合計27g）、食紅

■実験器具
ビーカー（300ml）、試験管（15×180mm、6本）、恒温槽、温度計、スタンド、小鍋
メスシリンダー（300ml）、天秤、プリン型、バット、カードメーター、一般調理器具

■実験方法
❷、㉑寒天とゼラチンの秤量
⑩溶解温度の測定は加熱して煮溶かし、溶解温度を測定する。
⑭凝固温度の測定は冷水または氷水で冷却し、凝固温度を測定する。
⑲融解温度の測定は、ゲル化した上に食紅を滴下し、加熱しながら融解温度を測定する。
㊹機器測定は、カードメーターまたはレオロメーターで破断力および硬さを測定する。バネ100g用は感圧軸直径0.80cm、バネ200g用は感圧軸直径0.56cmを使用する。
㊺官能評価は評点法により実施し、統計処理を行う。

■結果

表4.30　機器測定値

試料	濃度 (%)	溶解温度 (℃)	凝固温度 (℃)	融解温度 (℃)	機器測定値（dyn/cm^3）	
					破断力	硬さ
寒天	0.5					
	1.0					
	2.0					
ゼラチン	1.0					
	2.0					
	5.0					

表4.31　官能評価

試料	濃度 (%)	外観 (10点満点)	口ざわり (10点満点)
寒天	0.5		
	1.0		
	2.0		
ゼラチン	1.0		
	2.0		
	5.0		

1) 山崎清子：家政誌、**14**．341（1963）
2) 山崎清子：家政誌、**14**．368（1963）
3) 山崎清子：調理科学講座4、p154、朝倉書店（1992）

● 寒天・ゼラチンの性質

```
開始
```

左フロー:
1. 寒天・ゼラチン
2. 秤量
3. 試験管
4. 水
5. 膨潤（5分）
6. 水をはったビーカー
7. 温度計
8. 加熱（ゆっくり）
9. 溶解したか → no（8へ戻る）
10. yes → 溶解温度測定
11. ビーカーを40℃に冷却（寒天）
12. ビーカーを氷水に漬ける（ゼラチン）
13. 凝固したか → no（11/12へ戻る）
14. yes → 凝固温度測定
15. 冷水入ビーカー
16. 食紅
17. 加熱（ゆっくり）
18. 融解したか → no（17へ戻る）
19. yes → 融解温度測定 → 終了

右フロー:
20. 寒天・ゼラチン
21. 秤量
22. 小鍋
23. 水（300ml）
24. 膨潤（10分）
25. 加熱
26. 溶解したか → no（25へ戻る）
27. プリン型
28. 4個の型に流し入れる
29. 水
30. 冷却（10分）
31. 氷
32. 氷水に冷却（10分）
33. 型から抜く

34. ビーカー
35. 水（300ml）
36. 膨潤（10分）
37. ウォーターバス
38. ウォーターバスに漬ける
39. 溶解したか → no（38へ戻る）
40. yes → 4個の型に流し入れる
41. 冷蔵庫
42. 冷却（60分）
43. 型から抜く

44. 測定機器
45. 官能評価

終了

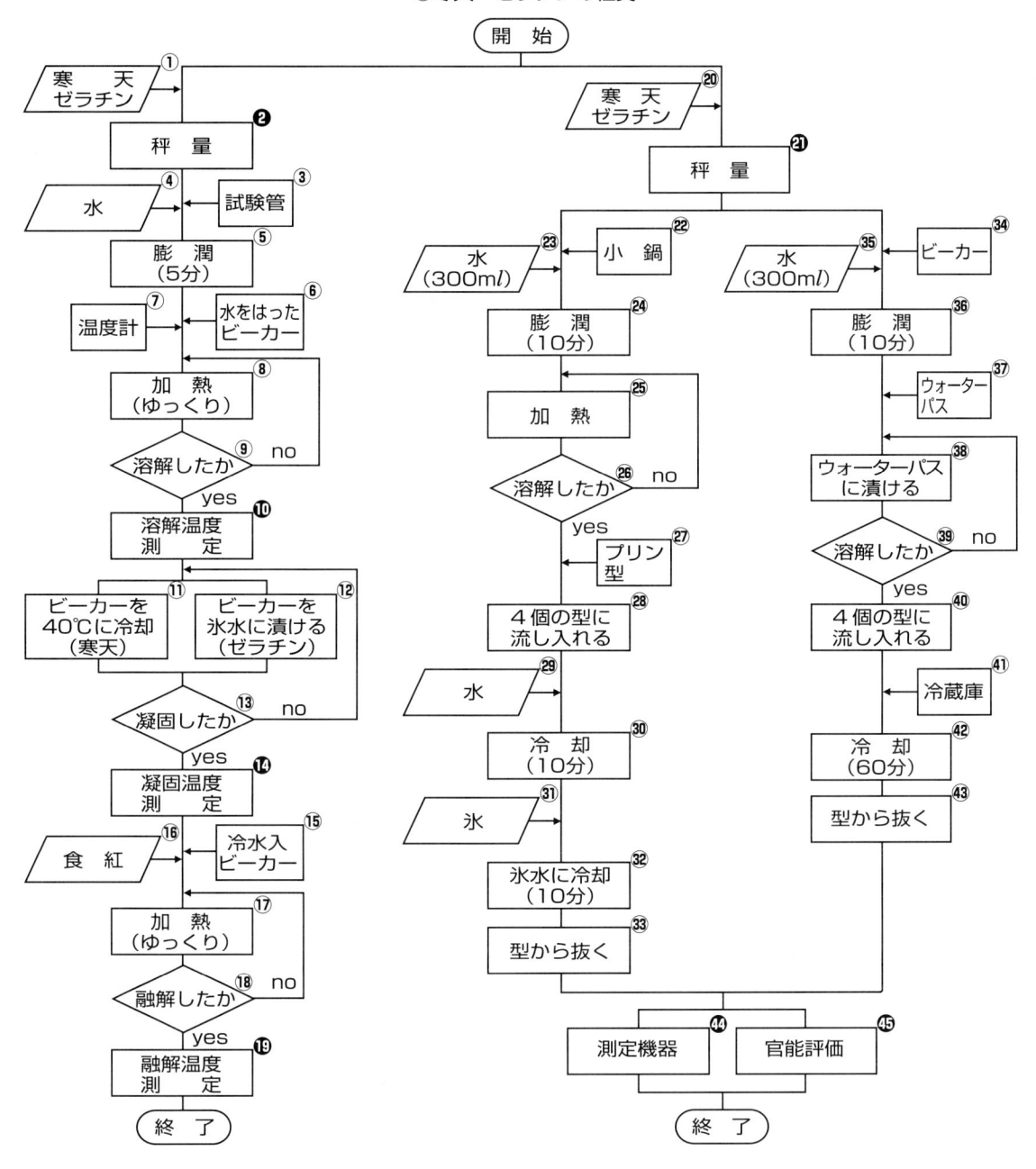

表4.32 寒天・ゼラチン濃度と凝固温度および融解温度[1-3]

試料	濃度	凝固温度	融解温度
寒天	0.1%	28.0℃	77.7℃
	1.0	32.5	78.7
	1.5	34.1	80.5
	2.0	35.0	84.3
ゼラチン	2.0%	3.0	20
	3.0	3.0	23.5
	4.0	10.5	25.0
	5.0	14.5	26.5

5

タンパク質性食品の調理科学実験

5.1　豆

【実験1】乾燥豆類の吸水状態について

■目的

豆類は主成分に差があり、豆の種類による吸水・重量変化と吸水状態を調べ、適切な浸水時間を知る。

■試料

大豆、小豆、うずら豆（各30g）

■実験器具

ビーカー（300ml）、メスシリンダー、秤、温度計、恒温槽、硬度計、ノギス（キャリッパー）、ざる、布巾、一般実験器具、一般調理器具

■実験方法

❶大豆、小豆、うずら豆のなるべく粒のそろったものをそれぞれ20g秤取し、2組用意し（A）、（B）とする。

❹秤取した各試料から5粒の豆の長径、短径を測定し、もどす。

❻それぞれの豆をビーカーに入れ、（A）には水150mlを加え、（B）には温水（40～45℃）150mlを加え、室温（A）と温水（B）の温度を保つ。

❽浸漬は0.5、1、2、5、24時間行う。各時間後に豆を取り出し、表面の水を取りさって重量を測定し、❹と同様に5粒の豆の長径、短径を測定する。

⓬24時間浸漬後の豆の硬度を測定し、浸漬前のそれぞれの豆の硬度と比較する。

⓭吸水豆の体積の測定も行う。吸水した豆を取り出し、表面の水分をとりさって重量を測定し、メスシリンダーにそれぞれの浸漬液を適量入れ目盛りを読み、重量測定した豆を入れ、その目盛を読みとると、その差が吸水豆の体積となる。

■結果

(1) 豆の形状と長径・短径を、吸水前と24時間後について比較し、結果を表にまとめる。

(2) 吸水時間による各豆類の増加率を吸水前の重量を0%として計算する。その吸水曲線を書き、異なる吸水曲線から試料の構造上の差によることを考察する。

■参考

(1) 豆類を浸漬する場合、その種類により、吸水量、吸水速度、重量、容積なども異なり、浸水する水の温度によってもかなり吸水率に差が生ずる。

(2) 小豆を調理する場合には浸漬は行わない。実験で分かるように非常に緩やかな吸水曲線を示す。吸水した後に加熱すると、小豆は胴割れする。

図5.1　豆類の吸水による重量変化[1]

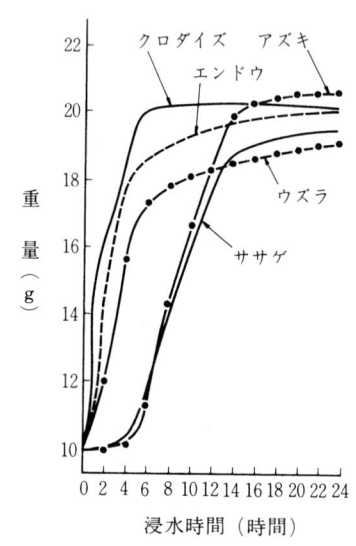

水温14℃（始め）23℃（終わり）

1) 山崎清子、島田キミエ、渋川祥子、下村道子：新版調理と理論、p.208、同文書院（2003）

●乾燥豆類の吸水状態について

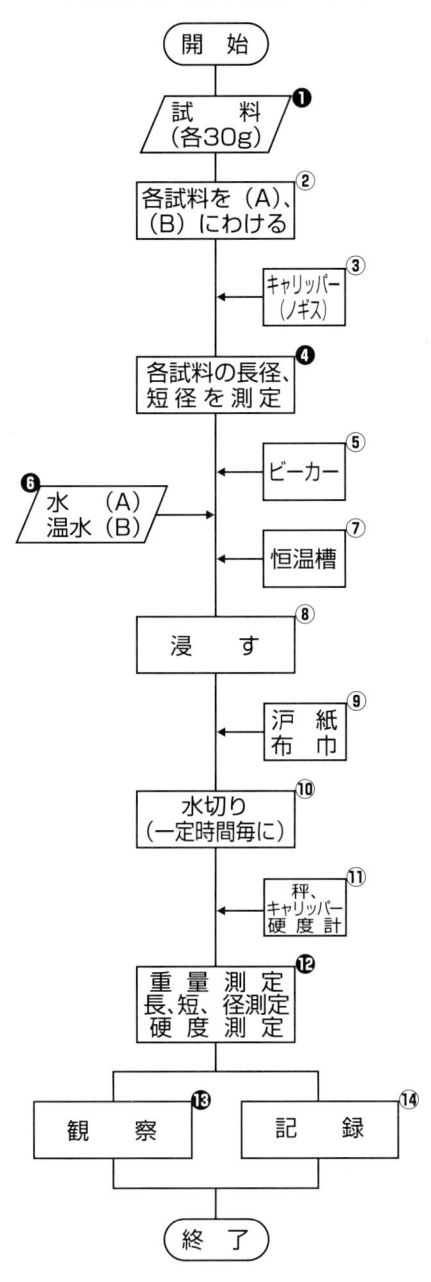

```
開 始
  ↓
❶ 試 料（各30g）
  ↓
❷ 各試料を（A）、（B）にわける
  ↓        ← ❸ キャリッパー（ノギス）
❹ 各試料の長径、短径を測定
  ↓        ← ❺ ビーカー
❻ 水（A）／温水（B） →
           ← ❼ 恒温槽
  ↓
❽ 浸 す
  ↓        ← ❾ 沪紙、布巾
❿ 水切り（一定時間毎に）
  ↓        ← ⓫ 秤、キャリッパー、硬度計
⓬ 重量測定 長、短、径測定 硬度測定
  ↓
⓭ 観 察    ⓮ 記 録
  ↓
終 了
```

表5.1 豆類の栄養成分による分類（増補日本食品標準成分表より）

豆の成分の特徴	豆の種類	水分(g)	タンパク質(g)	脂質(g)	炭水化物(g)	ビタミンC(mg)	食物繊維(g)
A．タンパク質と脂質を主成分	大豆（国産乾燥）	12.5	35.3	19.0	28.2	Tr	17.1
	落花生（乾燥）	6.0	25.4	47.5	18.8	0	4.0
B．デンプンとタンパク質を主成分とするもの	小豆（乾燥）	15.5	20.3	2.2	58.7	Tr	17.8
	ささげ（乾燥）	15.5	23.9	2.0	55.0	Tr	18.4
	いんげん豆（乾燥）	16.5	19.9	2.2	57.8	Tr	19.3
	えんどう（乾燥）	13.4	21.7	2.3	60.4	Tr	17.4
	そら豆（乾燥）	13.3	26.0	2.0	55.9	Tr	9.3
C．野菜的性質のもの（未熟豆）	枝豆	71.7	11.7	6.2	8.8	27	5.0
	そら豆	72.3	10.9	0.2	15.5	23	2.6
	グリーンピース	76.5	6.9	0.4	15.3	19	7.7
D．野菜的性質のもの（発芽種子）	大豆もやし	92.0	3.7	1.5	2.3	5	2.3
	緑豆もやし	95.4	1.7	0.1	2.6	8	1.3

5.1 豆

【実験2】凍り豆腐の調理性

■目的

凍り豆腐は、豆腐を凍結後、乾燥し、膨軟加工を行ったものである。そのため組織がスポンジ状の乾燥食品で、煮汁をよく吸い込むので含め煮の材料としてよく利用されている。凍り豆腐の特徴は、弾力性のテクスチャーにあり、調理は、形が整っていて、煮汁をたっぷり含んでいるように仕上げるのが要領である。

ここでは、凍り豆腐のもどし方や調理の仕方によって、スポンジ状組織の食品への味のつき方や形態および食感にどのような違いがあるか調べる。

■試料

凍り豆腐（3.5×2.7×1.8cm）4個（約18g）、もどした場合のだし汁200ml、乾燥のままの場合のだし汁400ml、砂糖20g、薄口醤油6ml、食塩2g

■実験器具

鍋またはビーカー1（300～500ml）、ボール、秤、温度計、レオメーターまたはカードメーター

■実験方法

⑭、⑲もどし温度は50～75℃で、もどりの判定法としては取り出してゆびでつまんで、芯がなければよい。

㉑5分煮て測定試料とする。さらに汁がほとんど無くなるまで煮る。

㉒測定機器はレオメーターまたはカードメーターで弾力性、破断硬度などを判定する。重量、体積を測定する。

㉓評点法により官能評価を実施し、統計処理を行う。

■結果

表5.2 機器測定

測定項目		(A)		(B)	
		5分	煮つめる	5分	煮つめる
調理前	重量 (g)				
	体積 (cm³)				
調理後	重量 (g)				
	体積 (cm³)				
	弾力性				
	破断硬度				

表5.3 官能評価（評点法）

評価項目（50点満点）		(A)		(B)	
		5分	煮つめる	5分	煮つめる
外観	体積 (10)				
	形の均整 (10)				
	色 (5)				
フレバー	味 (5)				
	香り (10)				
	食感 (10)				
合計点					

■参考

凍り豆腐は、天然の寒気を利用して豆腐を凍らせて作ったのが始まりで、高野豆腐、凍み豆腐、氷豆腐などの別名がある。現在は、冷凍はほとんど急速冷凍法で行われている。また、膨軟加工でも従来は乾燥豆腐にアンモニアガスを吸着させてもどりやすくする加工を施していたが、現在では重曹を主体とした膨軟材が使われており、湯もどしや水すすぎの必要がない。大変もどりが良いので、熱湯でもどしたり水たきはしないで、必ず醤油、塩で味付けの終った煮汁の中で煮る。

もどし温度については、膨軟化処理された凍り豆腐を水もどしする場合は、商品によっていくらか差はあるが、50～75℃の湯に5分間漬けたものがよい。80℃以上の湯に漬けた場合は、膨潤率は高いが、表面から形が崩れる。また温度が低いと、吸水率も低く長時間浸漬する必要がある。

1) 2) 野口駿：『調理と理論』、p.60-61、学連書院、(1978)

●凍り豆腐の調理性

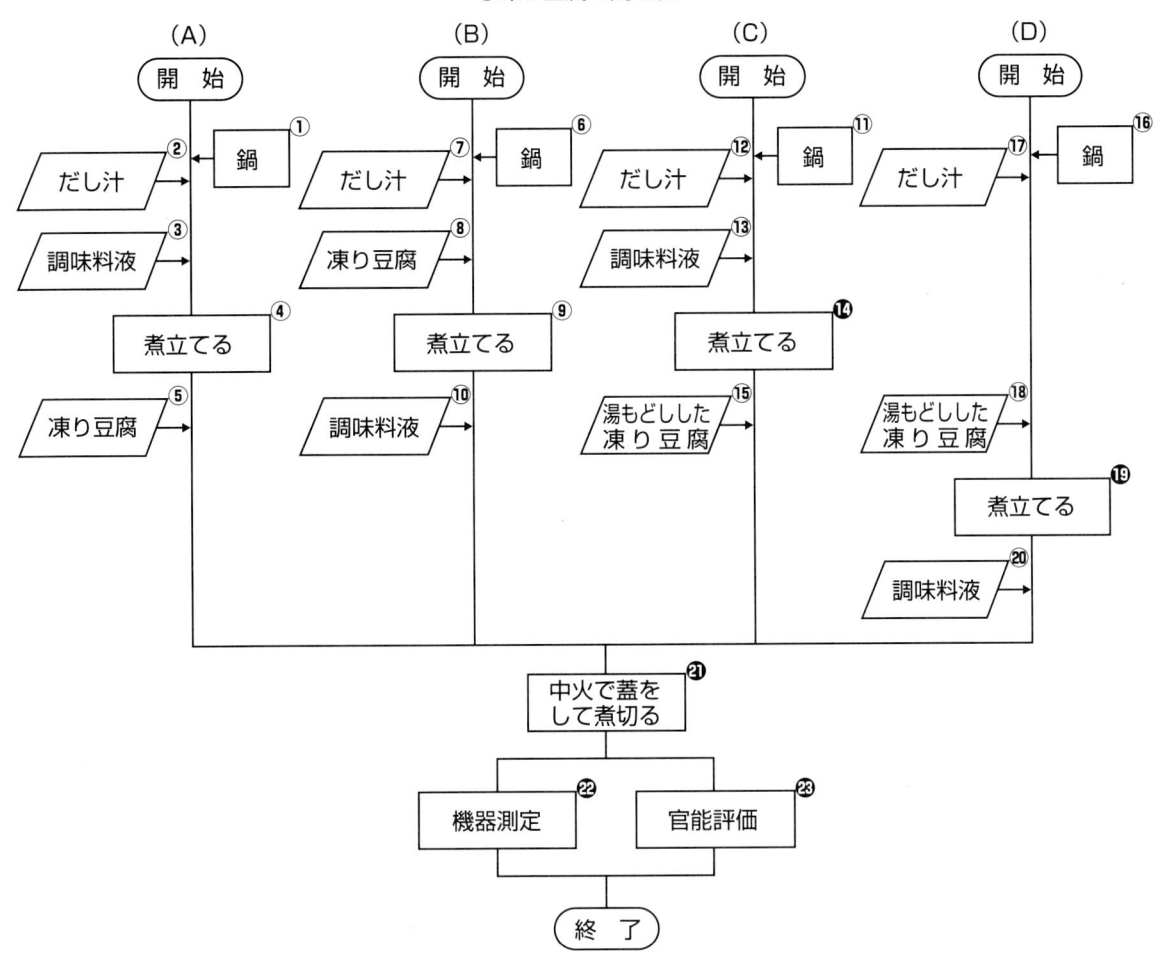

```
    (A)              (B)              (C)              (D)
   開始             開始             開始             開始
    │①              │⑥              │⑪              │⑯
    ├── 鍋          ├── 鍋          ├── 鍋          ├── 鍋
    │②              │⑦              │⑫              │⑰
    ├── だし汁      ├── だし汁      ├── だし汁      ├── だし汁
    │③              │⑧              │⑬              │⑱
    ├── 調味料液    ├── 凍り豆腐    ├── 調味料液    ├── 湯もどしした
    │④              │⑨              │⑭                  凍り豆腐
   煮立てる        煮立てる        煮立てる         │⑲
    │⑤              │⑩              │⑮             煮立てる
    ├── 凍り豆腐    ├── 調味料液    ├── 湯もどしした │⑳
                                        凍り豆腐     └── 調味料液
                          │
                    中火で蓋を ㉑
                    して煮切る
                     │
           ┌─────────┴─────────┐
        機器測定 ㉒          官能評価 ㉓
           └─────────┬─────────┘
                    終了
```

表5.4　一般乾物の吸水量[1]

乾物	もどした時の重さ(もとの重量の倍数)
凍り豆腐	4〜6倍
ひじき	6.5
切干しダイコン	6.0
はるさめ	6.0
ゆば	4.0
乾麺	3.0
数の子	2.5
豆類	2.5

表5.5　おもな乾燥食品吸水[2]

食品	吸水所要時間(20℃)	重量増加	容積増加
ゆば	4〜5分	410	350
高野豆腐	4〜5分	550	380
干しシイタケ	15〜20分	560	230
ひじき	20〜30分	630	1,000
切干しダイコン	50〜70分	480	400
貝柱	20〜22時間	200	230
米	50〜60分	130	120
大豆	15〜20時間	260	250
小豆	15〜20時間	240	240

(重量、容積とも吸水前を100とする)

5.1　豆

5.2 魚介

【実験1】魚の鮮度判定と塩締め、酢締め

■目的

　魚の鮮度判定の方法は、(1) 感覚的な方法として、五感による官能検査で判定、(2) 細菌数を測定して判定する方法、(3) 揮発性塩基窒素とトリメチルアミンなどの測定による化学的判定法がある。最近は、迅速に判定できる魚類鮮度判定恒数K値によって鮮度を判定する方法が行われている。

　魚介類の調理には、鮮度が重要であり、魚肉が引き締っている硬直中が美味とされている。マリネやしめさばの場合は、食塩や食酢を用いるが、魚肉の変化等からその役割を知る。

■試料

　生鮮魚（アジ）および刺身用イワシ3尾

■実験器具

　秤、まな板、包丁、ボール、ラップ、pHメーターおよびpH試験紙、濾紙（キッチンペーパー）

■実験方法

❶刺身用イワシ、または、アジを用意する。

❷五感による鮮度判定を行う。この他に、魚のpH測定やK値測定を行う。

　皮膚、うろこ：新鮮な魚の皮膚は、みずみずしく光沢がある。またうろこは密着している。

　眼：新鮮な魚の眼球は、外にしっかり張り出していて、角膜は透明で澄んでいる。

　えら：新鮮なものは鮮紅色で、内臓がしっかりしている。

　腹部：新鮮なものは内臓の形状、位置も崩れていないため、外部から指圧しても固くしまり弾力がある。

　肉：新鮮なものは透明感があり、骨に肉が密着している。

　臭気：魚種特有の新鮮臭があるが、一般に新鮮なものは魚臭が少ない。

❺イワシは手開きし、アジは包丁を用いて3枚にする。

❽pHは、簡易には魚肉の切断面にpH試験紙を押し当てて測定する。

⓫、⓬魚の塩締めの方法は、ふり塩法、たて塩法、紙塩法などがある。この実験ではふり塩法で行う。塩をまんべんなく均一に魚肉表面にふる。

表5.6　魚肉におよぼす塩と食酢の効果

		A	B	C
生魚肉の重量（g）⑨				
ふり塩後の重量（g）⑬				
pH⑭				
食酢浸漬後の重量（g）⑮				
魚の状態の観察・記録　官能検査（順位法）⑯	色の観察			
	硬さ			
	もろさ			
	魚の香			
	魚の味			

●魚の鮮度の判定と塩締め、酢締め

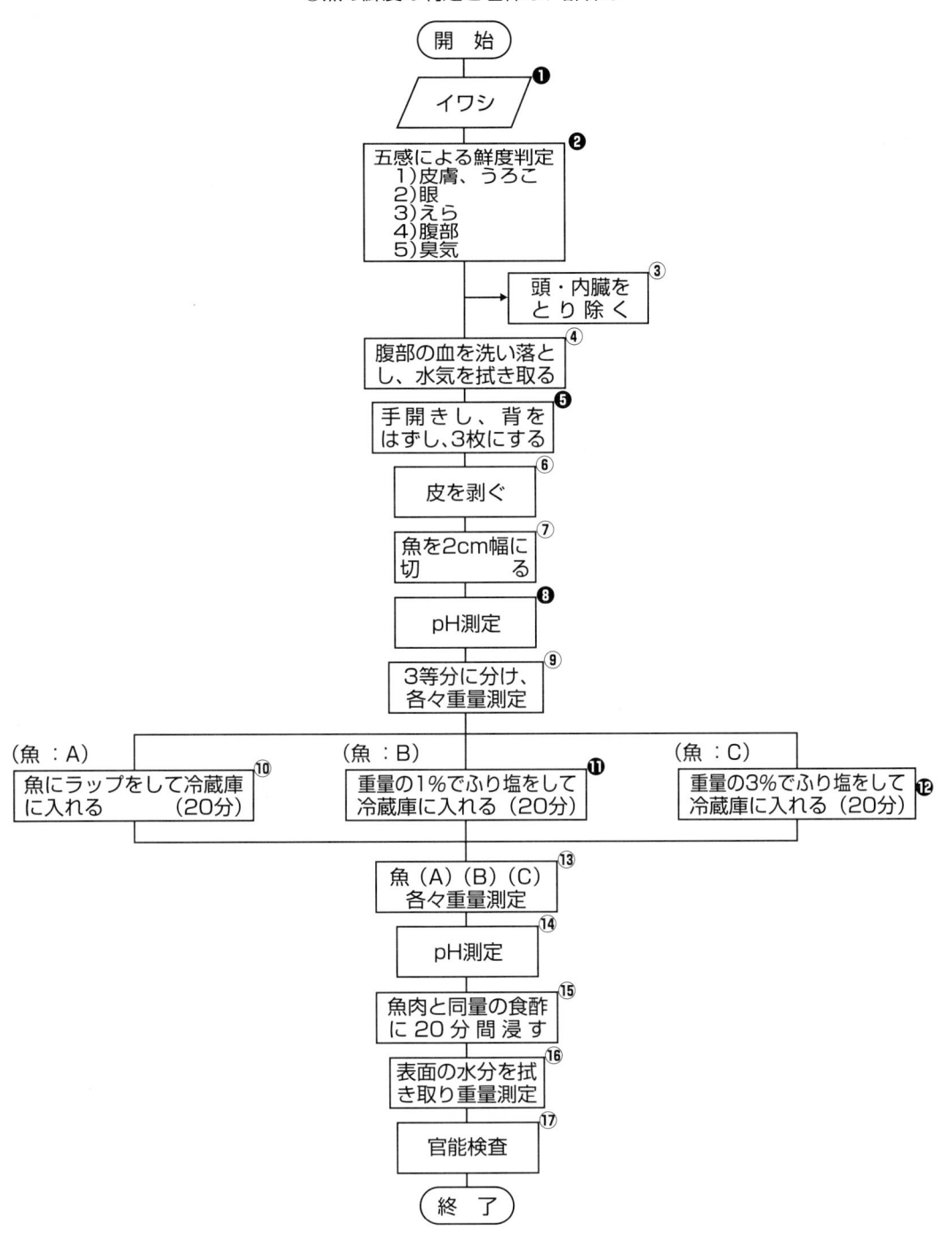

```
開　始
  ↓
❶ イワシ
  ↓
❷ 五感による鮮度判定
    1) 皮膚、うろこ
    2) 眼
    3) えら
    4) 腹部
    5) 臭気
  ↓
③ 頭・内臓をとり除く
  ↓
④ 腹部の血を洗い落とし、水気を拭き取る
  ↓
❺ 手開きし、背をはずし、3枚にする
  ↓
⑥ 皮を剥ぐ
  ↓
⑦ 魚を2cm幅に切る
  ↓
❽ pH測定
  ↓
⑨ 3等分に分け、各々重量測定
  ↓
(魚：A) ⑩ 魚にラップをして冷蔵庫に入れる（20分）
(魚：B) ⓫ 重量の1%でふり塩をして冷蔵庫に入れる（20分）
(魚：C) ⑫ 重量の3%でふり塩をして冷蔵庫に入れる（20分）
  ↓
⑬ 魚(A)(B)(C)各々重量測定
  ↓
⑭ pH測定
  ↓
⑮ 魚肉と同量の食酢に20分間浸す
  ↓
⑯ 表面の水分を拭き取り重量測定
  ↓
⑰ 官能検査
  ↓
終　了
```

■参考

K値による鮮度判定0〜20：非常に新鮮、刺身可能、20〜40：新鮮、刺身可能、40〜：火を通すなど調理が必要。K値（魚類鮮度判定恒数）は、筋肉中のアデノシン3リン酸（ATP）が死後硬直、筋肉の収縮、解硬、腐敗と進む過程で分解され、イノシン（H_xR）やヒポキサンチン（H_x）の割合を百分率で示すものである。

$$K値(\%) = \frac{H_xR + H_x}{ATP + ADP + AMP + IMP + H_xR + H_x} \times 100$$

【実験2】煮魚を作るとき調理条件

■目的
タンパク質性食品は加熱によって硬くなり、収縮して食品からの液汁とともにうま味も溶出しやすい。本実験では、煮魚を料理する場合、調味液に入れる時期を検討する。

■試料
サバ1尾（400～500g）、ショウガ（2～3g）、調味液（魚肉の10％の水、10％の酒、10％の醤油、3％の砂糖）

■実験器具
鍋、落とし蓋、秤、一般調理器具

■実験方法
①、②サバを水洗いし、頭を落とす。腹部に切り目を入れて内蔵を取り出し、血液を水で洗い流す。
⑦、⑬、㉒重量の変化率を算出する。
⑤サバの魚肉を25～30gに切り分ける。

$$重量変化率(\%) = \frac{加熱後の重量}{加熱前の重量} \times 100$$

⑳煮汁が沸騰してきたら5分間緩やかな沸騰を続け、その後火を止める。
㉒魚を室温から入れた時と沸騰してから入れた時の魚の重量を測定する。
㉓カードメーターで硬さを測定する。
㉔煮魚の出来上がりや食べた時の官能評価

■結果

表5.7　魚の形態と煮汁の温度

魚の形態	魚投入時の煮汁の状態	重量変化			機器測定	官能評価			
		加熱前(g)	加熱後(g)	変化率(%)	硬さ	硬さ	うまみ	生臭さ	総合
切身	室温								
	沸騰								

■参考

魚肉の構成タンパク質を溶解性の差によって分類したものが表5.8である。筋形質タンパク質の多い魚は、ミオグロビンからなる血合肉が多く、赤身魚の仲間である。筋肉運動に関与している筋原繊維タンパク質（ミオシン、アクチン）が多い魚は加熱するとほぐれやすい。また、筋基質タンパク質（コラーゲン）は、腱等を構成している。このタンパク質は加熱によりゼラチン化するため、煮魚が冷えた場合に「煮こごり」となりやすい。

表5.8　魚類筋肉のタンパク質の分類[1]

種類		筋形質タンパク質	筋原繊維タンパク質	筋基質タンパク質
溶解度		水、希食塩液に可溶	食塩液に可溶	水、食塩に不溶
代表例		ミオグロビン 解糖系酵素 クレアチンキナーゼ	ミオシン アクチン	コラーゲン
全筋肉タンパク質中の割合		20～50%	50～70%	<10%
魚種	まさば	38	60	1
	まいわし	34	62	2
	タラ	21	76	3
畜肉	ぶた(子うし)	20(24)	51(51)	29(25)
	うさぎ	28	52	16

---

1) 五十嵐脩他：食品材料、p.99、同文書院（1983）
2) 下田吉人他：調理科学講座2、p.71、朝倉書店（1964）

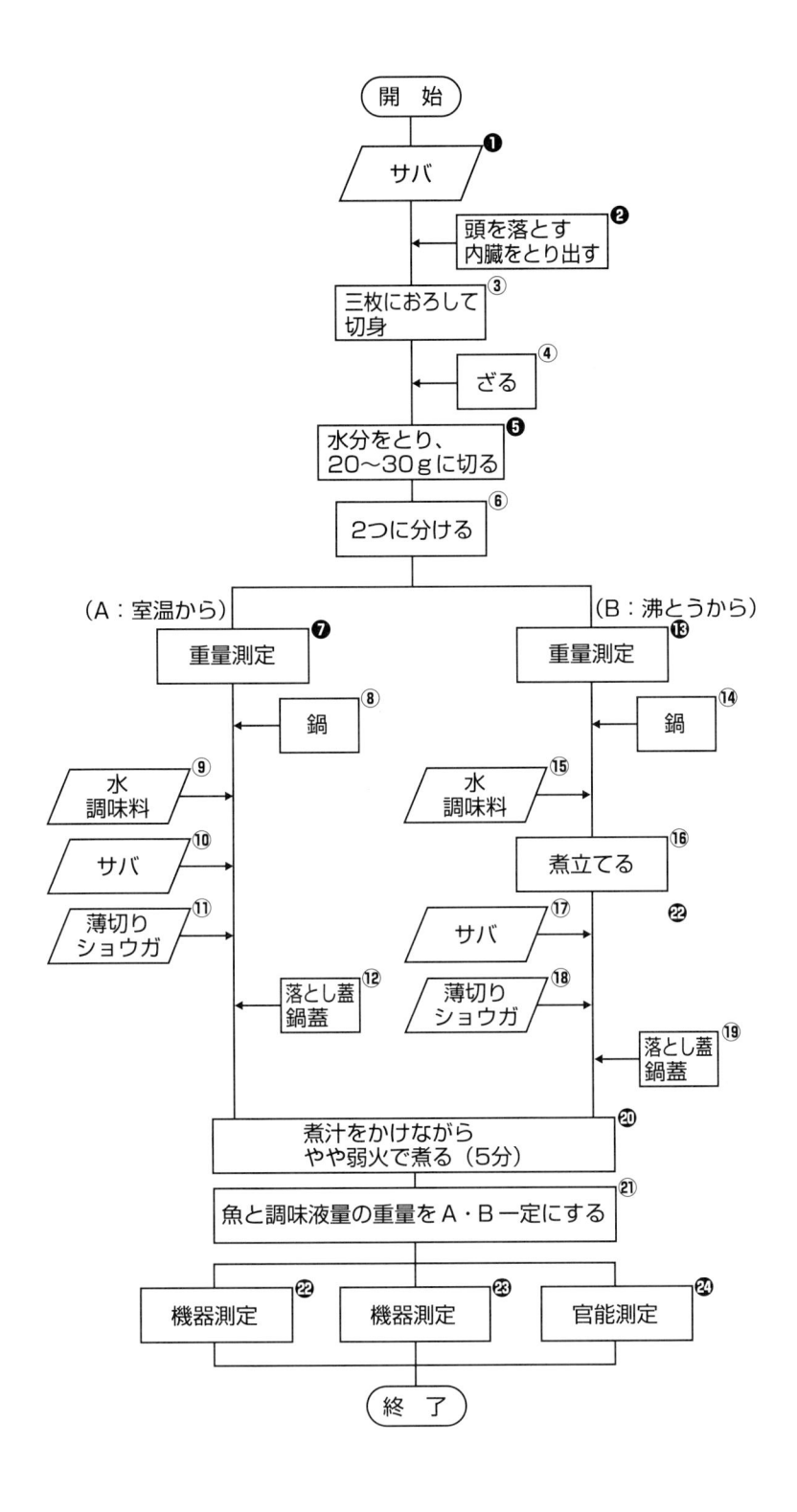

```
                    開  始
                      │
                      ▼
                   ╱サバ╱ ❶
                      │
                      ◀── 頭を落とす        ❷
                          内臓をとり出す
                      ▼
                   三枚におろして ③
                   切身
                      │
                      ◀── ざる ④
                      ▼
                   水分をとり、  ❺
                   20～30gに切る
                      │
                      ▼
                   2つに分ける  ❻
                      │
          ┌───────────┴───────────┐
     (A:室温から)              (B:沸とうから)
          ▼ ❼                    ▼ ⓭
       重量測定                 重量測定
          │                       │
          ◀── 鍋 ❽              ◀── 鍋 ⓮
          ◀── ╱水╱ ❾           ◀── ╱水╱ ⓯
               ╱調味料╱             ╱調味料╱
                                    ▼ ⓰
                                 煮立てる
          ◀── ╱サバ╱ ❿          ◀── ╱サバ╱ ⓱
          ◀── ╱薄切り╱ ⓫        ◀── ╱薄切り╱ ⓲
               ╱ショウガ╱            ╱ショウガ╱
          ◀── 落とし蓋 ⓬         ◀── 落とし蓋 ⓳
               鍋蓋                  鍋蓋
          └───────────┬───────────┘
                      ▼ ⓴
                  煮汁をかけながら
                  やや弱火で煮る（5分）
                      ▼ ㉑
                  魚と調味液量の重量をA・B一定にする
                      │
          ┌───────────┼───────────┐
          ▼ ㉒        ▼ ㉓        ▼ ㉔
       機器測定     機器測定     官能測定
          └───────────┼───────────┘
                      ▼
                    終  了
```

表5.9 魚を入れるときの煮汁の温度と重量の変化[1]

魚の形態	煮汁の状態	重量の変化		
		加熱前 g	加熱後 g	後/前×100%
全 魚	室 温	134.0	117.0	87.3
	沸 騰	137.0	121.0	88.3
切り身	室 温	87.5	67.0	76.6
	沸 騰	87.5	67.8	80.0

【実験3】蒸し魚の性状とそぼろおよびでんぶ

■目的
魚肉の肉質は、生肉で柔らかく、加熱によって硬くなるが、もろく、われやすく、ほぐれやすくなることが特徴である。本実験では、赤身の魚と白身の魚を用いて、加熱による魚肉の性状の変化について比較し、さらにそぼろ、でんぶを作り、色、硬さおよび官能検査を行う。

■試料
（1）赤身の魚（カツオ、マグロなど）、（2）白身の魚（タラ、カレイ、ヒラメなど）約80gの切り身、でんぶ用調味料（砂糖：そぼろ重量の5％、食塩：そぼろ重量の1％、清酒：そぼろ重量の10％）

■実験器具
ビーカー（200m*l*）、蒸し器、鍋、箸、布巾、秤、カードメーター

■実験方法
魚肉の重量は、それぞれ測定しておく。

❸蒸気が魚肉中に落ちないように、蓋の内側に乾いた布巾をかけておく。
❺秤で汁の量を測定する。脂肪球の状態や量、汁の色、香り、味などを比較する。
❻蒸し身に対しては、重量の測定及びカードメーターによる肉の硬さの測定を行い、色の変化、組織の変化などを観察して比較する。
⓫小骨および皮を除いた蒸し身をほぐしてできた「そぼろ」の重量を測定する。
⓮調味料液はそぼろの重量を基準にして測ったものを混合して加える。弱火または湯にして、箸4、5本を用いて混ぜながら炒り上げる。
⓱できあがった「でんぶ」の重量を測定する。
⓲順位法により官能検査を行う。

■結果

表5.10 蒸し魚について

生魚重量	汁				蒸し魚			
	重量(g)	色	香り	脂肪の状態	重量(g)	硬さ	色の変化	組織の変化
(A)								
(B)								

表5.11 そぼろ、でんぶについて

	重量(g)		官能検査(順位法)
	そぼろ	でんぶ	
(A)			
(B)			

■考察
魚には血合肉があり、その量と魚肉の量から、カツオ、マグロなどの赤身の魚とタラ、カレイ、ヒラメなどの白身の魚に分けられている。アジやサバなどは、赤身と白身の中間になる。赤身と白身の魚では、におい、肉質などが異なるので、それぞれについて比較する。

■参考
魚肉を加熱すると、(1) 肉の色の変化、(2) 液汁や脂肪の流出、一部肉の収縮、(3) 肉質（硬さ）の変化、(4) においの変化、(5) うま味の強化などの変化がみられ、これらの変化の結果、筋肉組織は容易にくずれ、それによって、そぼろやでんぶを作ることができる。一般的に、そぼろ（おぼろ）は加熱してほぐしたものをいい、でんぶは、調味液で煮詰めて味付けしたものをいう。

---

1) 山崎清子：調理のための調理実験、p94、同文書院（1980）
2) 鴻巣章二監修：魚の科学、p.3、朝倉書店（1996）

●蒸し魚の性状とそぼろおよびでんぶ

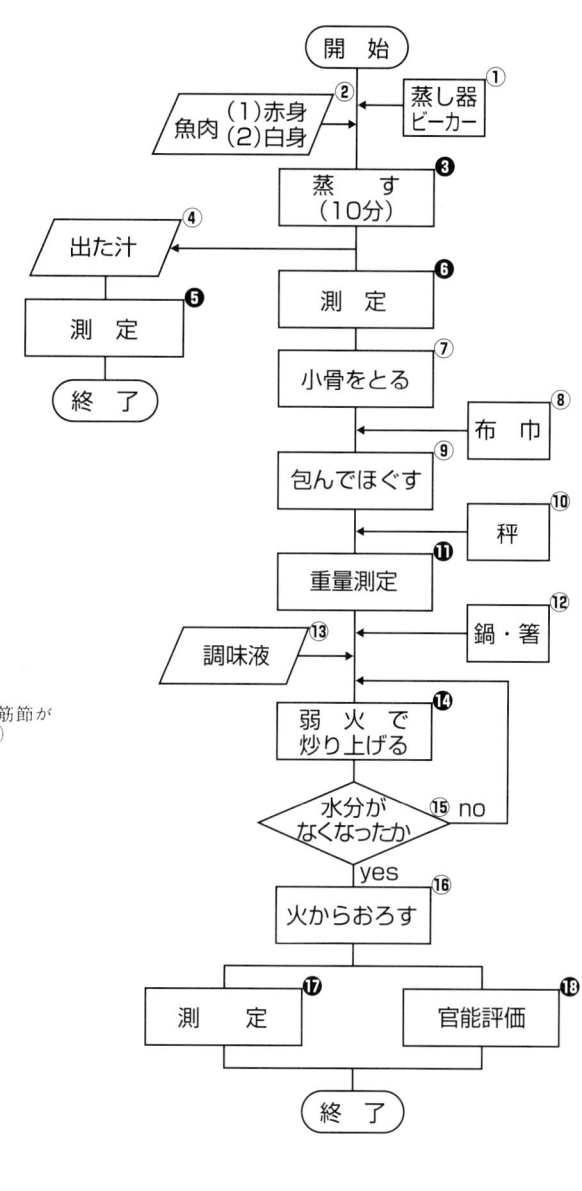

```
              開 始
                ②      ①
    魚肉(1)赤身 ← 蒸し器
        (2)白身    ビーカー
                ③
              蒸 す
              (10分)
         ④      
    出た汁 ←   測 定  ⑥
         ⑤
     測 定     小骨をとる ⑦
                       ⑧
     終 了     ← 布 巾
              包んでほぐす ⑨
                       ⑩
              ← 秤
              重量測定 ⑪
                       ⑫
              ← 鍋・箸
     調味液 → ⑬
              弱火で    ⑭
              炒り上げる
              水分が    ⑮ no
              なくなったか
                yes
              火からおろす ⑯
         ⑰           ⑱
       測 定     官能評価
              終 了
```

筋隔（筋節の間にある薄い膜でこれによって筋節が結合されている．加熱によって溶ける）

血合筋（暗赤色でヘモグロビンなどを多く含む．カツオ，マグロなどの赤身の魚に多い）

脊椎骨

筋節（筋繊維の集まりで体軸に平行に筋繊維が走っている．この筋繊維が加熱によって離れやすくなり，そぼろを作ることができる）

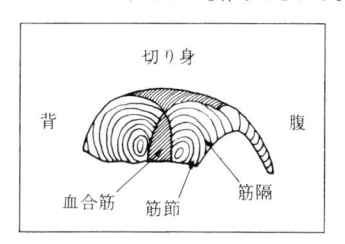

切り身
背　腹
血合筋　筋節　筋隔

図5.3　魚の筋肉組織[1]

表5.12　可食部筋肉に占める血合肉の割合とその分布[2]

魚　種	Ⅰ．白身の魚		Ⅱ．赤身の魚（沿岸性）		Ⅲ．赤身の魚（外洋性）	
	クロダイ	マガレイ	サバ	マイワシ	カツオ	マグロ
割合(%)	4	5	15[※1]	24[※1]	16(13)[※2]	—
分　布	表層血合肉				真正血合肉	

※1　冨士川・永沼[3]より、他は未発表データ。
※2　（　）内は真正合肉のみの割合。

【実験4】イカ肉の加熱による変化

■目的
イカ肉は、生では半透明でねっとりして柔らかいが、加熱すると魚肉に比べて白く収縮して硬くなる。しかし、歯切れはよくなり、横（体軸と直角方向）に避けやすくなる。本実験では、(1) 加熱時間やイカの皮の有無が収縮や硬さに及ぼす影響及び食塩を添加した場合の変化について調べる。(2) 表皮に入れる切り目の方向が、加熱によってどう変形するか観察する。

■試料
スルメイカ1杯（300〜350g）

■実験器具
鍋、穴じゃくし、定規ストップウォッチ、温度計、秤、カードメーター

■実験方法
(1) 加熱による影響

❹図5.2に示すように、体軸と平行に切って開く。

❺イカを4cm平方に切り、体軸の方向がわかるように包丁でごく薄く切れ目を入れ印をつけておく。本実験では、皮をつけたものであるが、皮を除いた実験も同じようにできる。

⓬加熱は、10秒、5分、10分行う。

⓭カードメーターで硬さを測定する。

⓮秤で重量測定し、脱水率を求める。

$$脱水率(\%) = \frac{生イカ肉の重量 - ゆでイカ肉の重量}{生イカ肉の重量} \times 100$$

$$収縮率(\%) = \frac{生イカ肉の長さ - ゆでイカ肉の長さ}{生イカ肉の長さ} \times 100$$

⓯イカの外観やテクスチャー、味などの官能検査を行う。

(2) 飾り切りによる変化

⓳上記❹と同じく体軸方向に開く。

㉒図5.6に示すように飾り切りをし、上記❺と同じように印をつける。

㉓反り方や収縮などを観察し、スケッチする。

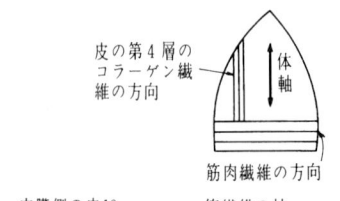

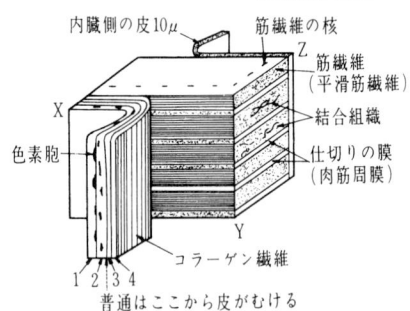

図5.4 イカの筋肉組織と胴肉[1]

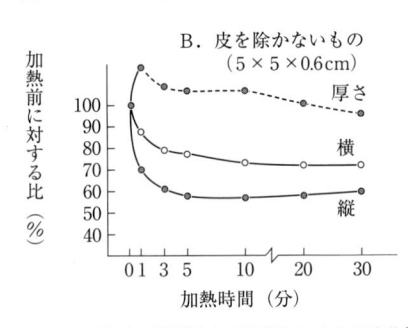

1. 第一層 表皮15μ　　2. 第二層 色素層200μ
3. 第三層 多核の層60μ　　4. 第四層 真皮40μ

図5.5 イカ肉を沸騰水中で加熱したときの変化[2]

縦：体軸方向の長さ、横：体軸に直角方向の長さ、試料は夏イカ胴肉片

■結果

表5.13 イカの加熱時間とテクスチャー

		加熱10秒	1分	5分
加熱前重量（g）				
加熱後重量（g）				
脱水率（%）				
収縮率（%）				
官能検査	硬さ			
	かみやすさ			
	味			

表5.14 イカ肉の加熱による脱水[3]

加熱時間（秒）	脱水率（%）
10	4〜10
20	7〜12
30	9〜15
40	12〜20
50	20〜28
60	20〜28

イカ肉4×4cm²のもの、重量10〜10.5g、沸騰水中加熱

1) 田中武夫：イカの肉組織模式図（1958）
2) 野中順三九他：水産食品学、p.99、恒星社厚生閣
3) 山崎清子、島田キミエ：調理と理論第二版、p.254、同文書院（198）

● 加熱による影響　　　　　　　　● 飾り切りによる変化

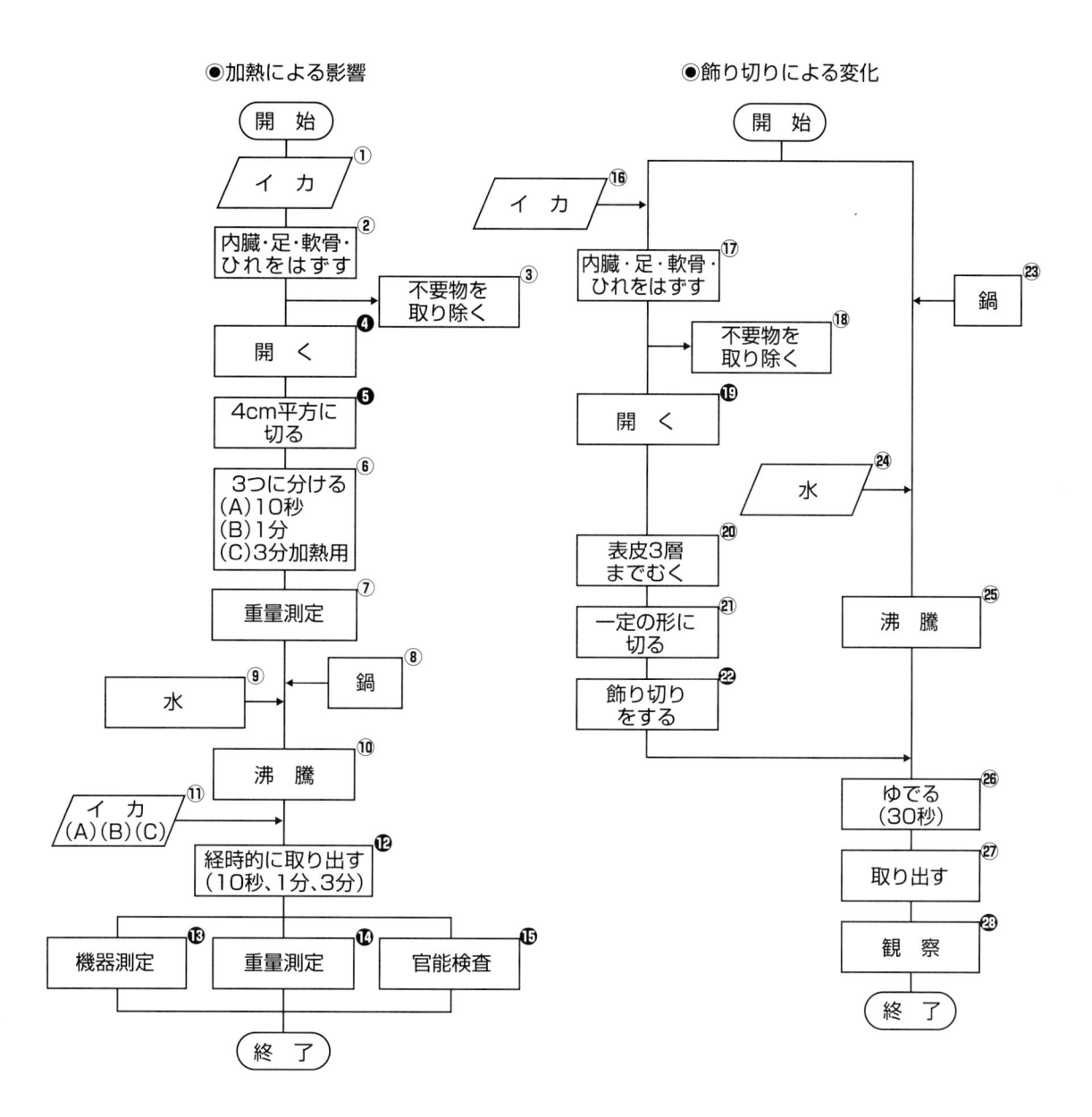

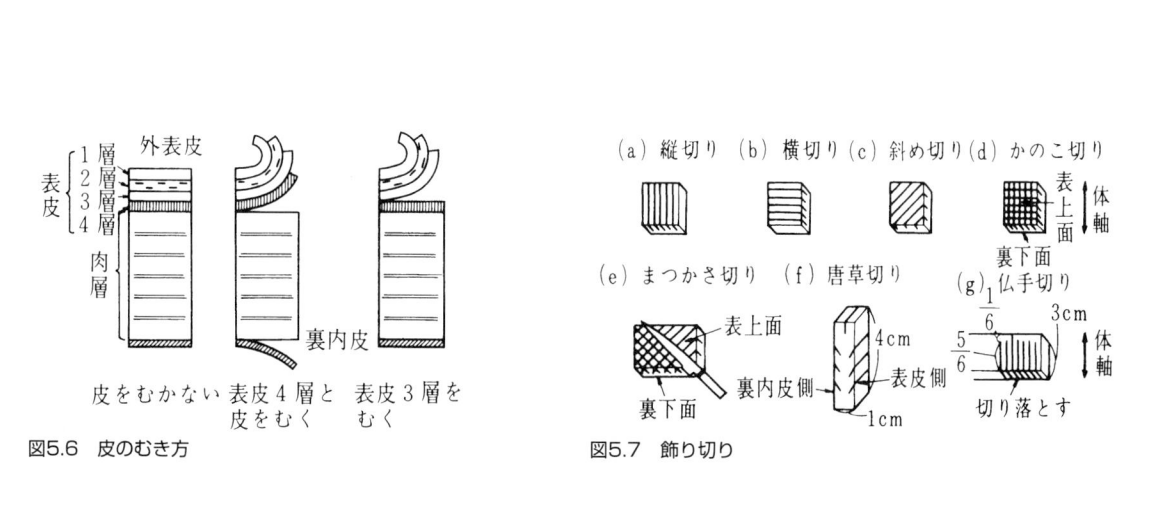

```
開 始                            開 始
 │                                │
 ▼①                               ▼⑯
[イ カ]                          [イ カ]
 │                                │
 ▼②                               ▼⑰
内臓・足・軟骨・                   内臓・足・軟骨・
ひれをはずす  → ③不要物を         ひれをはずす  → ⑱不要物を
                取り除く                           取り除く
 │                                │
 ▼④                               ▼⑲
 開 く                            開 く
 │                                │
 ▼⑤                               ▼⑳
4cm平方に                         表皮3層
切る                              までむく
 │                                │
 ▼⑥                               ▼㉑
3つに分ける                       一定の形に
(A)10秒                           切る
(B)1分                            │
(C)3分加熱用                      ▼㉒
 │                               飾り切り
 ▼⑦                              をする
重量測定                           │
 │                                │
 ▼⑨        ⑧                     ㉓
[水] ← [鍋]                      [鍋]
 │                                │
 ▼⑩                               ▼㉕
沸 騰                             沸 騰
 │                                │
⑪[イカ(A)(B)(C)] →               │
 │                                ▼㉖
 ▼⑫                              ゆでる
経時的に取り出す                   (30秒)
(10秒、1分、3分)                   │
 │                                ▼㉗
 ├─⑬──⑭──⑮                     取り出す
機器測定 重量測定 官能検査          │
 │                                ▼㉘
 ▼                               観 察
終 了                              │
                                  終 了
```

図5.6　皮のむき方

外表皮
表皮 { 1層 2層 3層 4層 }
肉層
裏内皮

皮をむかない　表皮4層と　表皮3層を
　　　　　　　皮をむく　　むく

図5.7　飾り切り

(a) 縦切り　(b) 横切り　(c) 斜め切り　(d) かのこ切り
(e) まつかさ切り　(f) 唐草切り　(g) 仏手切り

5.2　魚介

5.3 獣鳥肉

【実験1】ハンバーグステーキの性状に及ぼす配合割合の影響（玉ねぎ加熱も含む）

■目的

　ドイツ料理のハンバーグは、ひき肉にたまねぎ、食パン、牛乳、卵などを加えてよく混ぜて、小判型に形成し焼き上げたものである。本実験では、牛と豚のひき肉の配合割合および赤身と脂身の配合が、焼き上がりの外観、食味およびテクスチャーにどのような影響をあたえるのか理解する。

■試料

　牛ひき肉250g、豚ひき肉250g、牛ひき肉（もも）450g、ケンネ脂150g、玉ねぎ 300g（30g×10）、食パン 150g（15g×10）、牛乳150m*l*（15m*l*×10）、卵160g（16g×10）、バター24g（2.4g×10）、食塩16g（1.6g×10）、サラダ油10m*l*〜15m*l*、こしょう少々、ナツメグ少々

　※ひき肉の割合は以下の通りとする

　牛：豚 (100：0)、(75：25)、(50：50)、(25：75)、(0：100) 各1

　牛（もも）：ケンネ脂 (100：0)、(90：10)、(80：20)、(70：30)、(50：50) 各1

■実験方法

⑩弱火でうすく色がつき、甘味が出るまで炒める。

⑬1cm厚さの小判型にし、中央をへこませる。

⑱中央のへこみを下にしていれ、強火でフライパンを動かしながら焦げ目がつくまで20〜30秒焼き、次に中火にして3分くらい焼く。裏返して表側同様に焼く。

⑲弱火にして中心部まで火が通るように蓋をし、中心温度計をさし、肉汁が澄んでいること、内部温度が75℃に達した後1分以上の加熱を行い取り出す。

　ひき肉の代わりに牛ひき肉（もも）とケンネ脂を用いて、同様の操作を行う。

■結果

表5.15　計測結果（牛、豚）

ひき肉の配合 牛：豚	重量		食感要素				好みの順位
	はじめ	焼き上がり	外観	風味	硬さ（口当たり）	その他	
100：0							
75：25							
50：50							
25：75							
0：100							

表5.16　計測結果（牛もも、ケンネ油）

配合割合 牛ひき肉：ケンネ脂（もも）	重量		食感要素				好みの順位
	はじめ	焼き上がり	外観	風味	硬さ（口当たり）	その他	
100：0							
90：10							
80：20							
70：30							
50：50							

● ハンバーグステーキの性状に及ぼす配合割合の影響

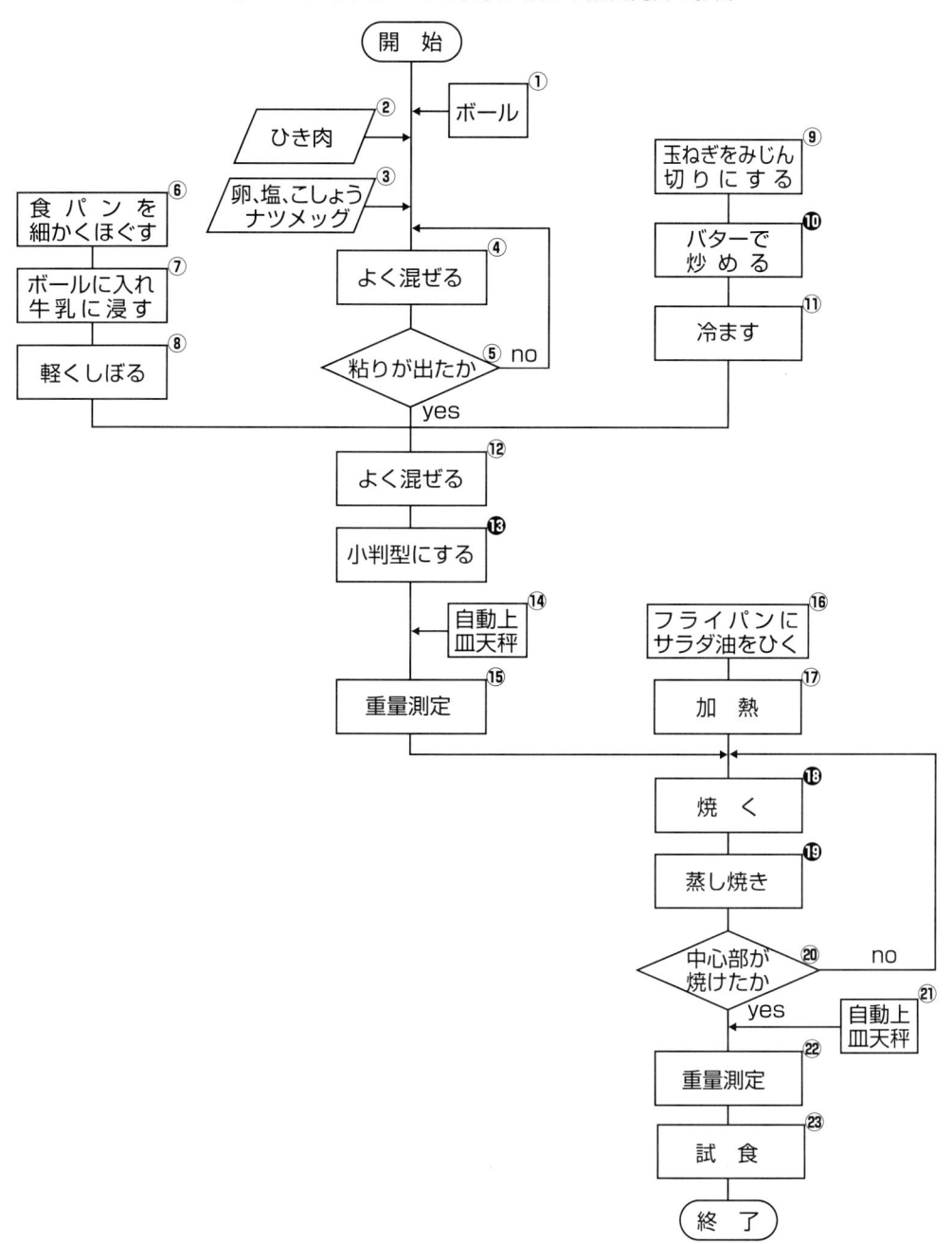

```
開 始
①ボール
②ひき肉
③卵、塩、こしょう、ナツメッグ
④よく混ぜる
⑤粘りが出たか → no → ④へ戻る
   yes
⑥食パンを細かくほぐす
⑦ボールに入れ牛乳に浸す
⑧軽くしぼる
⑨玉ねぎをみじん切りにする
⑩バターで炒める
⑪冷ます
⑫よく混ぜる
⑬小判型にする
⑭自動上皿天秤
⑮重量測定
⑯フライパンにサラダ油をひく
⑰加熱
⑱焼く
⑲蒸し焼き
⑳中心部が焼けたか → no → ⑱へ戻る
   yes
㉑自動上皿天秤
㉒重量測定
㉓試食
終 了
```

■参考

　ハンバーグは、ひき肉と他の材料がよくまとまっていて、口当たりや風味のよいものがよく、牛と豚では75：25、赤身と脂身では80：20程度の配合のものが、うま味とこくがあっておいしい。

　ひき肉は食塩を加えて混ぜると肉のタンパク質中のアクチンとミオシンが可溶化して粘性のあるアクトミオシンになるのでまとまる。

　副材料のたまねぎ、牛乳に浸したパンは増量材であると同時に、たまねぎはハンバーグを軟らかく、甘味を与え、肉の臭みを消すのに役立っている。牛乳に浸したパンは軟らかく、たまねぎとともに加熱しても硬くならず、全体として軟らかくするのに役立っている。

【実験2】焼肉に関する基礎実験

■目的

　焼く操作は温度管理がしにくい調理法のひとつである。肉の調理は加熱時間が肉の中心温度を左右し、肉のテクスチャーや食味に影響を与える。ヒレやロースなど柔らかい肉は、加熱調理（ステーキなど）が適する。ここでは、加熱の温度や加熱時間の違いによる肉の状態、硬さ、食味について検討する。

■試料

　ヒレまたはロース肉100×2（厚さ2〜2.5cm）、食塩：肉の1%、こしょう、油

■実験器具

　フライパン、フライパン用蓋、秤、熱電対温度計、ビーカー（100ml　2個）ストップウォッチ、一般調理器具

■実験方法

㉕、㉖焼き上がった時の肉の中心温度を熱電対温度計で測定する。

㉖、㉗焼き上がるまでの加熱時間、加熱肉重量を測定する。

重量減少率の算出は

$$重量減少率(\%) = \frac{(生肉重量 - 加熱肉重量)}{(生肉重量)} \times 100$$

㉘フライパンに流出したドリップ（汁）をビーカーに移して重量を測定する。

㉙3点比較法により官能評価を実施し統計処理を行う。

■結果

表5.17

焼く方法	中心温度（℃）	加熱時間	肉の重量（g）		重量減少率（%）	ドリップ量（g）
			生	加熱後		
弱火の場合						
強火の場合						

表5.18

焼く方法	官能評価				
	香気	こげ色	肉汁量	旨み	総合
弱火の場合					
強火の場合					

■参考

表5.19　牛肉の加熱程度と内部の状態

加熱程度	中心温度（℃）	中心部の色	状態	体積の収縮	両面焼き時間
レア（Rare）	60	鮮赤色	生焼きの状態　柔らかく肉汁が多く出る	ほとんどなし	3〜4分
ミディアム（Medium）	65から70	淡紅色	中程度の加熱　淡紅色の肉汁が多少出る	わずかに収縮	5〜7分
ウエルダン（Welldone）	77	赤色が全然なく灰色	加熱十分な状態　肉汁は少ない、硬い	収縮が大	8〜10分

● 焼肉に関する実験

```
                                              開 始
開 始                                            │
 │① 肉                          ┌───────────────┼───────────────┐
 ↓                              │④ フライパン                    │⑯ フライパン
②重量測定                       ↓                                ↓
 │                            ⑤加熱                           ⑰ 油
③塩こしょう                  ⑥ 油 →│← ⑦ 蓋                    │
 │                              ↓                              ⑱ 蓋
 Ⓐ                          ⑧煙が出たか ── no ─┐              ↓
                                │yes           │              ⑲ ストップウオッチ
                                ⑨ストップウオッチ              │
                           Ⓐ→│←──────────────┘         Ⓐ→│
                                ↓                              ↓
                             ⑩焼く(やや強火)                ⑳焼く(弱火)
                                ↓                              ↓
                            ⑪焦げ目がついたか─no             ㉑下面の色がついたか─no
                                │yes                           │yes
                            ⑫裏返して中火で焼く              ㉒裏返して焼く
                                ↓                              ↓
                            ⑬焦げ目がついたか─no             ㉓焼き上がったか─no
                                │yes                           │yes
                            ⑭熱電対温度計                    ㉔熱電対温度計
                                ↓                              ↓
                            ⑮中心部温度測定                  ㉕中心部温度測定
                                └───────────────┬─────────────┘
                    ┌───────────┬───────────┬───────────┐
                 ㉖焼き上がり時間 ㉗重量測定 ㉘ドリップ量測定 ㉙官能評価
                    └───────────┴─────┬─────┴───────────┘
                                      終 了
```

5.3 獣鳥肉

109

【実験3】調味料や酵素が肉の軟化に及ぼす影響

■目的

　硬い肉を軟らかくするには熟成、物理的な組織の破壊、pH調整、長時間加熱、酵素作用の活用、調味料類（砂糖等）の添加 などの方法がある。本実験では調味料や酵素の添加が肉の軟化に及ぼす影響を理解する。

■試料

　牛すね肉（または豚もも肉）400ｇ、食塩、みりん、パパイヤ、醤油、酢、しょうが、サラダ油

■実験器具

　オーブン、レオロメーター（ミートシャメーターまたは針入度試験器）、ガーゼ（または茶漉し）、おろし金（陶製またはプラスチック）、熱電対温度計、一般調理器具

■実験方法

❷牛すね肉の塊を筋繊維に対して直角に1.0cmの暑さに切る。1切れが約50ｇになるようにし、8切れ片とる。しょうが、パパイアは皮をむき、おろしてガーゼ2枚でこし、汁を作る。マリネは油：酢＝1：1の割合で、各々10mlを混ぜておく。

⓭肉片を（A）5％食塩水、（B）みりん、（C）しょう油、（D）食酢、（E）1％パパイヤ汁、（F）マリネ、（G）しょうが汁に60分浸漬する。

⓯、⓱肉片を金網に載せ、オーブン（180℃）で肉片の中心温度が80℃になるまで加熱し、取り出す。

⓴、㉑、㉒加熱後の重量の測定、半量を官能評価（評点法または順位法）に用い、もう半量を室温まで冷まし、レオロメーターで肉の硬さを測定する。

■結果

表5.20　調味液による肉の軟化

処 理 肉		液の pH	肉の重量（g）		重量減少率（％）	物 性 測定値	官能評価	
			生	加熱			硬さ	うま味
無処理								
5％食塩水	(A)							
みりん	(B)							
醤油	(C)							
食酢	(D)							
1％パパイン	(E)							
マリネ	(F)							
しょうが汁	(G)							

※浸漬時間を変えたり、調味料を選択して実験するのもよい。

■参考

（1）低濃度の食塩では肉は軟らかくなることが知られている。

（2）マリネの軟化効果は、肉基質の多い肉で顕著であり、酢の効果が強い。

（3）たんぱく質の分解酵素（プロテアーゼ）はしょうが、パパイアなどに多く含まれており、添加しておくと肉が軟化すると同時にタンパク質がペプチドやアミノ酸に分解してうま味もでてくる。

●肉の軟化

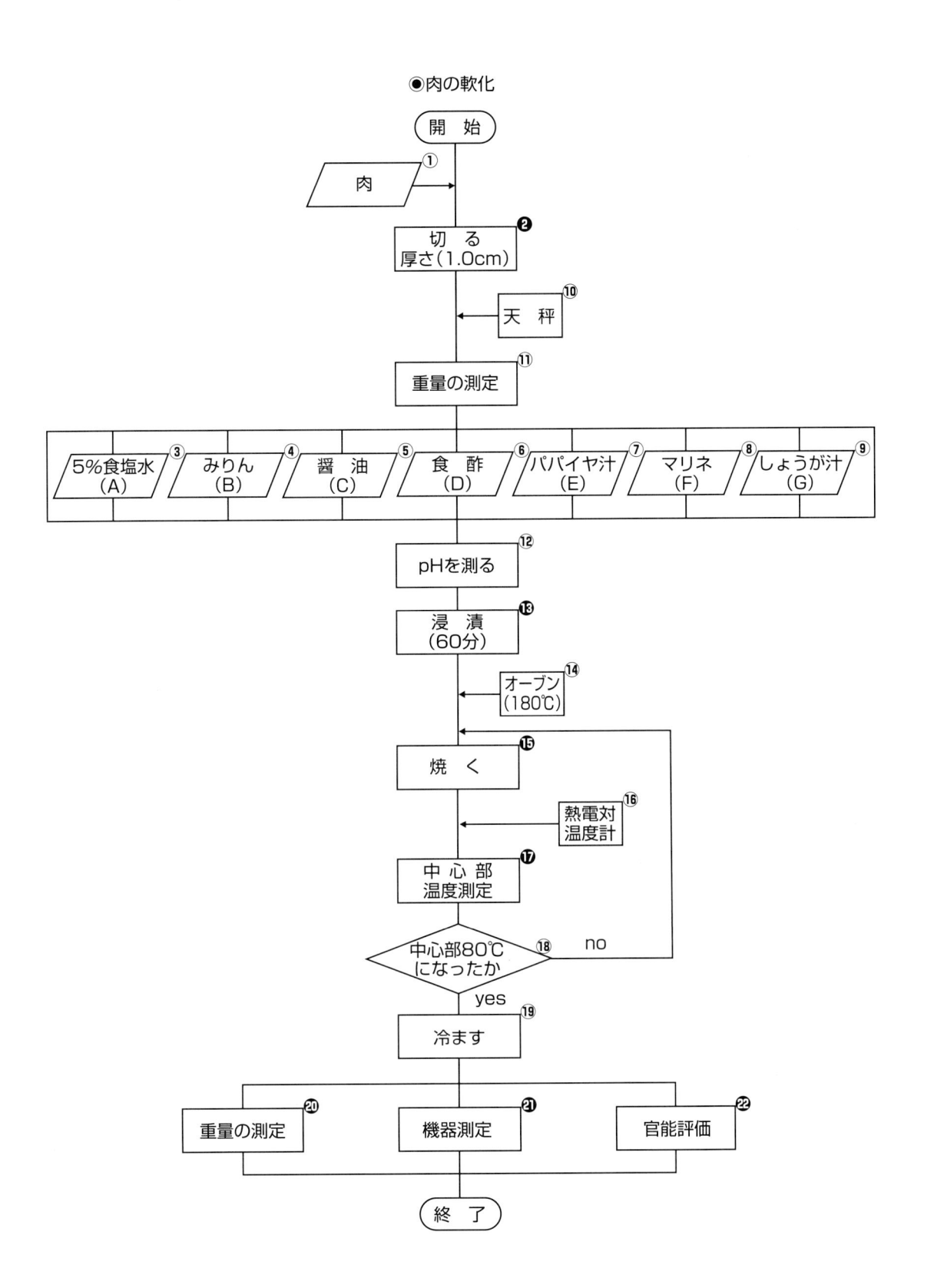

```
                         開 始
                           │
      ┌─────┐①            │
      │ 肉  │──────────────→│
      └─────┘              │
                           ▼
                      ┌─────────┐②
                      │ 切 る   │
                      │厚さ(1.0cm)│
                      └─────────┘
                           │    ┌──────┐⑩
                           │←───│ 天秤 │
                           │    └──────┘
                           ▼
                      ┌─────────┐⑪
                      │重量の測定│
                      └─────────┘
                           │
┌─────┬─────┬─────┬─────┬─────┬─────┬─────┐
│5%食塩水│みりん│醤油 │食酢 │パパイヤ汁│マリネ│しょうが汁│
│ (A) ③│(B) ④│(C) ⑤│(D) ⑥│(E) ⑦ │(F) ⑧│(G) ⑨ │
└─────┴─────┴─────┴─────┴─────┴─────┴─────┘
                           │
                           ▼
                      ┌─────────┐⑫
                      │ pHを測る│
                      └─────────┘
                           ▼
                      ┌─────────┐⑬
                      │ 浸 漬   │
                      │ (60分) │
                      └─────────┘
                           │    ┌──────┐⑭
                           │←───│オーブン│
                           │    │(180℃)│
                           │    └──────┘
                           ▼
                      ┌─────────┐⑮
                      │ 焼 く   │
                      └─────────┘
                           │    ┌──────┐⑯
                           │←───│熱電対 │
                           │    │温度計 │
                           │    └──────┘
                           ▼
                      ┌─────────┐⑰
                      │ 中心部  │
                      │温度測定 │
                      └─────────┘
                           ▼
                      ╱─────────╲⑱  no
                     ╱ 中心部80℃ ╲────→(⑮へ戻る)
                     ╲ になったか ╱
                      ╲─────────╱
                           │yes
                           ▼
                      ┌─────────┐⑲
                      │ 冷ます  │
                      └─────────┘
                           │
      ┌────────┬────────┬────────┐
      ▼        ▼        ▼
  ┌────────┐⑳ ┌────────┐㉑ ┌────────┐㉒
  │重量の測定│ │機器測定 │ │官能評価 │
  └────────┘ └────────┘ └────────┘
      │        │        │
      └────────┼────────┘
                ▼
              終 了
```

5.3 獣鳥肉

5.4 乳

【実験1】生クリームの起泡性－温度および砂糖添加時の影響

■目的

　生クリームの起泡性に関与する要因は数多く複雑である。生クリームの起泡性を温度条件と糖添加時期を変えて実験し、泡立ての時間、オーバーラン、クリームの気泡の分散状態を顕微鏡で観察し泡立ての要領について考察する。

■試料

　ボール（ホーローまたはステンレス）、ハンドミキサー（泡立て器）、ミニシャーレ（径4～5cm）、ビーカー、スライドグラス、カバーグラス、温度計、ストップウォッチ、秤、顕微鏡、一般実験器具、一般調理器具

■実験方法

③、⑩シャーレの重量をはかり、生クリームを満たした重量をはかる。（オーバーラン用）

⑥ボールに生クリーム50gを入れ、生クリームの温度を15℃に保持する。これを（A）とし、一定速度（低速）で泡立てる。泡立てはじめからつのが立つくらいの硬さになるまでの時間をはかる。同時に泡立ての状態や色の変化を観察する。

⑱（A）のホイップクリームをシャーレに満たし、表面をすり切って重量をはかり、もとにもどす。

$$オーバーラン(\%) = \frac{一定容積の生クリームの重量 - 同容積のホイップクリームの重量}{同容積のホイップクリームの重量} \times 100$$

④、㉑さらに泡立てを続け、状態や色の変化を観察しながら、分離するまでの時間と分離した生クリームの温度をはかる。

㉓分離した生クリームについては、分離液（バターミルク）をビーカーにとり重量をはかる。バターは練るようにしてよく混ぜ、水を1滴落として乳化型を判定する。バターの中へ、分離液（バターミルク）を少しずつ加えながら撹拌し、バタークリーム状にもどして、生クリームと比較する。

⑫5℃に冷やした生クリーム50gをボールにいれ、5℃を保持する。これを（B）（C）とする。（C）には砂糖を添加する。（B）（C）も（A）と同様の操作を行い観察する。

⑬、⑯、⑱20%の砂糖を起泡前、起泡中、起泡後に加え、最適状態になるまで泡立て、オーバーランおよび、状態を観察する。

■結果

表5.21　生クリームの起泡性に及ぼす温度の影響ならびに砂糖添加時期の影響（室温　　℃）

生クリームの温度		泡立て時間（分、秒）	オーバーラン (%)	舌ざわり	色	顕微鏡観察	考察
(A) 15℃							
(B) 5℃ 無添加							
砂糖添加時期	5℃ 起泡前						
	5℃ 起泡中						
	5℃ 起泡後						

　実験により、生クリームの起泡性に関する温度、時間、砂糖添加時期などについても考察し、生クリームの扱い方、分離について考える。

● 生クリームの起泡性（温度および砂糖添加時期の影響）

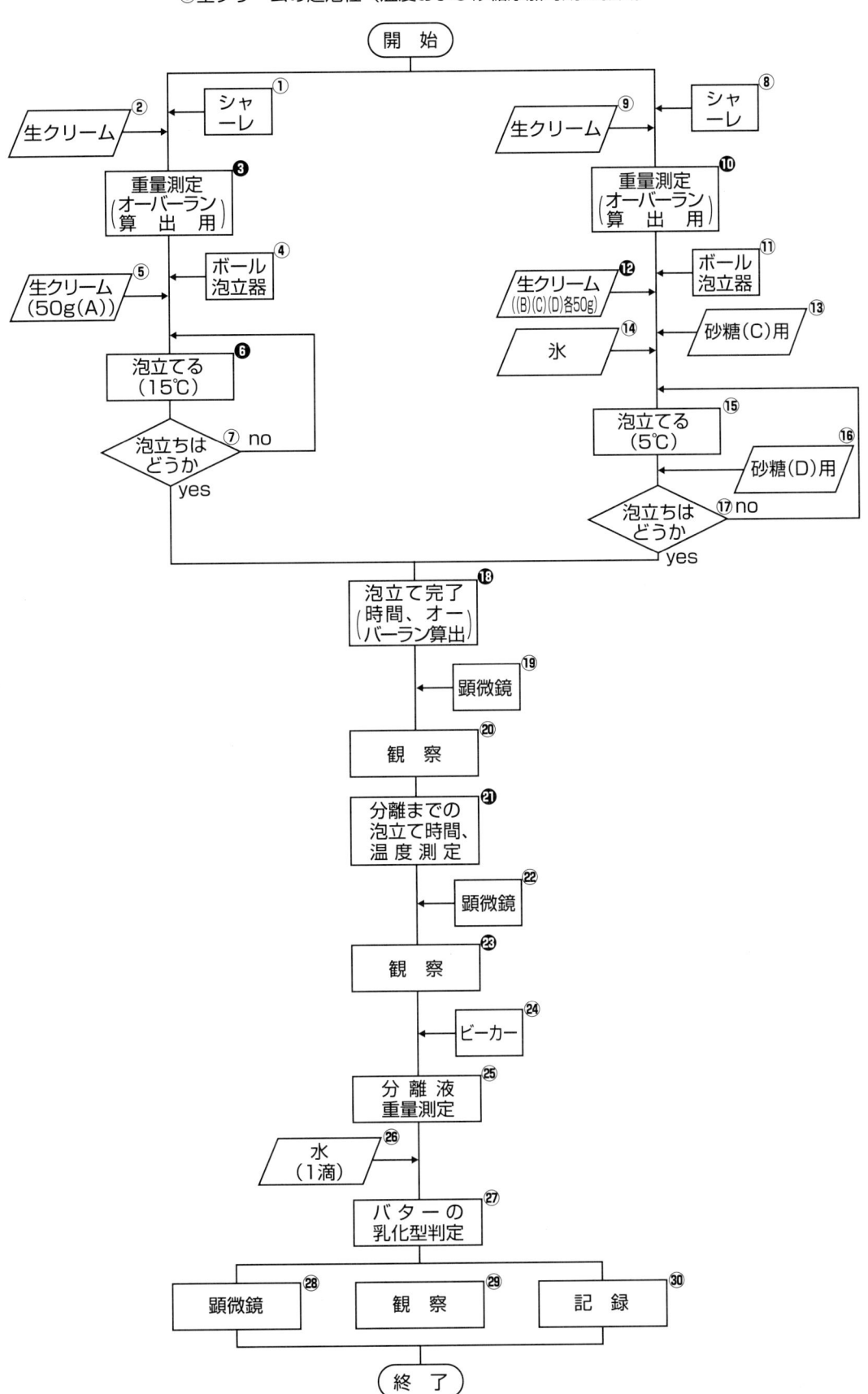

```
                           ┌ 開 始 ┐
            ┌─────────────────┴─────────────────┐
         ①[シャーレ]                        ⑧[シャーレ]
            ↓                                    ↓
         ②/生クリーム/                     ⑨/生クリーム/
            ↓                                    ↓
         ❸[重量測定                        ⑩[重量測定
           (オーバーラン                      (オーバーラン
            算出用)]                           算出用)]
            ↓                                    ↓
         ④[ボール泡立器]                    ⑪[ボール泡立器]
            ↓                                    ↓
         ⑤/生クリーム(50g(A))/              ⑫/生クリーム((B)(C)(D)各50g)/
            ↓                        ⑬[砂糖(C)用]
            ↓                        ⑭/氷/
            ↓                                    ↓
         ❻[泡立てる(15℃)]                  ⑮[泡立てる(5℃)]
            ↓                        ⑯[砂糖(D)用]
         ⑦<泡立ちはどうか> no               ⑰<泡立ちはどうか> no
            ↓ yes                              ↓ yes
            └─────────────┬───────────────────┘
                          ↓
                      ⑱[泡立て完了
                        (時間、オー
                         バーラン算出)]
                          ↓
                       ⑲[顕微鏡]
                          ↓
                       ⑳[観 察]
                          ↓
                      ㉑[分離までの
                        泡立て時間、
                        温度測定]
                          ↓
                       ㉒[顕微鏡]
                          ↓
                       ㉓[観 察]
                          ↓
                       ㉔[ビーカー]
                          ↓
                      ㉕[分離液
                        重量測定]
                          ↓
                       ㉖/水(1滴)/
                          ↓
                      ㉗[バターの
                        乳化型判定]
            ┌─────────────┼─────────────┐
         ㉘[顕微鏡]    ㉙[観 察]     ㉚[記 録]
            └─────────────┼─────────────┘
                          ↓
                      ┌ 終 了 ┐
```

5.4 乳

【実験2】カッテージチーズ

■目的
　牛乳の処理加工において脂肪に富んだ部分を分離した場合、これをクリーム（Cream）といい、その残りの部分を脱脂乳（Skim milkまたはNonfat milk）という。脱脂粉乳は脱脂乳を乾燥したもので、脂肪含量が少ないためパン菓子、アイスクリームなどの製菓用として利用されており、栄養素的にはたんぱく源として、また、ミネラルの豊富な食品として認識されている。
　本実験では、牛乳と脱脂粉乳のたんぱく質をレモン汁、食酢を用いて凝固させ、カッテージチーズをつくり、食味の比較をする。

■試料
　牛乳800ml、脱脂粉乳96g、レモン汁60ml、食酢60ml

■実験器具
　鍋（ホーローまたはガラス）、泡立て器、こし器、布巾、温度計、pH試験紙またはpHメーター、秤、一般調理器具

■実験方法
⑫50〜55℃まで冷ます。
⑭試料のpHを測定する。
⑲牛乳と脱脂粉乳の凝固時のpHを測定する。
㉓目安は耳たぶくらいの硬さが食味として好まれている。絞り方の強弱を比較するのもよい。
㉔重量測定は牛乳、脱脂粉乳の量から、カッテージチーズの収率を求める。

$$収率 = \frac{カッテージチーズの量}{使用した牛乳（脱脂粉乳）の量} \times 100 \quad（水を含むので100\%以上になる）$$

　食酢の代わりにレモン汁を用いて同様の操作をし、食味を比較する。

■結果

表5.22　カッテージチーズのpHと収量

試料 (g、ml)	pH	カードの状態	チーズの量 (g)	食　味	収量 (%)
牛乳　　　　(400) 食酢　　　　(30)					
脱脂粉乳　　(48) 水　　　　　(400) 食酢　　　　(30)					

■参考[1]
　チーズの分類法は多数あるが、硬さによって大別すると、特別硬質チーズ、硬質チーズ、半硬質チーズ、軟質チーズ、特殊チーズに分けられる。カッテージチーズは、工業的には脂肪の少ないホエーからつくられる軟質のチーズである。外国では古くから調理やスナック用に利用されているが、わが国では20年くらい前から市販されるようになった。酸の加え方および加える酸の量を変えることによっていろいろなカードの酸乳ができる。牛乳に果汁や有機酸を加えて酸乳をつくり、pHと凝固の状態、味を比較するのもよい。

---

1) 川端晶子、大羽和子：調理学実験、p.214、学建書院（2000）
2) 大沢はま子：チーズと調理、調理科学、6巻3号、p.136（1973）
3) 下村道子、和田淑子：新版調理学、p.120、光生館（2003）

●カッテージチーズの作り方と食味

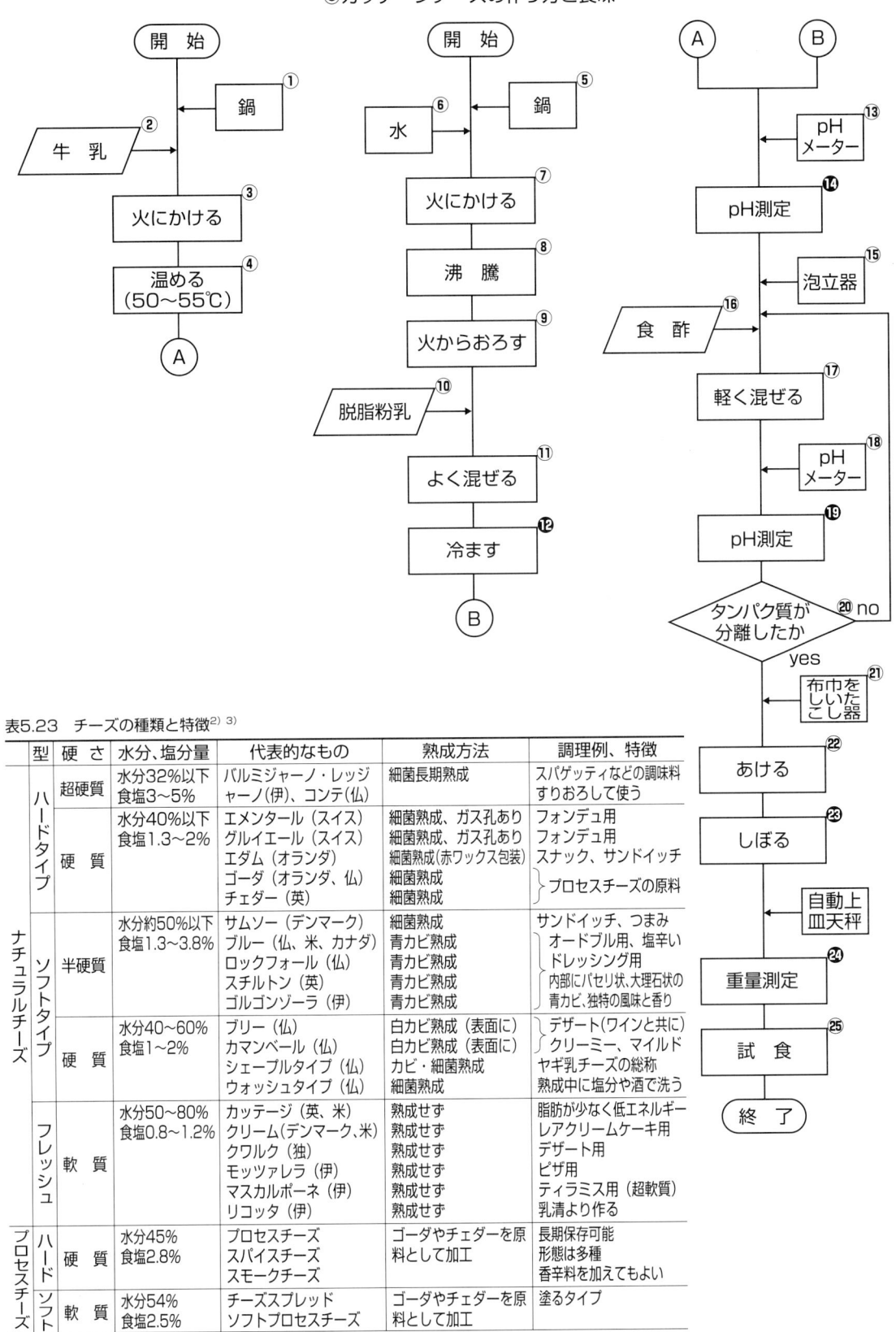

【フローチャート1】
開始 → 鍋①
牛乳② →
火にかける③
温める(50～55℃)④
→ A

【フローチャート2】
開始 → 鍋⑤
水⑥ →
火にかける⑦
沸騰⑧
火からおろす⑨
脱脂粉乳⑩ →
よく混ぜる⑪
冷ます⑫
→ B

【フローチャート3】
A B
pHメーター⑬ →
pH測定⑭
泡立器⑮ →
食酢⑯ →
軽く混ぜる⑰
pHメーター⑱ →
pH測定⑲
タンパク質が分離したか⑳ — no(ループ)
yes ↓
布巾をしいたこし器㉑ →
あける㉒
しぼる㉓
自動上皿天秤 →
重量測定㉔
試食㉕
終了

表5.23 チーズの種類と特徴[2) 3)]

型	硬さ	水分、塩分量	代表的なもの	熟成方法	調理例、特徴
ナチュラルチーズ	ハードタイプ 超硬質	水分32%以下 食塩3～5%	パルミジャーノ・レッジャーノ(伊)、コンテ(仏)	細菌長期熟成	スパゲッティなどの調味料 すりおろして使う
	ハードタイプ 硬質	水分40%以下 食塩1.3～2%	エメンタール (スイス) グルイエール (スイス) エダム (オランダ) ゴーダ (オランダ、仏) チェダー (英)	細菌熟成、ガス孔あり 細菌熟成、ガス孔あり 細菌熟成(赤ワックス包装) 細菌熟成 細菌熟成	フォンデュ用 フォンデュ用 スナック、サンドイッチ プロセスチーズの原料
	ソフトタイプ 半硬質	水分約50%以下 食塩1.3～3.8%	サムソー (デンマーク) ブルー (仏、米、カナダ) ロックフォール (仏) スチルトン (英) ゴルゴンゾーラ (伊)	細菌熟成 青カビ熟成 青カビ熟成 青カビ熟成 青カビ熟成	サンドイッチ、つまみ オードブル用、塩辛い ドレッシング用 内部にパセリ状、大理石状の青カビ、独特の風味と香り
	ソフトタイプ 硬質	水分40～60% 食塩1～2%	ブリー (仏) カマンベール (仏) シェーブルタイプ (仏) ウォッシュタイプ (仏)	白カビ熟成 (表面に) 白カビ熟成 (表面に) カビ・細菌熟成 細菌熟成	デザート(ワインと共に) クリーミー、マイルド ヤギ乳チーズの総称 熟成中に塩分や酒で洗う
	フレッシュ 軟質	水分50～80% 食塩0.8～1.2%	カッテージ (英、米) クリーム(デンマーク、米) クワルク (独) モッツァレラ (伊) マスカルポーネ (伊) リコッタ (伊)	熟成せず 熟成せず 熟成せず 熟成せず 熟成せず 熟成せず	脂肪が少なく低エネルギー レアクリームケーキ用 デザート用 ピザ用 ティラミス用 (超軟質) 乳清より作る
プロセスチーズ	ハード 硬質	水分45% 食塩2.8%	プロセスチーズ スパイスチーズ スモークチーズ	ゴーダやチェダーを原料として加工	長期保存可能 形態は多種 香辛料を加えてもよい
	ソフト 軟質	水分54% 食塩2.5%	チーズスプレッド ソフトプロセスチーズ	ゴーダやチェダーを原料として加工	塗るタイプ

5.5 卵

【実験1】卵の鮮度鑑別

■目的
　一般に調理で用いられるものに鶏卵がある。卵は貯蔵中に様々な変化を生じる。貯蔵中の最も重要な組織構造上の変化は、濃厚卵白の水様化、カラザの脆弱化および卵黄膜の脆弱化である。これらを判別する方法として鶏卵の鮮度判別は、外観、比重、卵白係数、濃厚卵白率、pH、卵黄係数がある。これらの値を測定して鮮度鑑別の検討を行う。

■試料
　鶏卵6個（当日卵、市販卵、21日目卵をそれぞれ2個づつ）10%食塩水（比重1.07335）

■実験器具
　検卵器、ビーカー（1*l*）、方眼紙、ガラス板、三角定規（ノギス）、シリンダー、目皿つきロート（又は穴あき玉じゃくし）、上皿天秤、pHメーター（pH試験紙）

■実験方法
❹検卵器を用いて透視する。100Wの電球で直径2から3cmの穴から光を通して卵の鈍頭部に当てて、尖端部を回転させながら気室の形を記載し、方眼紙をあてがって測る。

❼10%食塩水(比重1.074)の中に卵を静かに入れ、浮き沈みを観察する。10%食塩水の比重は1.07であり、新鮮卵の比重は1.07〜1.09であるため沈み、産卵後日数の経過した卵は比重1.03以下になるため浮く。

❿卵白と卵黄に分け、卵黄をガラス板の上に載せ、直径と高さを三角定規かノギスで測る。
　この時数回各所を測りその平均をとる。

$$卵白係数 = \frac{卵白の高さ}{卵白の広がった平均直径} \qquad 卵黄係数 = \frac{卵黄の高さ}{卵黄の平均直径}$$

⓯卵白を目皿ロート（又は穴あき玉じゃくし）に載せて、濃厚卵白と水様性卵白に分ける。目皿ロートの上に残った濃厚卵白の重量を測定する。

$$濃厚卵白率(\%) = \frac{濃厚卵白重量}{全卵白重量} \times 100$$

⓱、㉒卵白と卵黄のpHを測定する。

■結果
表5.23　各部の構成比（重量百分率）

測定項目	透視の状態	浮き沈みの状態	係数 卵白	係数 卵黄	濃厚卵白率(%)	pH 卵白	pH 卵黄
当 日 卵							
市 販 卵							
21 日 卵							

■参考

表5.24　各部の構成比（重量百分率）[1]

卵 殻 部	11〜9%
卵 白 部	60〜63%
卵 黄 部	28〜29%

表5.25　卵白・卵黄のpH[2]

	新鮮卵	古くなった卵
卵白のpH	7.5〜7.6	9.5〜9.7
卵黄のpH	6.0	変動しない

　卵白係数：産卵直後0.16、卵黄係数：新鮮卵0.44〜0.36、古くなるにつれて値は低下する。
　濃厚卵白率：新鮮卵0.14〜0.17、古くなるにつれて値は低下する。

1) 浅野悠輔・石原良三：卵―その化学と加工技術、p.57、光琳（1985）

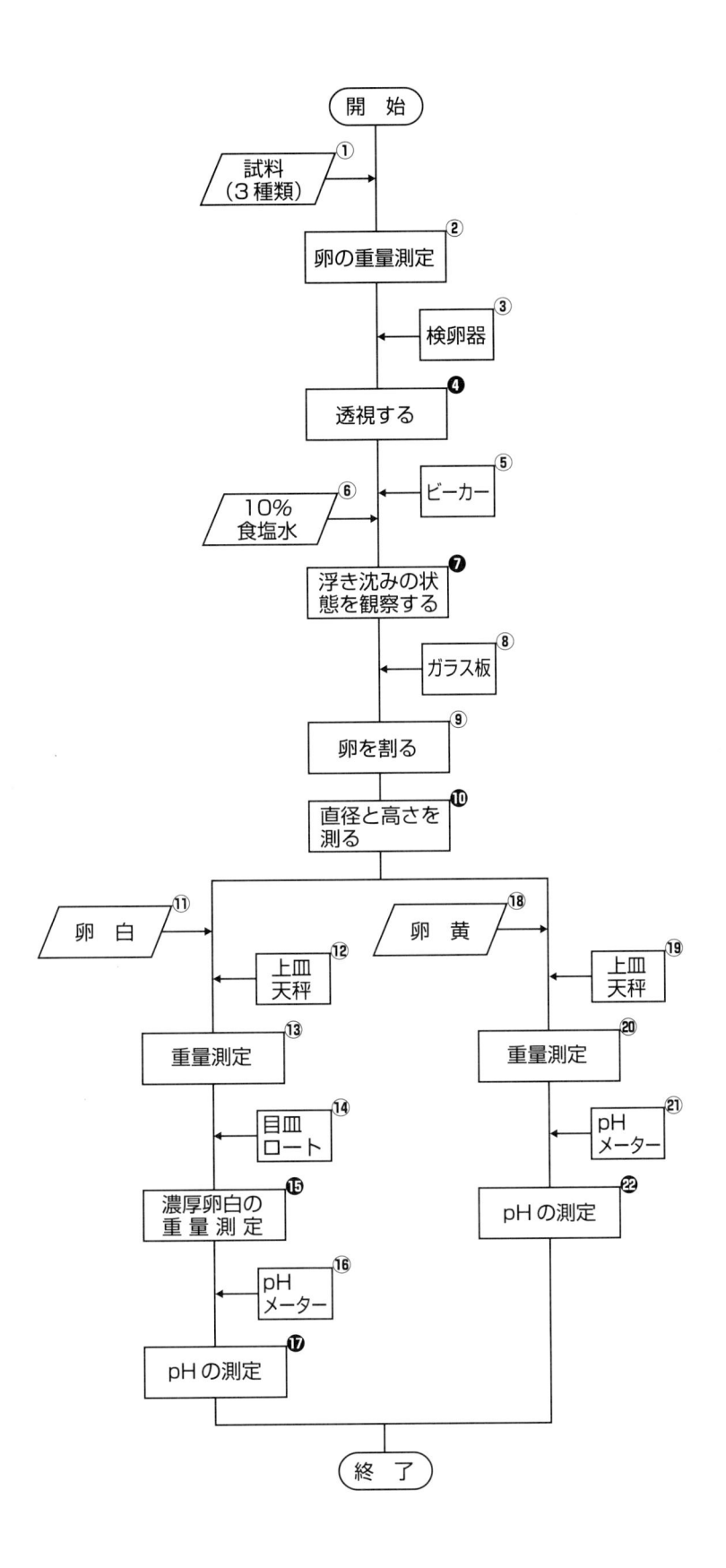

```
                    ┌─────────┐
                    │  開 始  │
                    └────┬────┘
         ┌──────┐①       │
         │ 試料 ├────────→│
         │(3種類)│        │
         └──────┘         │
                    ┌─────▼─────┐②
                    │卵の重量測定│
                    └─────┬─────┘
                          │    ┌────────┐③
                          │←───┤ 検卵器 │
                          │    └────────┘
                    ┌─────▼─────┐❹
                    │  透視する │
                    └─────┬─────┘
         ┌──────┐⑥       │    ┌────────┐⑤
         │ 10%  ├────────→│←───┤ビーカー│
         │食塩水│         │    └────────┘
         └──────┘   ┌─────▼─────┐❼
                    │浮き沈みの状│
                    │態を観察する│
                    └─────┬─────┘
                          │    ┌────────┐⑧
                          │←───┤ガラス板│
                          │    └────────┘
                    ┌─────▼─────┐⑨
                    │  卵を割る │
                    └─────┬─────┘
                    ┌─────▼─────┐⑩
                    │直径と高さを│
                    │   測る    │
                    └─────┬─────┘
              ┌───────────┴───────────┐
   ┌──────┐⑪  │                       │  ⑱┌──────┐
   │ 卵白 ├──→│                       │←──┤ 卵黄 │
   └──────┘    │   ┌──────┐⑫   ⑲┌──────┐   └──────┘
               │←──┤上皿  │    │上皿  ├──→│
               │   │天秤  │    │天秤  │    │
               │   └──────┘    └──────┘    │
         ┌─────▼─────┐⑬             ⑳┌─────▼─────┐
         │ 重量測定  │                │ 重量測定  │
         └─────┬─────┘                └─────┬─────┘
               │   ┌──────┐⑭      ㉑┌──────┐   │
               │←──┤目皿  │         │pH    ├──→│
               │   │ロート│         │メーター│   │
               │   └──────┘         └──────┘    │
         ┌─────▼─────┐⑮             ㉒┌─────▼─────┐
         │濃厚卵白の │                │ pHの測定  │
         │ 重量測定  │                └─────┬─────┘
         └─────┬─────┘                      │
               │   ┌──────┐⑯               │
               │←──┤pH    │                │
               │   │メーター│               │
               │   └──────┘                 │
         ┌─────▼─────┐⑰                    │
         │ pHの測定  │                      │
         └─────┬─────┘                      │
               └───────────┬───────────────┘
                     ┌─────▼─────┐
                     │   終 了   │
                     └───────────┘
```

5.5 卵

【実験2】卵の熱凝固性

■目的

卵の調理性には、熱凝固性と気泡性、乳化性がある。卵タンパク質の熱凝固性は、全卵を用いた場合と卵白と卵黄を別にした場合がある。熱凝固性の利用には、卵白と卵黄のタンパク質の凝固温度が異なっていることが重要なポイントである。ここでは、全卵を用いて加熱することによる卵白、卵黄の加熱温度による性状の変化について検討する。

■試料

鶏卵　7個

■実験器具

ストップウォッチ、温度計（100℃）、恒温槽、白色皿、塩、一般調理器具、一般実験用具

■実験方法

❹水から卵を入れる。水の量は入れた卵の上5cm以上になるようにする。また割卵防止のため、食塩を1％入れておく。

❺加熱をするが、90℃になるまで菜ばしでゆっくり卵を転がすようにする。

❼3分、5分、8分、11分、17分後に卵を取り出す。11分は2個取り出す。1個はそのまま常温においておく。

❾、⓳各時間で取り出した卵は、水で冷却する。

❿3分加熱のものは、殻のまま包丁で切る。その他のものは、殻をむいてから包丁で半分に切る。

⓫半分にしたものは、黄身をはずして裏にして置いておく。

⓴割卵するときには、殻をゆっくりはずして椀などに入れる。

㉑、㉒白身と黄身を別々に行う。

■結果

表5.26　計測結果

	黄身			白身		
	色	固さ	触感	色	固さ	触感
3分						
5分						
8分						
11分						
11分（そのまま）						
17分						
65℃45分						

1) 岡村喜美：日本家庭科教育学会誌、No.1、21-26（1960）

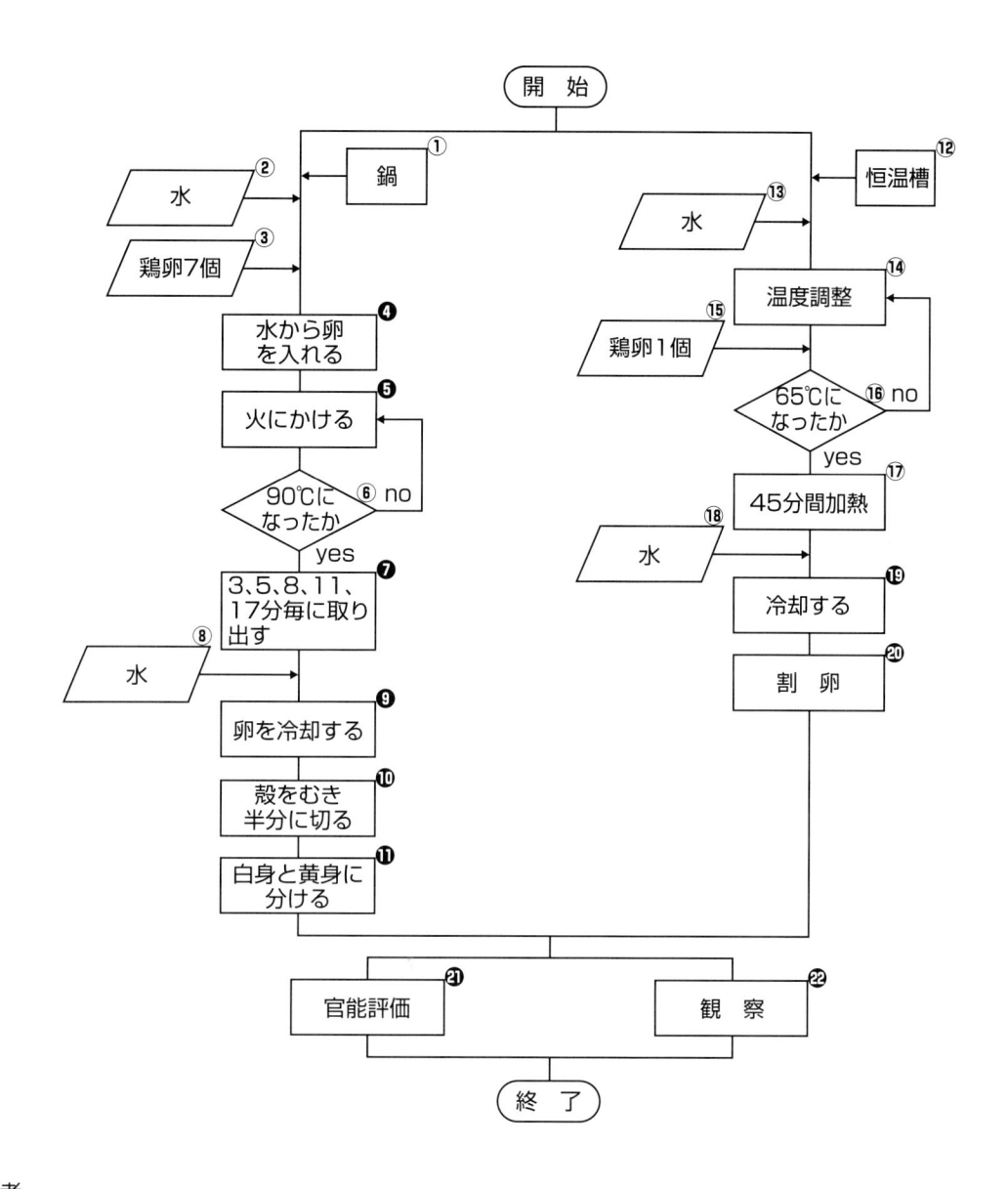

```
                                  ┌─────┐
                                  │開 始│
                                  └──┬──┘
        ┌────────────────────────────┴──────────────────────────┐
        │①                                                    ⑫│
   ②  ┌─鍋─┐                                              ┌恒温槽┐
  ┌水─┐                                           ⑬  ┌水─┐
  ③                                                      ↓
┌鶏卵7個┐                                              ┌温度調整┐ ⑭
        ↓                                                   ↑
  ┌水から卵┐④                                     ⑮        │
  │を入れる│                                  ┌鶏卵1個┐     │
  └───┬──┘                                            ↓    │
  ┌火にかける┐⑤ ←──┐                            ◇65℃に ⑯no
  └───┬──┘       │                              なったか┘──┘
       ◇90℃に ⑥no─┘                                 │yes
       なったか                                           ↓
          │yes                                    ┌45分間加熱┐⑰
  ┌3、5、8、11、┐⑦                       ⑱  ┌水─┐
  │17分毎に取り│                                    ↓
  │出す        │                              ┌冷却する┐⑲
  └───┬──┘                                  └──┬──┘
   ⑧ ┌水─┐                                     ┌割 卵┐⑳
        ↓                                         └──┬──┘
  ┌卵を冷却する┐⑨                                    │
  └───┬──┘                                           │
  ┌殻をむき ┐⑩                                        │
  │半分に切る│                                         │
  └───┬──┘                                           │
  ┌白身と黄身に┐⑪                                     │
  │分ける      │                                       │
  └───┬──┘                                           │
        └────────────┬──────────────────────────────────┘
              ┌官能評価┐㉑         ┌観 察┐㉒
                       └──┬────────┘
                       ┌─────┐
                       │終 了│
                       └─────┘
```

■参考

　卵白の熱凝固[1]：卵白は57℃から僅かに固まり始め、65℃〜70℃まではある種のたんぱくが凝固し、周囲に水様性の透明なタンパクを分離する。75℃から水様性の透明なタンパクも凝固するがやや軟らかい。80℃では硬く凝固する。

　卵黄の熱凝固[1]：卵黄の熱凝固は難しく卵黄が75℃になって25分以上、あるいは80℃になって2分以上経過した場合には全熟卵の状態が得られる。

　硫化第一鉄（FeS）の生成について：ゆで卵にしたときに、鮮度低下している卵黄の表面は黒緑色を呈する。これは、卵の卵白から加熱過程でたんぱく質由来の硫化水素（H_2S）が発生しやすく、発生したH_2Sは卵黄中の遊離鉄イオンと結合してできるためである。この防止は、加熱直後に冷却することで卵の殻に近い部分の蒸気圧が卵黄部よりも低くなり、加熱により卵白から発生した硫化水素が卵殻部の方に拡散して、FeSの生成を抑制することが出来る。

5.5 卵

【実験3】卵白の起泡性

■目的
　卵の起泡性は、卵白と卵黄の2種類によって起こる。ここでは一般的に多く使われている卵白の起泡性について、卵の鮮度による影響、卵白の種類による影響、各種添加物による影響について検討する。

■試料
　鶏卵17個（新しい卵9個、古い卵8個）、油、卵黄、砂糖

■実験器具
　ビーカー、pHメーターまたはpH試験紙、ボール、泡たて器（手動式、電動式）、ストップウォッチ、ゼリーグラス、上皿天秤、一般実験器具、一般調理器具

■実験方法
❸、❹は、新しい卵5個、古い卵を準備し、新古ともに濃厚卵白、水様卵白に分ける。濃厚卵白と水様卵白ともに30gとする。
❻濃厚卵白、水様卵白ともに予備撹拌（たたくようにして卵白を切る）したものを、pH試験紙かpHメーターで測定する。
❾流動性がなくなるまで泡立てる。泡立てに要した時間を測定しておく。
❿、㉑ゼリーグラスは予め重量を測定しておく。
⓭その上に水または予備撹拌した卵白を入れて重量を測定する。次に同じゼリーグラスに泡立てた卵白を隙間なく入れて、重量を測定する。比重とオーバーランの算出をする。

$$比重 = \frac{(泡+器の重量)-器の重量}{(水+器の重量)-器の重量} \qquad オーバーラン(\%) = \frac{(一定容量の卵白の重量)-(同容積の気泡卵白の重量)}{同容積の気泡卵白の重量} \times 100$$

⓱気泡卵白のきめやつや、安定度について観察する。また電動型に替えて同様に実験を行う。
⓴泡立ては、重量を測定した1個分の卵白を予備撹拌したのちに、1分間撹拌する。
　各種添加物は、卵白重量の1%添加する。添加後さらに1分間撹拌する。

■結果

表5.27　計測結果（1）

卵	泡立て器の種類	卵白の種類	pH	比重	オーバーラン（%）	泡立ちまでの撹拌時間	泡の状態
新しい卵	手動式	濃厚卵白 水様卵白					
	電動式	濃厚卵白 水様卵白					
古い卵	手動式	濃厚卵白 水様卵白					
	電動式	濃厚卵白 水様卵白					

表5.28　計測結果（2）

添加物の種類	比重	pH	泡の状態
卵白のみ			
卵白＋油			
卵白＋卵黄			
卵白＋砂糖			

1）中村良編：卵の化学、p.87、朝倉書店（1999）

● 卵の鮮度、撹拌方法の違いが卵白の泡立ちに及ぼす影響　　● 卵白の泡立ちに及ぼす添加物の影響

[フローチャート]
（新しい卵）（古い卵）
開始 / 開始
① 卵
② ビーカー
❸ 濃厚卵白　❹ 水様性卵白
⑤ pHメーター
❻ pHの測定
⑦ ボール、泡立器
⑧ ストップウォッチ
❾ 泡立てる
⑩ ゼリーグラス
⑪ 泡立てた卵白
⑫ 予備撹拌した卵白
❽ 重量測定
⑭ 観察

開始
⑮ ボール、泡立て器
⑯ 卵白
⑰ 泡立てる
⑱ 観察
⑲ 各種添加物
⑳ 撹拌（泡立て）
㉑ ゼリーグラス
㉒ 泡立てた卵白
㉓ 重量測定
㉔ pHメーター
㉕ pHの測定
㉖ 観察

終了

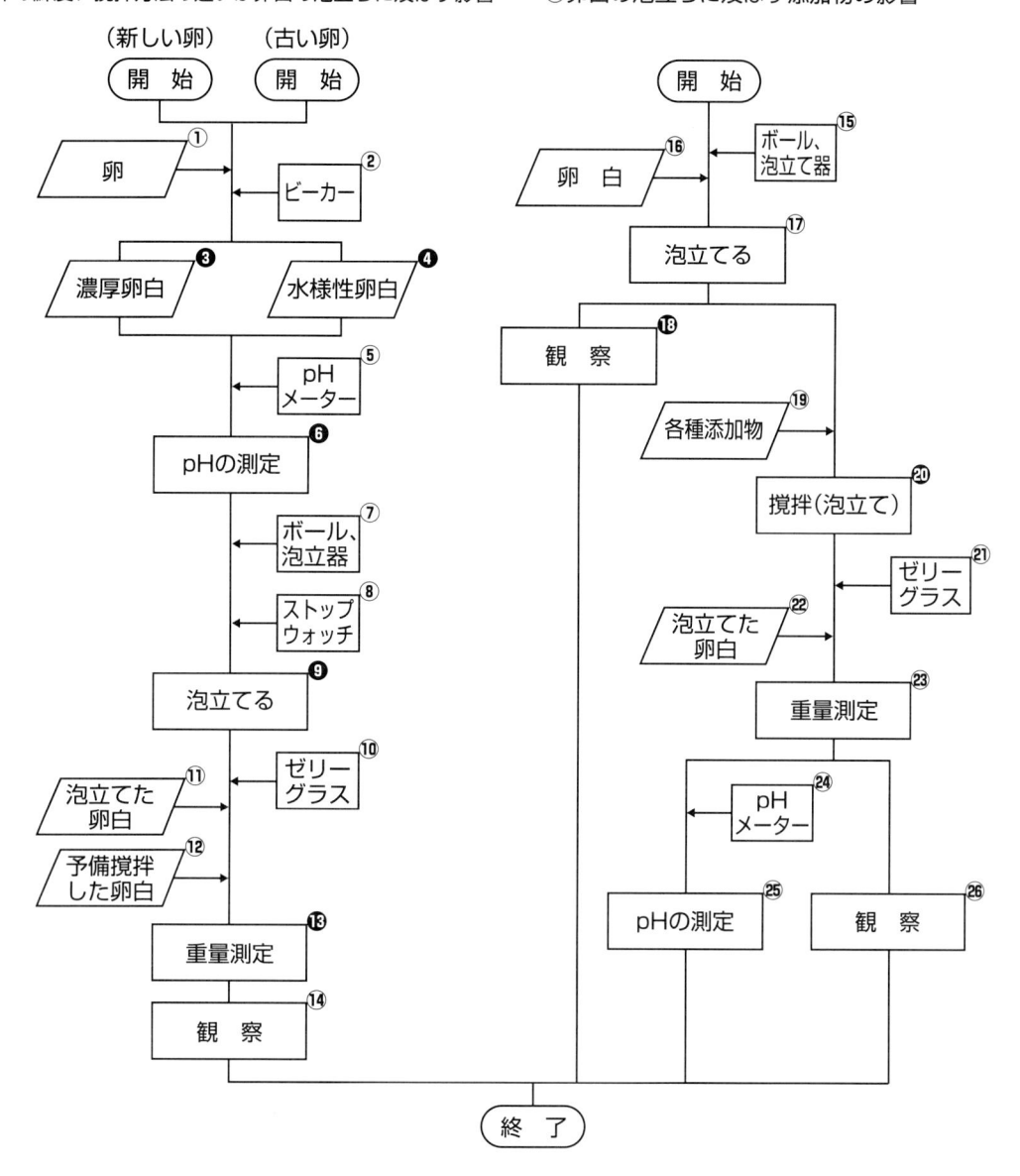

■参考

　卵白の泡立ち性は、卵白を構成しているたんぱく質によって示されている。たんぱく質以外の影響はほとんど見られない。一般にたんぱく質の起泡性は、溶液のpHによって大きく変化する。オボアルブミンは、その等電点であるpH4.6付近と強酸性および強アルカリ性のpH領域において起泡性が高い。起泡性が高いpHは、等電点よりやや低く、pH3.8〜4.0であるといわれている。

表5.29　卵白構成たんぱく質の起泡力[1]

pH	オボアルブミン	グロブリン	オボムコイド	オボトランスフェリン	リゾチーム
2.0	6.6	10.8	6.9	13.8	−20
4.0	11.3	10.7	11.5	11.6	4
4.7	14.5	10.5	2.5	13.6	3.5
9.0	3.4	9.2	≒0	10.6	3.5
10.0	3.4	9	≒0	10.6	3.5

【実験4】卵液のゲル性状に及ぼす加熱条件の影響

■目的
卵液の蒸し操作は、他の食品と異なっている。特に茶碗蒸しや卵豆腐のような希釈卵液の蒸し操作は、製品の性状その中でも口どけやなめらかさに大きく影響している。また離漿水の少ないものが良いとされている。調理過程の加熱操作が大きく影響する。高温で加熱すると「す」ができてしまうことがある。「す」ができると口どけも悪くなる。このように卵液のゲル性状に及ぼす加熱条件の影響について検討する。

■試料
鶏卵20%、だし汁78.20%、食塩0.80%、薄口醤油1.00%
（1試料あたり100g×10個分）

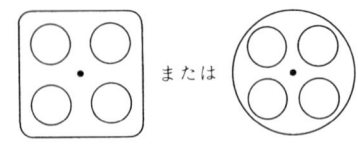

図5.8　蒸し板上の容器の位置

■実験器具
ビーカー、蒸し器、秤、温度計、濾斗、目盛り付試験管、茶筅型泡立て器、目皿、ガーゼ、ストップウォッチ、熱伝対温度計（温度計）一般実験器具、一般調理器具、カードメーター

■実験方法
④材料は均一に撹拌し、裏ごしておく。
⑪, ⑫, ⑱, ㉔, ㉕加熱時のビーカーの位置に注意をする。なるべく蒸気の出る位置から均等な位置におく。
㉖加熱終了時の試料の内部温度を測定する。
㉗試食の適温になった時に、カードメーターで硬さを測定する。
㉘加熱終了後15分を経過してから茶筅型泡立て器で試料を同じ要領で押して切り、濾斗に移した後に、分離液量を計測する。
㉙外観、すだち、口ざわりについて評点法（p.51）で官能評価する。

■結果

表5.30

加熱温度 （℃）	加熱時間 （分）	加熱終了時 の内部温度	硬さ (N/m²)	15分後の 離漿状態(ml)	官能評価			
					外観	すだち	口ざわり	合計
85〜90℃	12							
	20							
95℃以上	5							
	10							
	3（蒸らし5分）							

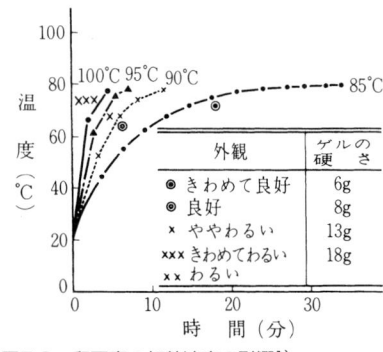

図5.9　卵豆腐の加熱速度の影響[1]

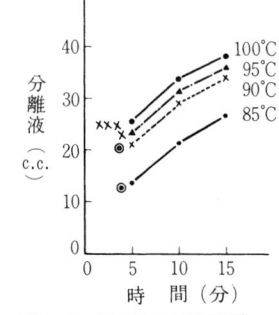

図5.10　卵豆腐の分離液[2]

(i) 85℃, 90℃, 95℃, 100℃は蒸し板直上付近の温度.

(ii) 温度変化の測定位置は蒸し茶碗内の中央で，内底面より1.5cm上である.

(iii) ゲルの硬さはカードメーターにより200gのスプリングを用い，ヨーグルト用感圧軸が試料の表面を破ったときの重量目盛である．数字の小さいほど軟らかい.

●卵液のゲル性状に及ぼす加熱条件の影響

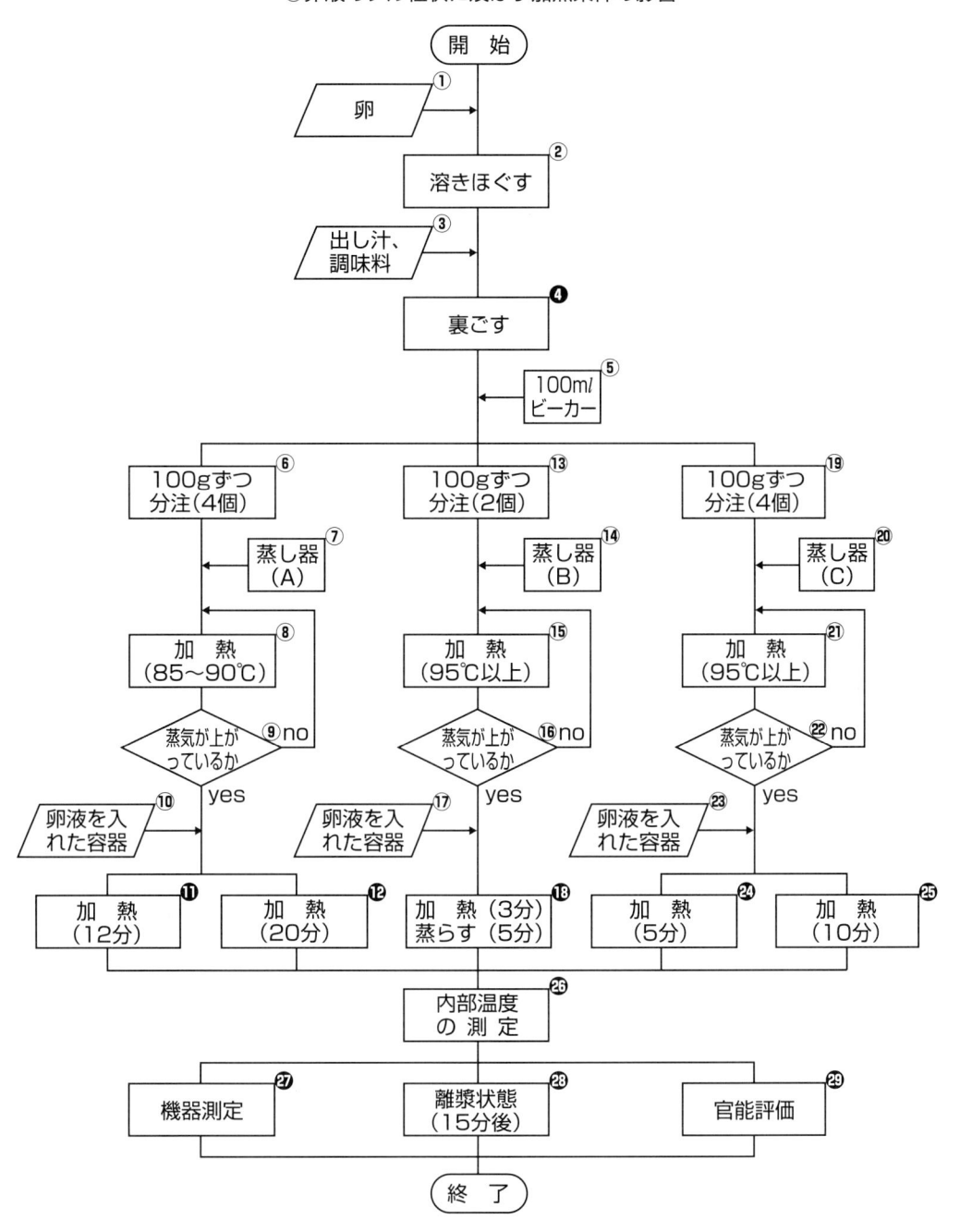

```
開 始
  ↓
① 卵
  ↓
② 溶きほぐす
  ↓
③ 出し汁、調味料 →
  ↓
④ 裏ごす
  ↓
⑤ 100mlビーカー →
  ↓
 ┌──────────────┼──────────────┐
⑥100gずつ      ⑬100gずつ      ⑲100gずつ
 分注(4個)      分注(2個)       分注(4個)
  ↑              ↑              ↑
⑦蒸し器(A)     ⑭蒸し器(B)     ⑳蒸し器(C)
  ↓              ↓              ↓
⑧加熱          ⑮加熱          ㉑加熱
(85～90℃)      (95℃以上)      (95℃以上)
  ↓              ↓              ↓
⑨蒸気が上が    ⑯蒸気が上が    ㉒蒸気が上が
っているか no   っているか no   っているか no
  │yes           │yes           │yes
⑩卵液を入      ⑰卵液を入      ㉓卵液を入
 れた容器→      れた容器→       れた容器→
  ↓              ↓              ↓
⑪加熱 ⑫加熱   ⑱加熱(3分)    ㉔加熱 ㉕加熱
(12分)(20分)    蒸らす(5分)    (5分)(10分)
  └──────────────┼──────────────┘
                 ↓
            ㉖内部温度の測定
                 ↓
 ┌───────────┼───────────┐
㉗機器測定   ㉘離漿状態    ㉙官能評価
             (15分後)
 └───────────┼───────────┘
            終 了
```

表5.31

加熱温度	方 法	例
高温持続 (100℃)	火力は強く、沸騰したら中火または強火持続。密閉して蒸気がもれにくい様にする。	まんじゅう類、だんご・もち類、蒸しカステラ、蒸しパン、いも類、饅頭類、冷飯、魚介類、肉類、スープ蒸しなど
高温持続 (100℃)補水 を考慮する	高温持続と同じようにするが、最初に霧を吹いたり、途中で打ち水を2～3回実施する。	こわ飯、脱水して固くなった饅頭や冷飯、餅など
低温持続 (85～90℃)	火力は極力弱め、沸騰直前位に温度を維持するか又は蓋をずらす。	希釈卵液の料理（茶碗蒸し、卵豆腐、カスタードプディング等）やまかけやしんじょ蒸し

1) 2) 山崎清子、島田キミエ、渋川祥子、下村道子：新版調理と理論、p.333、同文書院（2003）

5.5 卵

【実験5】卵希釈液の加熱

■目的
卵の調理には、熱凝固を利用したものが多い。希釈卵液を用いてつくるものとして、卵豆腐、茶碗蒸し、カスタードプディングがある。これらは卵と希釈液の割合が性状に大きく影響する。そこで今回は、茶碗蒸しを代表に卵と希釈卵液の割合について検討する。

■試料
鶏卵（約4個）、花かつお（約20g）、食塩（3.2g）

■実験器具
蒸し器、温度計、ストップウォッチ、茶碗蒸し椀、竹串、カードメーター、一般実験器具、一般調理器具

■実験方法
❸煮出し汁は、鰹節の一番だしをとる。水（500mℓ）が沸騰したら花かつお（水の重量の4%使用）を加えて、1分間加熱し、その後3分間ほど静置し、上澄みを取る。

⓬実験結果の表に従い、卵、煮出し汁、塩をよくかき混ぜておく。

⓮希釈卵液を各容器に100mℓずつそそぎいれる。

⓰蒸し器内の温度の測定は、蒸し器の蓋のつまみをはずして温度計を差し込む。その時にゴム栓に穴を開けて温度計をしっかり差し込み（もしくは温度計の調度良い位置にビニールテープを巻き、止めるようにする）、所定の温度に達するまで加熱温度を測定する。

⓱容器ごと冷水につけて冷やす。

⓲型にそって、竹串をまわしてぬく。

⓳すだちをおこしているかどうか、また蒸しあがりの色（つや）などを観察する。

⓴機器測定は、カードメーターで硬さを測定する。

㉑官能検査でなめらかさや、好みの硬さを試食する。

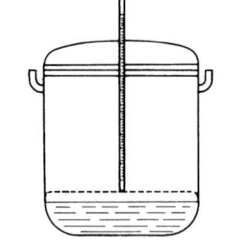

図5.13 蒸し器の温度測定位置

■結果

表5.32

	茶 碗 蒸 し					
卵：希釈液	1：2		1：3		1：4	
卵（g）	70		52.5		42	
煮出し汁（mℓ）	140		157.5		168	
食塩（g）	1.05		1.05		1.05	
温度	85	100	85	100	85	100
時間（分）	15	15	15	15	15	15
すだち						
色（つや）						
硬さ						
なめらかさ						
嗜好性						

1）市川朝子他：日本調理科学会誌、34、192（2001）

●希釈割合・容器・蒸す条件の違いが凝固に及ぼす影響

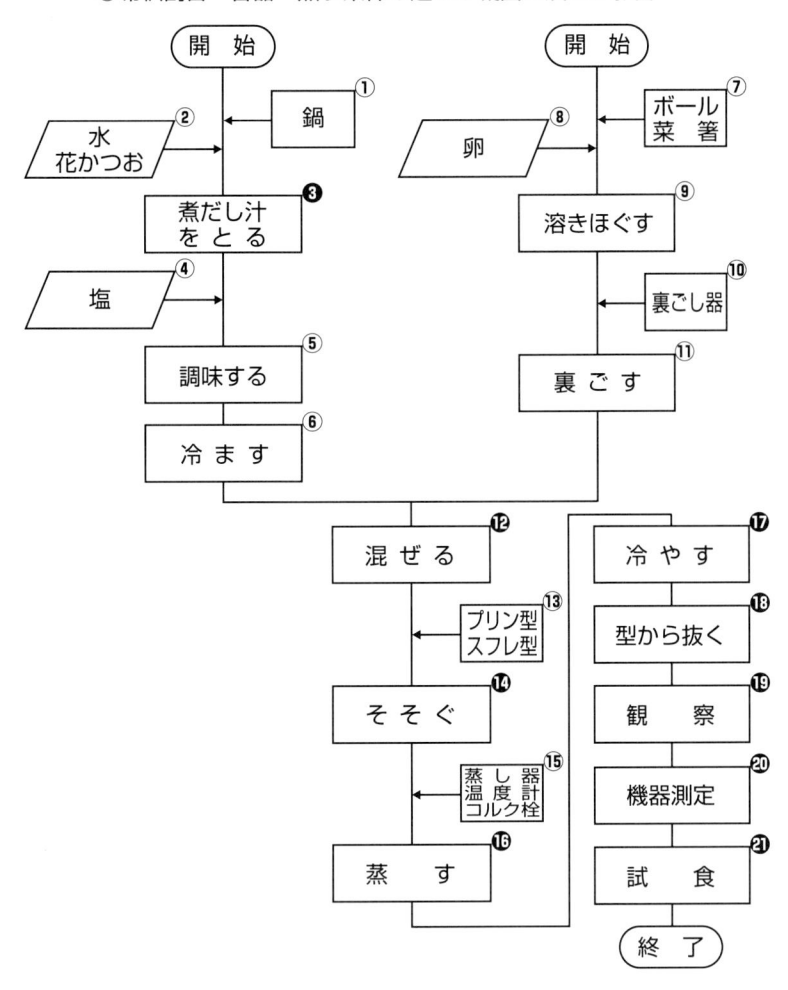

```
    開 始                          開 始
      │                              │
      │←①鍋                        │←⑦ボール・菜箸
  ②水花かつお→│                    ⑧卵→│
      │                              │
  ③煮だし汁をとる                  ⑨溶きほぐす
      │                              │
  ④塩→│                              │←⑩裏ごし器
      │                              │
  ⑤調味する                        ⑪裏ごす
      │                              │
  ⑥冷ます                            │
      │                              │
      └──────┬───────┘
             │
         ⑫混ぜる              ⑰冷やす
             │←⑬プリン型      │
             │   スフレ型      ⑱型から抜く
         ⑭そそぐ                │
             │←⑮蒸し器        ⑲観 察
             │  温度計          │
             │  コルク栓        ⑳機器測定
         ⑯蒸す                  │
                                ㉑試 食
                                 │
                               終 了
```

■参考

他にカスタードプディングは、材料に用いる牛乳の塩類によっても加熱の性状が異なっている。下記に塩類による影響の実験結果を参考に示した。

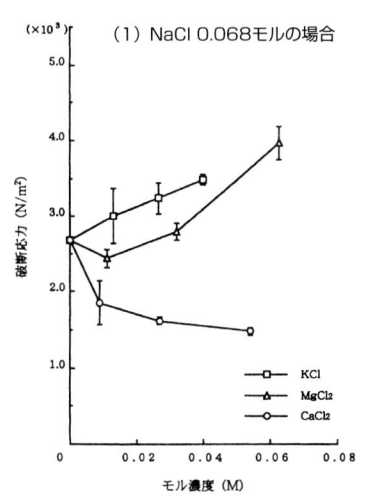

図5.11　NaCl添加ゲルの硬さに及ぼす他の塩類の影響

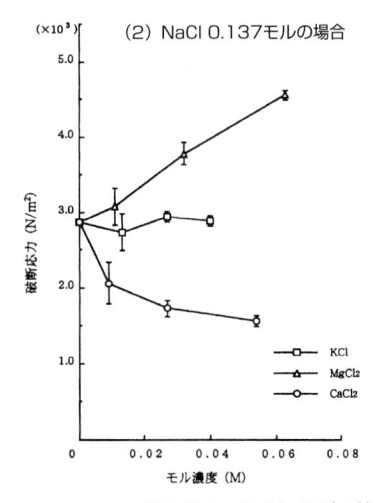

(1) NaCl 0.068モルの場合（破断応力 (N/m^2) 対 モル濃度 (M)、KCl, MgCl$_2$, CaCl$_2$）

図5.12　NaCl添加ゲルの硬さに及ぼす他の塩類の影響

(2) NaCl 0.137モルの場合（破断応力 (N/m^2) 対 モル濃度 (M)、KCl, MgCl$_2$, CaCl$_2$）

5.5　卵

6

油脂性食品の調理科学実験

【実験1】揚げ油の温度変化と油の吸着

■目的
　揚げ物は多量の油を用い、高温短時間で調理する。そのため加熱中に食品の水分が急速に蒸発し、水と油の交代がおり、食品は油を吸収する。油の吸着量および脱水率は、揚げ温度と時間・材料の形態によって異なる。本実験では、ジャガイモを用いて、揚げ温度と切り方の相違による油の吸着量と食品の脱水率について検討する。

■試料
　天ぷら油500g、ジャガイモ360g（薄切り60g×3、角切り60g×3）

■実験器具
　秤、熱電対温度計、タイマー、一般調理器具

■実験方法
❸ジャガイモは、半量を0.2cmの薄切り、残りを3×3×1cmの角切りとする。
❾試料は薄切り・角切りとも、60gずつ計量してわける。
⓮加熱温度はA：130℃、B：160℃、C：180℃とする。
⓰材料を投入後、温度が下がってからもとの温度に回復したら、その温度を保つ。
⓲薄切りの場合は、130℃4～5分、160℃3～4分、180℃2～3分、淡い褐色になったら揚げ上がりとする。また角切りの場合は、竹串をさして中心部まで軟らかくなっていたら揚げ上がりとする。
㉒吸油量は吸着量＝揚げる前の油の重量－揚げた後の油の重量とする。

㉓ 食品の脱水率(%) $= \dfrac{\text{生の試料重量} - (\text{揚げ上がりの重量} - \text{油の吸着量})}{\text{生の試料重量}} \times 100$

■結果

表6.1　計測結果

揚げ温度	A(130℃)		B(160℃)		C(180℃)	
切り方	薄切り	角切り	薄切り	角切り	薄切り	角切り
生の試料重量　(g)						
揚げ上がりの重量　(g)						
揚げ時間　(分)						
吸油量　(g)						
脱水率　(%)						

■参考
　油の比熱は、0.74で水の比熱の約半分である。そのため油は熱しやすく冷めやすい。沸点がないため高温短時間で調理ができる。熱容量が小さく調理温度が高いので、食品の水分の気化が激しく、気化熱が多量に奪われる。薄切り、拍子切り、乱切りの揚げ物をした場合、薄切りは表面積が広く薄いので、水分の気化が激しく、温度が著しく低下する。拍子切り、乱切りは表面積が少なく厚みがあるので、水分の気化も穏やかで温度の変化も少ない。
　油は比熱が小さいため、一時に多くの材料を投入したり、火加減のわずかな調節でも温度が変動しやすい。したがって揚げ物をするときには、熱容量の大きい厚手鍋を用い、油量を多くすることが望ましい。

1) 浜田滋子：三重大学教育学部研究紀要、技術・家政特集号、34集、p.42（1966）

●切り方による吸油量と脱水率

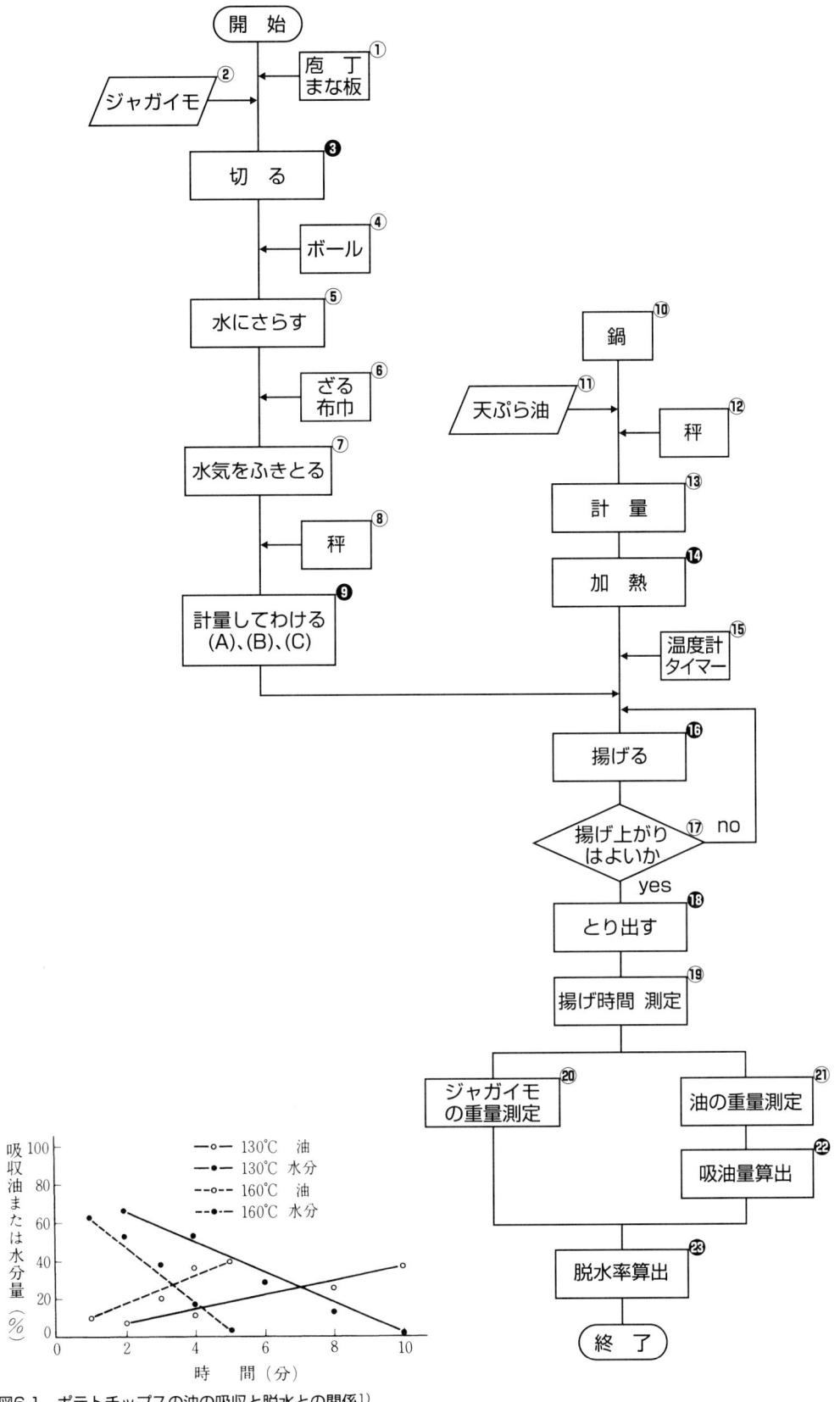

```
                    ┌─────┐
                    │ 開 始 │
                    └──┬──┘
                       │    ┌──────┐①
                       ├────│庖 丁  │
              ②        │    │まな板 │
         ╱ジャガイモ╱──→│    └──────┘
                       ▼
                    ┌─────┐❸
                    │ 切 る │
                    └──┬──┘
                       │    ┌────┐④
                       ├←───│ボール│
                       ▼    └────┘
                  ┌────────┐⑤
                  │ 水にさらす │
                  └────┬───┘
                       │    ┌────┐⑥           ┌───┐⑩
                       ├←───│ざる │           │ 鍋 │
                       │    │布巾 │           └─┬─┘
                       ▼    └────┘       ⑪     │    ┌───┐⑫
                  ┌─────────┐        ╱天ぷら油╱→│←───│ 秤 │
                  │ 水気をふきとる │                 │    └───┘
                  └────┬────┘                 ▼
                       │    ┌───┐⑧         ┌─────┐⑬
                       ├←───│ 秤 │         │ 計 量 │
                       │    └───┘         └──┬──┘
                       ▼                     ▼
                 ┌────────────┐⑨         ┌─────┐⓮
                 │  計量してわける  │         │ 加 熱 │
                 │ (A)、(B)、(C)  │         └──┬──┘
                 └──────┬─────┘            │    ┌──────┐⑮
                        │                  ├←───│温度計 │
                        │                  │    │タイマー│
                        │                  │    └──────┘
                        └─────────→───────→▼
                                        ┌─────┐⓰
                                        │ 揚げる │
                                        └──┬──┘
                                           ▼
                                        ╱揚げ上がり╲ ⑰ no
                                        ╲はよいか ╱──→
                                           │yes
                                           ▼
                                        ┌─────┐⓲
                                        │とり出す│
                                        └──┬──┘
                                           ▼
                                     ┌──────────┐⑲
                                     │ 揚げ時間 測定 │
                                     └─────┬────┘
                           ┌───────────┴──────────┐
                           ▼⑳                     ▼㉑
                    ┌──────────┐          ┌──────────┐
                    │ ジャガイモ  │          │ 油の重量測定 │
                    │ の重量測定  │          └─────┬────┘
                    └─────┬────┘                ▼㉒
                          │                ┌─────────┐
                          │                │ 吸油量算出  │
                          │                └─────┬───┘
                          └───────────┬──────────┘
                                      ▼㉓
                               ┌─────────┐
                               │ 脱水率算出 │
                               └────┬────┘
                                    ▼
                               ┌─────┐
                               │ 終 了 │
                               └─────┘
```

図6.1 ポテトチップスの油の吸収と脱水との関係[1]

【実験2】揚げ物の種類と衣の役割

■目的

素揚げは衣を用いず、材料を直接高温の油の中にいれるが、衣揚げは材料を衣に包んで揚げる。本実験では、サツマイモを用いて素揚げ・衣揚げ・パン粉揚げを行い、揚げ物の種類によって吸着する油の量を検討し、衣の役割りについても考える。

■試料

天ぷら油300g、サツマイモ180g、小麦粉30g、卵1個、パン粉10g

表6.2 試料割合

素揚げ	衣揚げ		パン粉揚げ	
サツマイモ　60g	サツマイモ	60g	サツマイモ	60g
	小麦粉	20g	小麦粉	10g
	卵	10g	卵	少々
	水	30ml	パン粉	10g

■実験器具

秤、熱電対温度計、タイマー、一般調理器具

■実験方法

❸、㉑、㊷サツマイモは3×3×1cmに切る。

❿、㉚、㊾加熱温度は170℃にする。

⓮、㉝、㉟、㊼竹ぐしをさし、中心部まで柔らかくなっていたら揚げ上がりとする。

⓱、㊳、㊿吸油量は吸油量＝揚げる前の油の重量－揚げた後の油の重量とする。

⓲、㊴、㊱食品の脱水率(%) = $\dfrac{生の試料重量－(揚げ上がりの重量－油の吸着量)}{生の試料重量} \times 100$

㉖衣揚げ試料の重量は試料重量＝（サツマイモの重量＋衣の全重量）－衣の残重量とする。

■結果

表6.3 計測結果

	材料の重量（g）		吸油量	脱水率
	揚げる前	揚げた後	g	(%)
素揚げ				
衣揚げ				
パン粉揚げ				

■参考

サツマイモの味は、素揚げはカリとして香ばしいが甘味に欠ける。衣揚げはほっこりとして甘みがある。これは素揚げが脱水も早く、香りが逃げやすいのに比して、衣揚げはサツマイモの水分・香りを逃がさず、素揚げに比べβアミラーゼがデンプンに作用する最適温度の持続時間が長いので甘みを感じる。

1) 太田静行：食用油脂、p.47（1976）
2) 女子栄養大：五訂増補食品成分表（2007）

●素揚げ

```
開始
 ↓
①庖丁・まな板 ← ⑥鍋
②サツマイモ →
⑦天ぷら油 → 　　 ← ⑧秤
③皮をむいて切る
④秤 → ⑨計量
⑤計量 → ⑩加熱
　　　　 ← ⑪温度計・タイマー
⑫揚げる
⑬軟らかくなったか — no
　 ↓ yes
⑭とり出す
⑮重量測定　⑯油の重量測定
⑰吸油量算出
⑱脱水率算出
完了
```

●衣揚げ

```
開始
 ↓
⑲庖丁・まな板 ← ㉗鍋
⑳サツマイモ →       ㉘秤
㉑皮をむいて切る   ㉙計量
㉒秤              ㉚加熱
㉓計量            ㉛温度計
㉔卵、水、小麦粉    ㉜タイマー
㉕衣をつける
㉖重量測定
㉝揚げる
㉞軟らかくなったか — no
 ↓ yes
㉟とり出す
㊱重量測定　㊲油の重量測定
㊳吸油量算出
㊴脱水率算出
終了
```

●パン粉揚げ

```
開始
 ↓
㊵庖丁・まな板 ← ㊽鍋
㊶サツマイモ →       ㊾秤
㊸皮をむいて切る  ㊿計量
㊸秤             ㊾計量
㊹計量            ㊿加熱
㊺小麦粉、卵、パン粉  ㊾温度計
㊻衣をつける     ㊾タイマー
㊼重量測定
㊾揚げる
㊾軟らかくなったか — no
 ↓ yes
㊾とり出す
㊾重量測定　㊾油の重量測定
㊾吸油量算出
㊾脱水率算出
終了
```

図6.2 種種の揚げ物による吸油量[1]

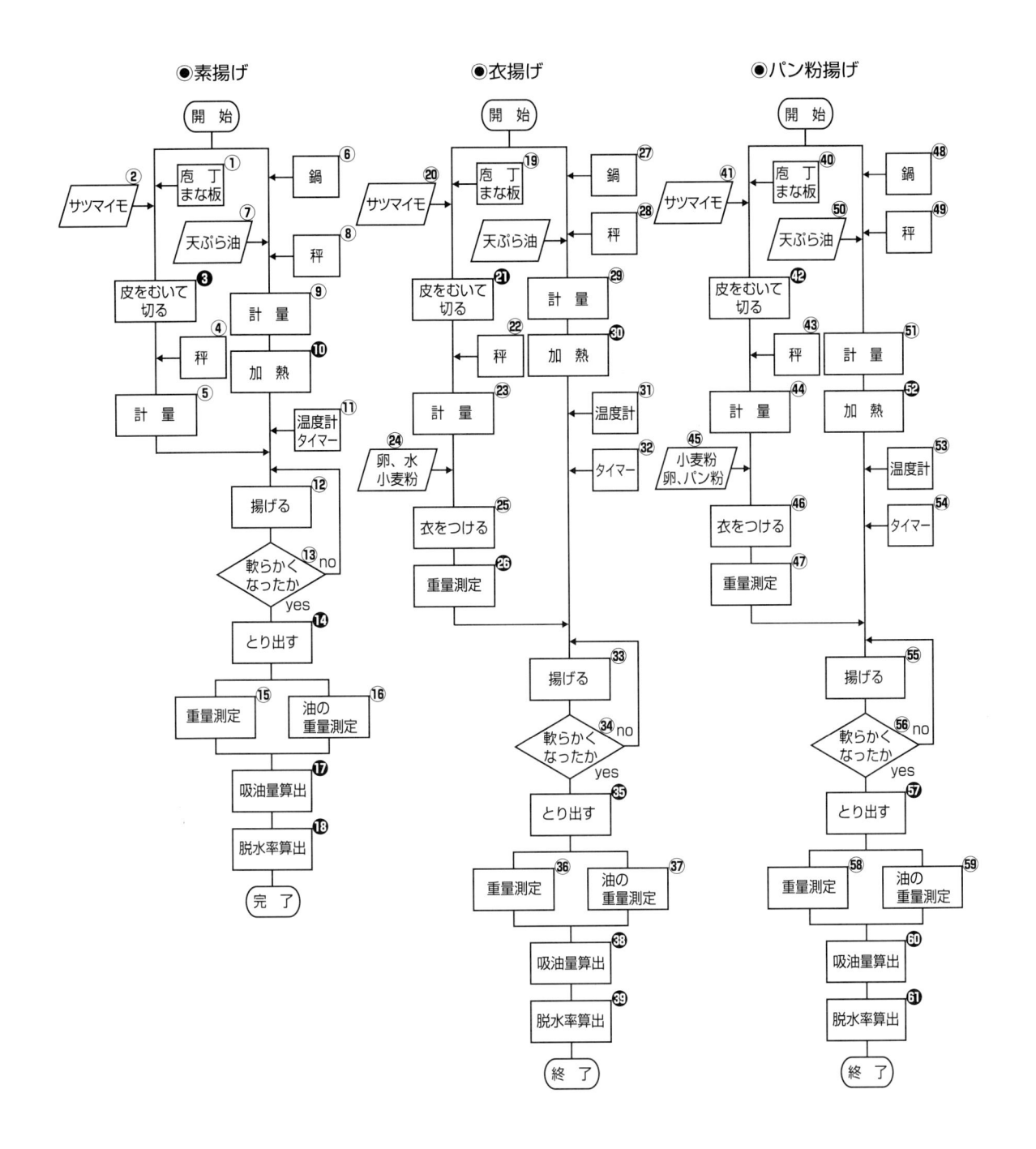

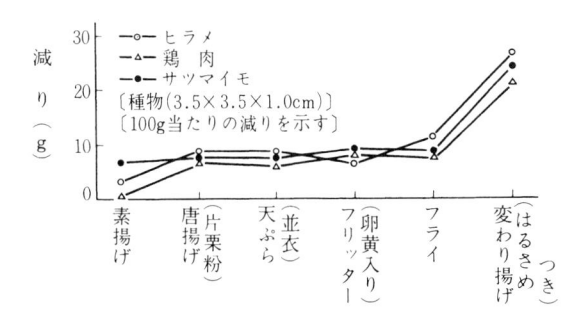

（凡例：ヒラメ、鶏肉、サツマイモ　〔種物(3.5×3.5×1.0cm)〕〔100g当たりの減りを示す〕）

横軸：素揚げ、唐揚げ（片栗粉）、天ぷら（並衣）、フリッター（卵黄入りフリッター）、フライ、変わり揚げ（つき）、はるさめ揚げ　／　縦軸：減り(g)

表6.4 揚げ油の吸油率[2]

種　類	油の量(％)
素　揚　げ	3〜8
か　ら　揚　げ	6〜8
て　ん　ぷ　ら	15〜25
フリッター・フライ	10〜20
は　る　さ　め　揚　げ	35

【実験3】冷凍食品の揚げ温度

■目的
冷凍食品は油の中で水を溶かしてから加熱過程を経て揚げるという段階に至っている。したがって、適温を保つことが難しく、表面がこげても充分に中まで熱がまわらない場合や、温度が低すぎて形が壊れてしまう場合がある。
　ここでは冷凍コロッケの俵型と小判型を用いて、適当なこげ色がつき、内部まで熱して、型くずれしない状態に揚げるための条件を明らかにする。

■試料
天ぷら油500g冷凍コロッケ6個（俵型3個、小判型3個）

■実験器具
秤、熱電対温度計、一般調理器具

■実験方法
❸コロッケの重量を測定し、中心部に小さい穴をあけそこに熱電対温度計をさして内部温度を測定する。
❻加熱温度は140℃、160℃、180℃とする。
⓭揚げ上がりの判定は目やす時間で決める。
⓮揚げ上がったらすぐにコロッケに熱電対温度計をさし、温度上昇が止まるまで待って最高温度を記録する。また重量を測定する。
⓯官能検査は評点法にて行う。

■結果

表6.5

	油の温度（℃）	最低温度（℃）	内部温度（℃） 揚げる前	内部温度（℃） 揚げた後	重量（g） 揚げる前	重量（g） 揚げた後
俵型	140					
俵型	160					
俵型	180					
小判型	140					
小判型	160					
小判型	180					

表6.6

官能評価		
形状	色	歯ざわり

■参考

表6.7　揚げる前と揚げた後のコロッケの一般細菌数（1g中）[1]

コロッケの種類	油の温度（℃）	揚げ時間（分）	区分 揚げる前	区分 揚げた後
A	180	4.5	1.7×10^5	4.8×10^3
B	170	4.0	1.9×10^4	0
C	178	3.0	$7. \times 10^4$	1.1×10^4
D	183	3.5	4.3×10^5	5.6×10^3
E	178	4.5	9.6×10^3	0
F	168	4.0	6.1×10^4	0

A、Dはクリームコロッケ、Cは俵型コロッケ。A、C、Dは揚げた後の一般細菌数の残存率が高い。

---

[1] 太田静行、湯木悦二：フライ食品の理論と実際、p.297、幸書房（1977）

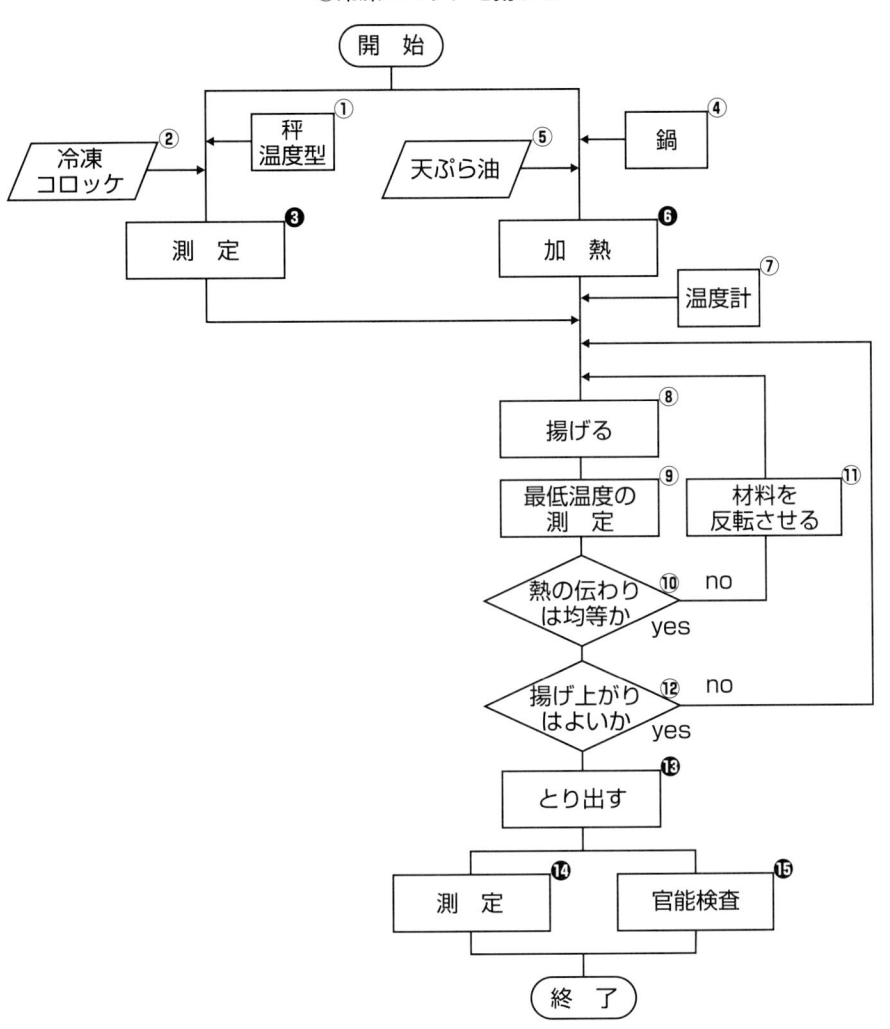

● 冷凍コロッケを揚げる

```
                    ┌─────┐
                    │ 開 始 │
                    └──┬──┘
      ┌────────────────┼────────────────┐
      │         ┌─────┐①         ┌─────┐⑤    ┌───┐④
      │         │ 秤  │          │天ぷら│ ←── │ 鍋 │
  ╱──────╲②    │温度型│          │ 油  │      └───┘
 ╱ 冷凍   ╱ ──→ └──┬──┘          ╲─────╱
 ╲コロッケ╲       │                  │
  ╲──────╱       │                  │
      │      ┌───┴───┐❸        ┌────┴───┐❻
      │      │ 測 定 │          │ 加 熱  │
      │      └───┬───┘          └────┬───┘
      │          │                   │    ┌─────┐⑦
      │          │                   ├─── │温度計│
      └──────────┴───────────┐       │    └─────┘
                             │       │
                          ┌──┴───────┴──┐
                          │  揚げる      │⑧
                          └──────┬──────┘
                          ┌──────┴──────┐⑨
                          │ 最低温度の   │   ┌──────────┐⑪
                          │   測 定     │   │材料を    │
                          └──────┬──────┘   │反転させる │
                                 │          └────┬─────┘
                               ◇⑩ no           │
                          熱の伝わり ────────────┤
                          は均等か              │
                               │yes            │
                               │                │
                               ◇⑫ no           │
                          揚げ上がり ───────────┘
                          はよいか
                               │yes
                          ┌────┴────┐⑬
                          │ とり出す │
                          └────┬────┘
                    ┌──────────┴──────────┐
               ┌────┴────┐⑭          ┌────┴────┐⑮
               │ 測 定   │            │官能検査 │
               └────┬────┘            └────┬────┘
                    └──────────┬──────────┘
                            ┌──┴──┐
                            │終 了│
                            └─────┘
```

【実験4】エマルジョン

■目的

エマルジョンには、水の中に油の微粒子が分散した状態の水中油滴型（O/W［oil in water］型）と、油の中に水の微粒子が分散した状態の油中水滴型（W/O［water in oil］型）の2種類ある。この2種の型は外観だけでは判断できない。比較的簡単な判定方法に、希釈法、電気伝導法、色素法がある。

本実験では、これら3種の方法を用いて、数種類の乳化食品についてエマルジョンの型の判定を試みる。

■試料

牛乳、生クリーム、バター、マヨネーズ、ドレッシング、メチルオレンジ、スダンⅢ

■実験器具

ビーカー、ガラス棒、テスター、顕微鏡

■実験方法

❸試料を少量とって水に入れる。

❹希釈法による判定は試料が水に分散して広がっていけばO/W型、広がらなければW/O型である。

❼電気伝導法による判定は、テスターの2本の棒を試料に挿入して電流を流したとき、抵抗の数値が10kΩ以下であればO/W型、100kΩ以上であればW/O型である。

⓭色素法による判定は、メチルオレンジ（水溶性色素）の色が広がればO/W型で、スダンⅢ（油溶性色素）の色が広がれがW/O型である。

■結果

表6.8

	希釈法	電気伝導度法		色 素 法		エマルジョン型の判定
	水に分散	10kΩ以下	100kΩ以上	メチルオレンジ	スダンⅢ	
牛乳 生クリーム バター マヨネーズ ドレッシング						

■参考

乳化剤には親水基（Hydrophilic group）と疎水基（Lipophilic group）とがあり、

これらの量的な割合（Balance）を略して、H.L.Bという。H.L.Bには20の段階だあり、H.L.B 0～10のものはW/O型の油脂系乳化食品に適している。

マヨネーズはサラダ油と酢を、卵黄を用いて乳化させたもので、牛乳や生クリームはO/W型の天然の乳化剤として作用している。

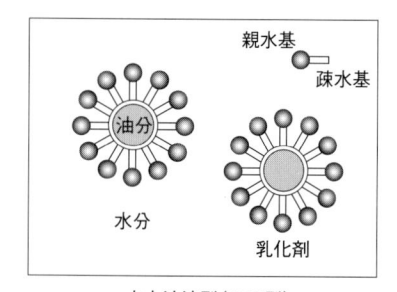

図6.3 エマルジョンの型

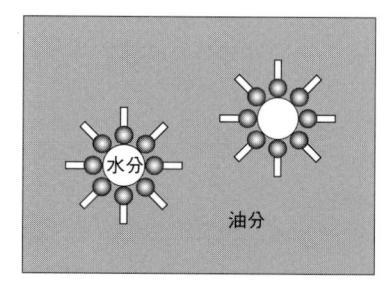

● エマルジョンの判定法

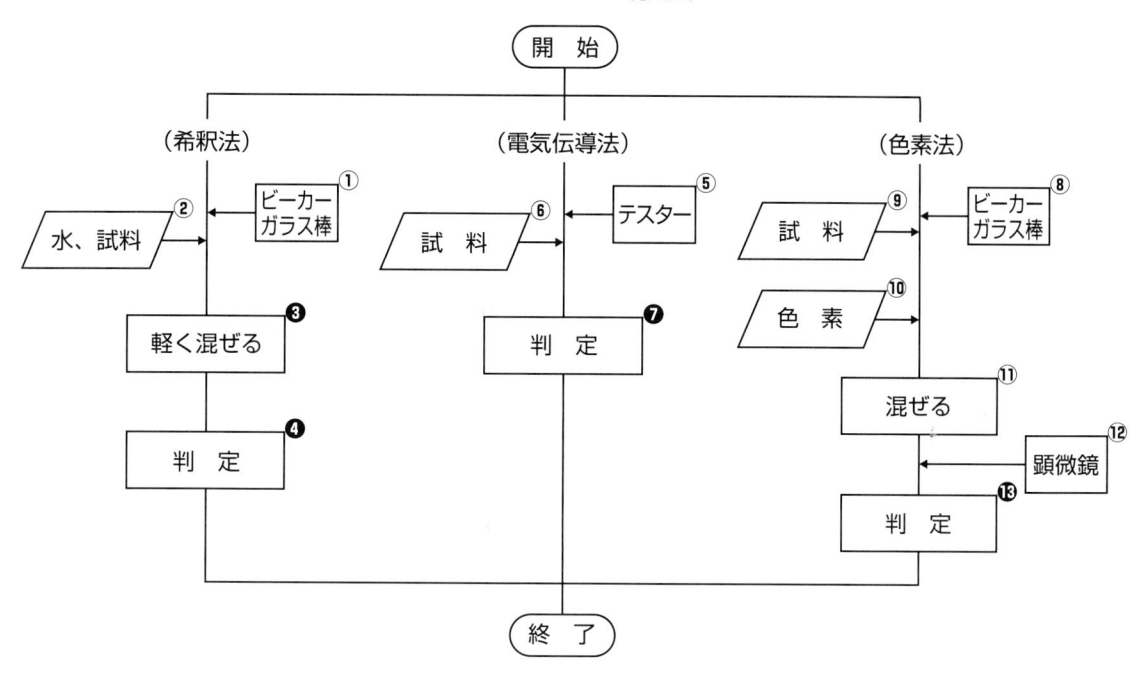

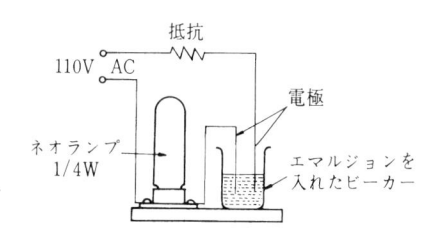

```
                            開 始
         ┌───────────────────┼───────────────────┐
      (希釈法)             (電気伝導法)           (色素法)
                                                  
         ┌─ ビーカー ①       ┌─ テスター ⑤      ┌─ ビーカー ⑧
         │  ガラス棒          │                   │  ガラス棒
    水、試料 ②              試料 ⑥              試料 ⑨
         ↓                    ↓                   
    軽く混ぜる ③           判 定 ⑦             色素 ⑩
         ↓                                        ↓
    判 定 ④                                   混ぜる ⑪
                                                  ↓ ← 顕微鏡 ⑫
                                               判 定 ⑬
         └───────────────────┼───────────────────┘
                            終 了
```

図6.4 電気伝導法によるエマルジョン型判定装置
（ネオランプがつけばO/W型である）

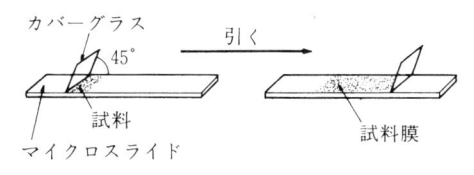

図6.5 試料膜の作り方

135

【実験5】マヨネーズ

■目的

油と水は攪拌すれば一時的には乳濁するが、しばらく放置しておくと分離する。

しかし乳化剤を加えると、安定したエマルジョンになる。乳化剤は分子中に親水基と疎水基の両方を有し水と油の両方の界面上でエマルジョンを安定化する。

マヨネーズは卵黄を乳化剤（卵黄レシチン）として、油・食酢・調味料を混合攪拌したO/Wのエマルジョンである。

マヨネーズのエマルジョンの安定化の条件には、材料の配合、乳化方法、攪拌方法などが関係している。本実験では、マヨネーズを作る時の、油と酢の加え方による粘度の違い、油球の大きさ、エマルジョンの安定について調べる。

■試料

卵黄3個、サラダ油450ml（150ml×3）、食酢90ml（30ml×3）、食塩9g（3g×3）、からし3g（1g×3）

■実験器具

ボール、泡立器、メスシリンダー、駒込ピペット、計量スプーン、ビーカー、ガラス棒、回転粘度計

■実験方法

⑪、㉓、㊶サラダ油は、攪拌している手を休めないで、ピペットから滴下する。

⑫、㉚、㊿回転粘度計にて粘度を測定する。また、油球の大きさをは顕微鏡（倍率200倍）でみる。

㊵、㊻サラダ油は1回に15mlずつ入れる。

■結果

表6.9

マヨネーズ	粘　度	油球の状態	エマルジョンの型
A			
B			
C			

■参考

マヨネーズの分離と分離マヨネーズの再生

マヨネーズを作る場合、乳化がうまくいかず分離することがある。分離の原因には、(1) はじめに加える油が多すぎた、(2) 卵黄の鮮度が低下していた、(3) 油の温度がひえすぎていた、(4) 加える油の量と攪拌速度がとれていなかった等が考えられる。分離したマヨネーズを再生させるには①分離油を取り分け、卵黄に食酢を1滴ずつ入れて充分かき混ぜる。これに、取り分けた分離油を少量ずつ入れて作り直す。②新しい卵黄、またはすでにできているマヨネーズに分離したマヨネーズを少量ずつ加えながらかき混ぜる。③分離したマヨネーから分離油を取り分け、クリーム層は容器に残す。クリーム層を攪拌しながら取り分けた分離油を滴下する。

マヨネーズの安定性を支配する因子に相の容積比がある。通常のマヨネーズでは、油の配合割合はほぼ75％で、油球はぎっしりつまっている。一般に均一の大きさをもつ油球が最密充填しているときの容積割合は74.2％であるが、油球が不ぞろいの場合は多少充填割合はますと考えられている。

マヨネーズの油の割合がこの値に近づくと、粘性が増し油の濃度の限界がくる。それ以上に油を加えていくと、マヨネーズは過密の油球で流動生となめらかさを失って、やがて油は分離する。

1) BELLE LOWE：Experimental Cookery 284-285 (1955)

● 調製時における食酢と油の加え方

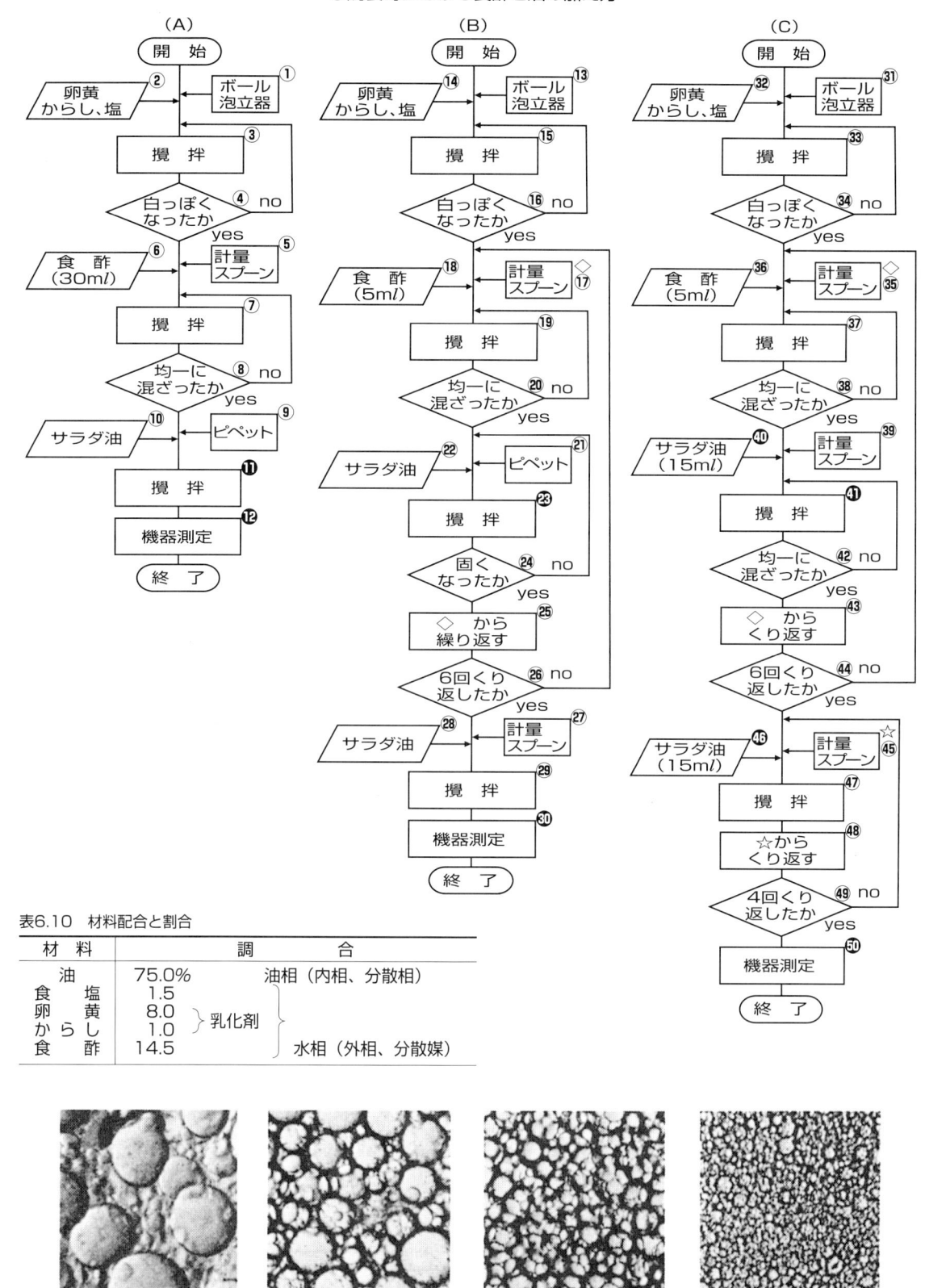

(A)

開始 →① ボール 泡立器
② 卵黄 からし、塩
③ 攪拌
④ 白っぽくなったか — no ↑
 ↓ yes
⑤ 計量スプーン → ⑥ 食酢（30ml）
⑦ 攪拌
⑧ 均一に混ざったか — no ↑
 ↓ yes
⑨ ピペット → ⑩ サラダ油
⑪ 攪拌
⑫ 機器測定
終了

(B)

開始 →⑬ ボール 泡立器
⑭ 卵黄 からし、塩
⑮ 攪拌
⑯ 白っぽくなったか — no ↑
 ↓ yes
◇
⑰ 計量スプーン → ⑱ 食酢（5ml）
⑲ 攪拌
⑳ 均一に混ざったか — no ↑
 ↓ yes
㉑ ピペット → ㉒ サラダ油
㉓ 攪拌
㉔ 固くなったか — no → ㉕ ◇から繰り返す
 ↓ yes
㉖ 6回くり返したか — no ↑
 ↓ yes
㉗ 計量スプーン → ㉘ サラダ油
㉙ 攪拌
㉚ 機器測定
終了

(C)

開始 →㉛ ボール 泡立器
㉜ 卵黄 からし、塩
㉝ 攪拌
㉞ 白っぽくなったか — no ↑
 ↓ yes
◇
㉟ 計量スプーン → ㊱ 食酢（5ml）
㊲ 攪拌
㊳ 均一に混ざったか — no ↑
 ↓ yes
㊴ 計量スプーン → ㊵ サラダ油（15ml）
㊶ 攪拌
㊷ 均一に混ざったか — no ↑
 ↓ yes
㊸ ◇からくり返す
㊹ 6回くり返したか — no ↑
 ↓ yes
☆
㊺ 計量スプーン → ㊻ サラダ油（15ml）
㊼ 攪拌
㊽ ☆からくり返す
㊾ 4回くり返したか — no ↑
 ↓ yes
㊿ 機器測定
終了

表6.10 材料配合と割合

材料	調合	
油	75.0%	油相（内相、分散相）
食塩	1.5	
卵黄	8.0	乳化剤
からし	1.0	
食酢	14.5	水相（外相、分散媒）

図6.6 油の量とマヨネーズの乳化状態（卵黄・酢・調味料に油を加えたもの200倍[1]）

7

野菜・海草・果物の調理科学実験

7.1　野菜

【実験1】生野菜の放水と吸水

■目的

　味が調味液に馴染みやすくするため生野菜に少量の塩をしたり、保存性を高めるためにやや大目の塩を加えたりすると、野菜から水が離漿し、しんなりする。一方、野菜を水に浸けると吸水し、パリッとしてくる。これは、野菜の細胞の原形質膜が半透過性であるため、食塩が添加されると細胞内液より外腋の塩分濃度が高い状態となり、細胞内から水分が放出される。また、細胞内液より外液の塩分濃度が低いと、細胞内へ吸水される。それぞれの調理に目的に適する生野菜の扱い方を理解する。

■試料

　きゅうり430g、キャベツ150g、食塩12g

　（A）きゅうり50g、（B）きゅうり50g＋食塩0.5g、（C）きゅうり50g＋1.5g、（D）きゅうり50g＋2.5g、（E）きゅうり50g＋1.5g、（F）きゅうり50g＋2.5g、（G）キャベツ50g、（H）キャベツ50g、（I）キャベツ50g

■実験器具

　ロート、ろ紙、シャーレ、シリンダー（50ml、100ml）、はかり、安全かみそりの刃、ピンセット、スライドガラス、カバーガラス、顕微鏡、一般調理器具

■実験方法

⑫顕微鏡で組織を観察する。

⑮、⑱200gを0.2cmの輪切りにし、4等分する。残りの100gは1cmの輪切りにし、2等分する。

⑳0.2cmの4群には、それぞれ0%、1%、3%、5%の食塩を振り、混ぜる。1cmの2群には、1%、5%の食塩をそれぞれ振り、混ぜる。

㊶それぞれに1%食塩をふりかけ、食味テストを行う。

■結果

表7.1　生野菜の放水

	放水量（ml）				放水率（%）	搾り汁（ml）量・にごり・色	搾り汁（%）	味、硬さ
	5分	10分	15分	20分				
A								
B								
C								
D								
E								
F								

表7.2　生野菜の吸水

	吸水量（g）	吸水率（%）	味、硬さ
G			
H			
I			

1) 山崎清子、島田キミエ、渋川祥子、下村道子：新版調理と理論、p.427、同文書院（2003）

●生野菜の切り方の違いと放水量

```
開 始
  ↓ ①
 きゅうり
  ↓ ②
約30gに切る
  ↓ ③
カミソリの刃
  ↓ ④
切片を作る
  ↓ ⑤
2等分する
  ↓ ⑥
シャーレ
  ↓
5%食塩水 →⑦ 未処理 ⑨
  ↓ ⑧
20分後切片を取り出す
  ↓ ⑩
カバーガラス、スライドガラス
  ↓ ⑪
顕微鏡
  ↓
組織の観察 ⑫   記録する ⑬
  ↓
終 了
```

```
開 始
  ↓ ⑭
 きゅうり
  ↓
0.2cmの厚さに切る ⑮   1cmの厚さに切る ⑱
  ↓ ⑯                ↓ ⑲
 はかる              はかる
  ↓
食塩0%(A) ⑰   ← 食塩1%(E) ⑳
1%(B)           3%(F)
3%(C)
5%(D)
  ↓ ㉑
 混ぜる
  ↓
シリンダー ㉓ ← ロートシャーレ ㉒
  ↓ ㉔
ロートにのせ蓋をする
  ↓ ㉕
5分ごとに放水量を測定
  ↓ ← 塩分計 ㉖
塩分測定 ㉗
  ↓
観察する ㉘   記録する ㉙
  ↓
終 了
```

●生野菜の吸水

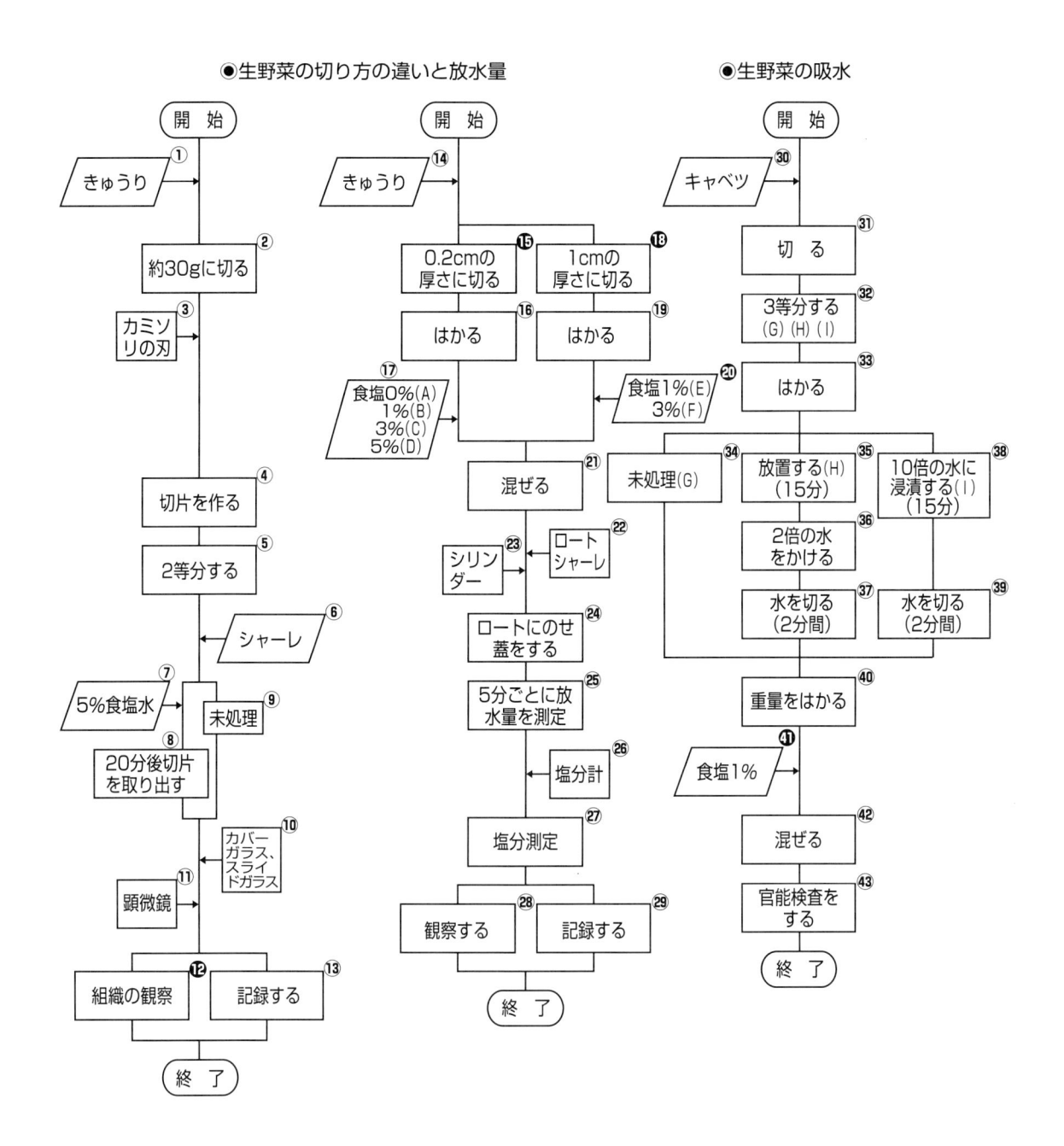

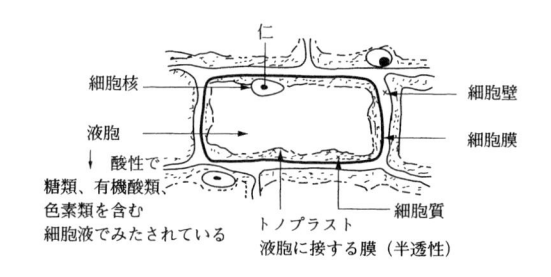

```
開 始
  ↓ ㉚
 キャベツ
  ↓ ㉛
 切 る
  ↓ ㉜
3等分する
(G)(H)(I)
  ↓ ㉝
 はかる
  ↓
未処理(G) ㉞   放置する(H) ㉟   10倍の水に浸漬する(I) ㊳
              (15分)           (15分)
              ↓ ㊱              
              2倍の水をかける   
              ↓ ㊲              ↓ ㊴
              水を切る          水を切る
              (2分間)           (2分間)
  ↓ ㊵
重量をはかる
  ↓
食塩1% ㊶
  ↓ ㊷
 混ぜる
  ↓ ㊸
官能検査をする
  ↓
終 了
```

図7.1 植物細胞[1]

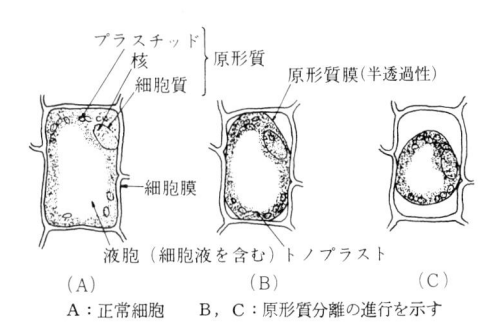

図7.2 植物細胞の原形質分離[1]

A：正常細胞　B，C：原形質分離の進行を示す

7.1 野菜

【実験2】調味料の食品への浸透

■目的

食品を煮汁中で加熱すると、組織の軟化、重量の減少、調味料の食品へ浸透や拡散などが起こる。また、加熱中には栄養素の損失、煮崩れなども生じる。下煮の効果、切り方の影響、真空パックによる効果などについて観察し、上手な煮物を作るための技法について理解を深める。

■試料

だいこん（大一本）約500g、醤油100ml

■実験器具

ビーカー（500ml）、三角フラスコ（50ml）、シリンダー（100ml）、セラミック金網、乳鉢、乳棒、ろ紙、ストップウォッチ、塩分計、一般実験器具、一般調理器具

■実験方法

⑭だいこんがかぶるくらい煮汁（水90%、醤油10%）を入れる。

㉚予備加熱直後、5分、10分、15分、20分、25分後の硬さを測定する。

■結果

表7.3　硬さの変化

加熱時間＼種類	竹串進入長さ（cm）			
	2.5cmの輪切り			
	(A)	(B)	(C)	(D)
予備加熱				
5分		—	—	—
10分				
15分				
20分				
25分				

表7.4　重量の変化

	2.5cmの輪切り			
	(A)	(B)	(C)	(D)
加熱前の重量（g）				
加熱後の重量（g）				
重量減少率（%）				
加熱前の塩分量（g）				
加熱後の塩分量（g）				
塩分量の増加率（%）				

● 調味料の食品への浸透

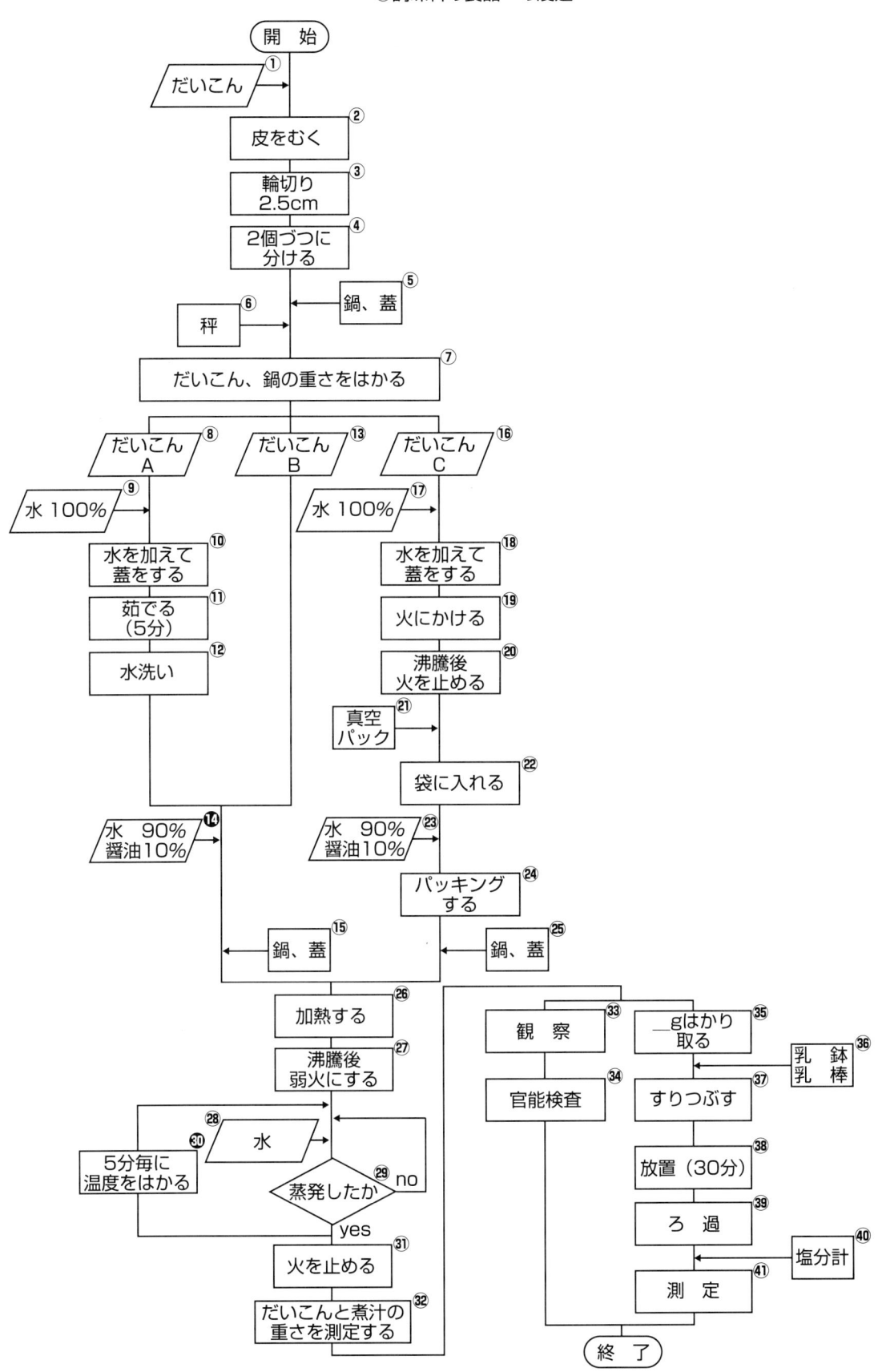

```
                    ┌──開　始──┐
                    │
         ①だいこん──▶│
                    ▼
                ②皮をむく
                    ▼
                ③輪切り 2.5cm
                    ▼
                ④2個づつに分ける
                    ▼            ⑤鍋、蓋
              ⑥秤──────▶│◀──────
                    ▼
            ⑦だいこん、鍋の重さをはかる
                    │
        ┌───────────┼───────────┐
        ▼           ▼           ▼
    ⑧だいこんA   ⑬だいこんB   ⑯だいこんC
        ▼                       ▼
  ⑨水100%─▶                ⑰水100%─▶
        ▼                       ▼
   ⑩水を加えて                ⑱水を加えて
     蓋をする                   蓋をする
        ▼                       ▼
   ⑪茹でる(5分)              ⑲火にかける
        ▼                       ▼
   ⑫水洗い                  ⑳沸騰後火を止める
                                ▼
                          ㉑真空パック─▶
                                ▼
                          ㉒袋に入れる
        ▼                       ▼
⑭水 90%醤油10%─▶      ㉓水 90%醤油10%─▶
        ▼                       ▼
        │                   ㉔パッキングする
        │                       │
  ⑮鍋、蓋──▶│              ㉕鍋、蓋──▶│
        ▼
    ㉖加熱する
        ▼
   ㉗沸騰後弱火にする
        ▼◀─────────┐
   ㉚5分毎に        │
     温度をはかる    │㉘水─▶
        │          │
        ▼          │
      ㉙蒸発したか──no
        │yes
        ▼
    ㉛火を止める
        ▼
   ㉜だいこんと煮汁の
     重さを測定する
        │
        ├──────────────┐
        ▼              ▼
     ㉝観察         ㉟_gはかり取る◀──㊱乳鉢 乳棒
        ▼              ▼
     ㉞官能検査      ㊲すりつぶす
                       ▼
                    ㊳放置(30分)
                       ▼
                    ㊴ろ過◀──㊵塩分計
                       ▼
                    ㊶測定
                       ▼
                    ──終　了──
```

7.1　野菜

【実験3】条件の異なる茹で物の色、食品のpH

■目的
野菜は多くの場合加熱して用いられる。加熱調理する場合、それぞれの野菜の持つ色や風味を生かし美味しく仕上げるためには、各天然色素の変化および食品の自然の色を保持する方法について、実験を行い、適した調理法を把握する。

■試料
さやいんげん（12本）、紫キャベツ、にんじん、れんこん各80g、食塩3g、酢酸1.5ml、炭酸水素ナトリウム（重曹）0.45g

■実験器具
ビーカー（200ml）、シリンダー（200ml）、セラミック板、ストップウォッチ、pHメーター、色差計、レオメーター、一般実験器具、一般調理器具

■実験方法
❺ (A)水、(B)1%食塩水、(C)1%酢酸水、(D)0.3%重曹水の各溶液を調整し、pHを測定する。

❻さやいんげんはすじをとる。紫キャベツは1cm幅、にんじんとれんこん1cmの厚さに切り、試料間差のないように4群に分ける。

❽、❾各溶液が沸騰したら沸騰直後に各試料を入れ、3・5・10分加熱後に1片ずつ取り出す。

⓫生の野菜、茹でた野菜、茹で汁の色調の変化を測定する。

■結果

表7.5　計測結果

溶液	生	水			1%食塩水			1%酢酸水			0.3%重曹水		
pH													
加熱時間（分） 材料	0	3	5	10	3	5	10	3	5	10	3	5	10
さやいんげん													
紫キャベツ													
にんじん													
れんこん													

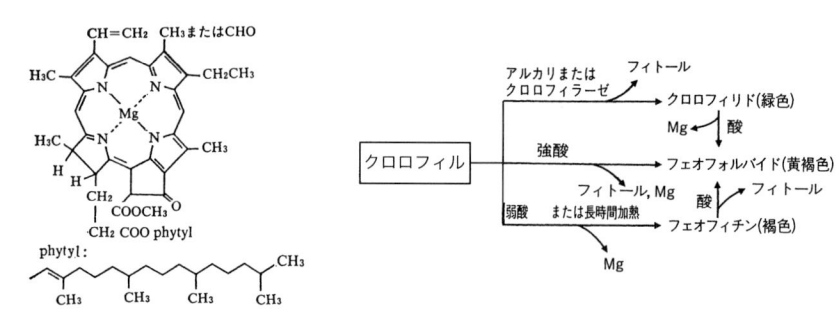

図7.3　クロロフィルの構造と調理中の変化

●条件の異なる茹で物の色

```
開始
 ├── ビーカー ②
 ├── pHメーター ④
 │
水                    ③
1％食塩水
1％酢酸水
0.3％重曹水
各150ml
 │
pHを測定する          ❺
 │
加熱する（沸騰まで）    ❻
 │
未処理野菜 ①  →  各試料各20g  ⑦
 │
加熱する              ❽
 │
時間毎に取り出す       ❾
 │
 ├── 色差計 ⑩              レオメーター ⑫ ──┤
 │                                        │
色調をはかる ⓫          硬さをはかる ⓭
 │                         │
観察する ⓮              記録する ⓯
 │                         │
            終了
```

R_1	R_2	アントシアニジン	存在
H	H	ペラルゴニジン	いちご
OH	H	シアニジン	黒まめ、赤かぶ、チェリーなど
OCH$_3$	H	ペオニジン	ぶどう
OH	OH	デルフィニジン	ぶどう、なす
OCH$_3$	OH	ペツニジン	ぶどう
OCH$_3$	OCH$_3$	マルビジン	ぶどう

アントシアニジン骨格

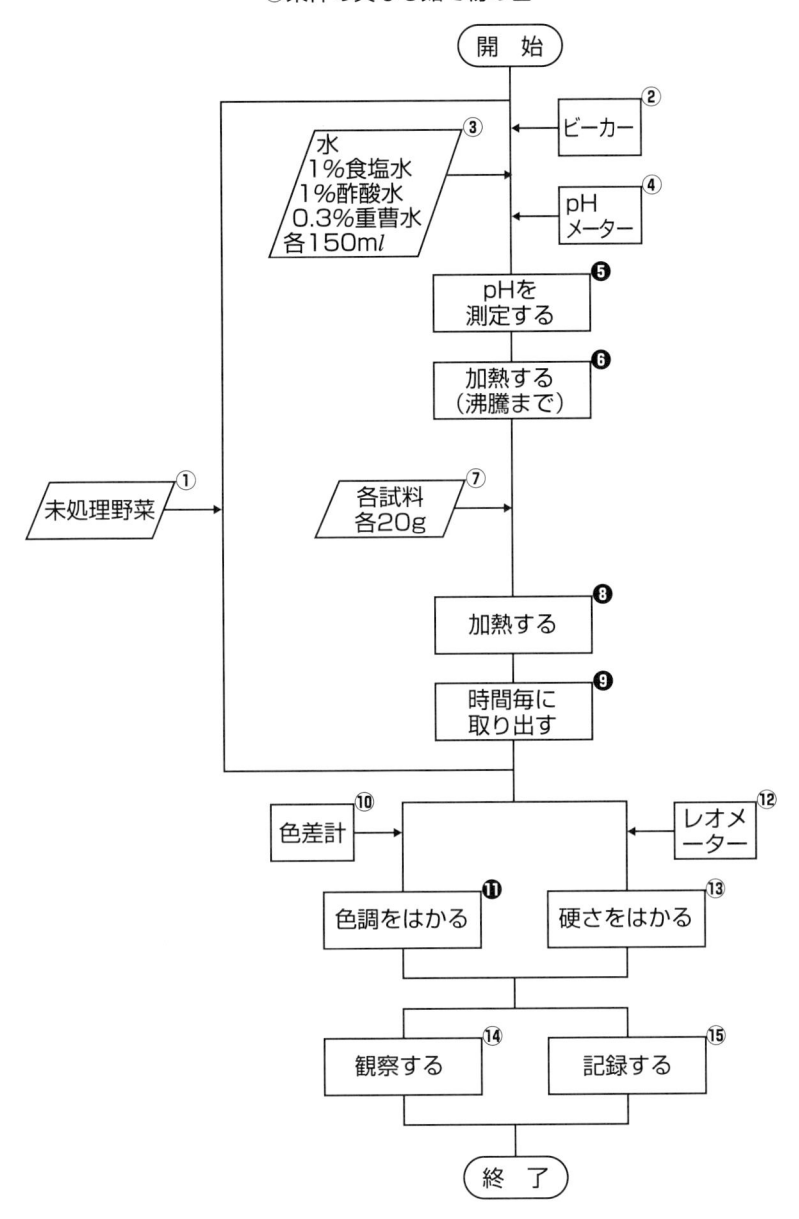

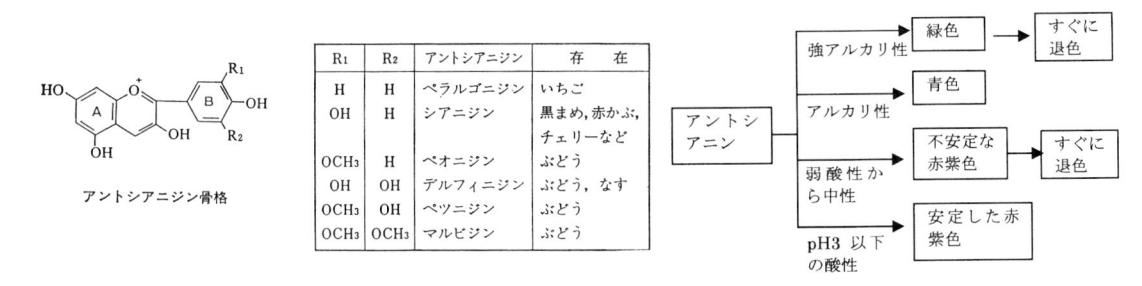

アントシアニン
- 強アルカリ性 → 緑色 → すぐに退色
- アルカリ性 → 青色
- 弱酸性から中性 → 不安定な赤紫色 → すぐに退色
- pH3以下の酸性 → 安定した赤紫色

図7.4 アントシアニンの構造と調理中の変化

7.1 野菜

【実験4】ブランチングおよび凍結

■目的

多くの野菜は、鮮度が大切である。1回に使いきれない量の野菜を入手した場合は、ブランチングし、1回の使用量単位で冷凍保存すると利便性が高くなる。野菜をブランチングした後冷凍保存し、調理直後の生野菜と比較しながら、期間中の変化を観察する。ブランチング、冷凍保存とともに、真空パック包装についての理解を深める。

■試料

ほうれん草、にんじん、さやいんげん、ブロッコリー各200g

■実験器具

プラスチックフィルム、ポリエチレン袋、真空パック用袋、真空調理器、冷凍庫、レオメーター、顕微鏡、一般調理器具

■実験方法

❺水が沸騰したら食材を入れる。ほうれん草は1分間、その他の試料は2分間茹でる。

❾凍結した時余分な水が付着していると霜になるため、十分に水気をとっておく。

⓳解凍後食品との比較のため、生野菜（A）（B）（C）（D）を用意し、❺～❾と同様に調理する。対象として、冷凍・解凍食品および生野菜は調理をしない。

⓴食品の冷凍状態を、霜の状態、組織、色、香りなどを観察し、評価する。

㉒レオメーターで硬さを測定し、顕微鏡で組織を観察する。

■結果

表7.6　計測結果

試料 \ 測定	冷凍野菜			生野菜		調理後の状態			
	霜の状態	硬さ	色	硬さ	色	冷凍野菜		生野菜	
						硬さ	色	硬さ	色
(A)ほうれん草									
(B)にんじん									
(C)さやいんげん									
(D)ブロッコリー									

■参考

(1) ブランチング

　ブランチングとは、凍結、乾燥、缶詰、瓶詰などの加工時に、前処理として食品を短時間加熱することで、湯通しともいう。加熱により生体内の酵素を失活させることで色、フレーバー、肉質、ビタミンなどが保存される他、殺菌効果もある。特に、貯蔵中に酵素により悪変しやすい野菜類の冷凍や乾燥に際して行なわれる。適する加熱温度や時間は、食品の種類や大きさによって異なる。ブランチングの程度が低いと、保存中にアセトアルデヒドやエチルアルコールを蓄積し、品質低下を木タスクとがある。冷凍食品の調理に当たっては、ブランチングしてあることを考慮する。

(2) 凍結

　食品中の水は、塩類、糖類などを含んでいることが多いため、凍結点は0℃ではなく、-1〜-5℃程度である。これを氷点降下という。また、この温度幅を最大氷結晶生成帯といい、この間に大部分の水が凍結し、氷結晶が生成される。よい品質の冷凍食品を作るためには食品の凍結速度が重要で、この温度帯を30分以内に通過する急速凍結が適する。緩慢凍結では、氷結晶が大きく成長し細胞組織が破壊され、食感の変化や解凍時のドリップ量が多くなる。

7.1 野菜

●ブランチングによる色、硬さ、組織の変化

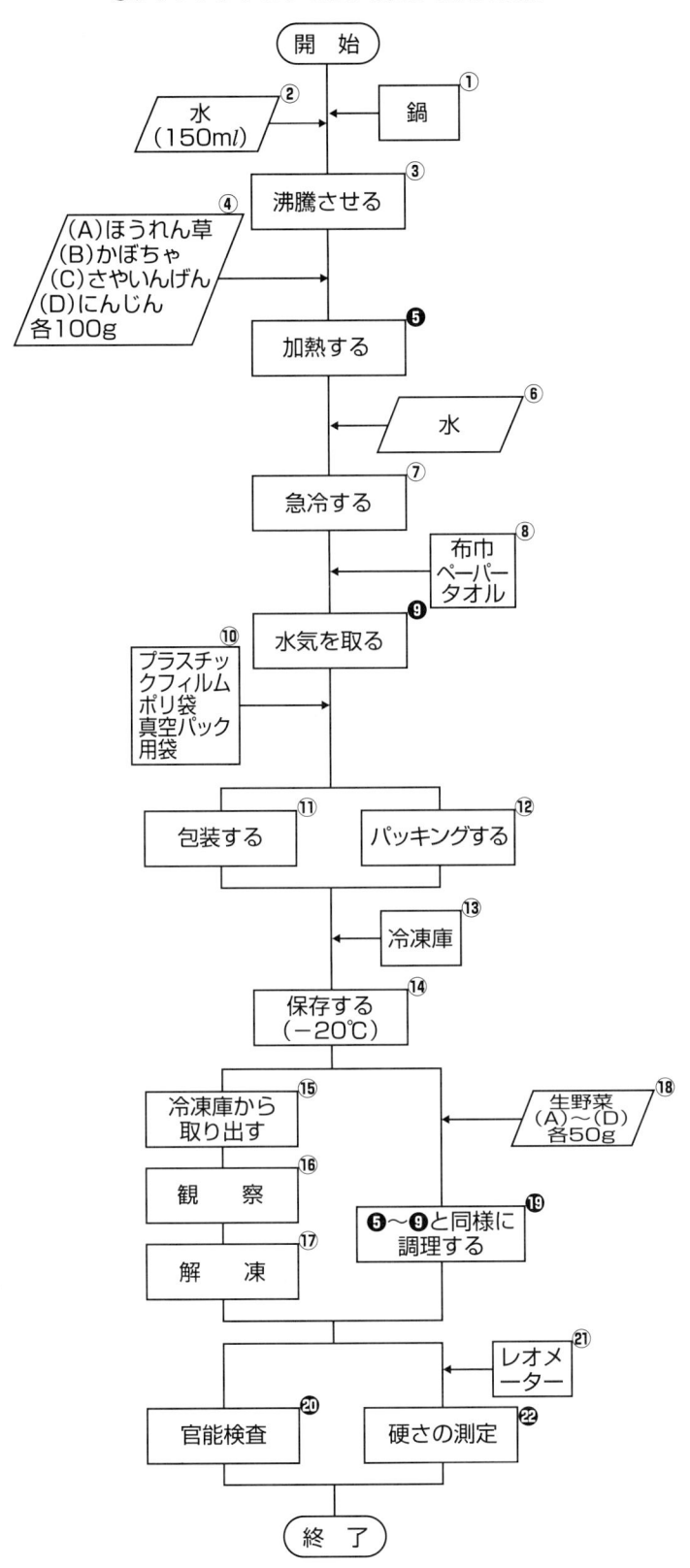

```
                              開  始
                                │
              水                │
            (150mL) ②──────→┌──┴──┐
                           │ 鍋 ①│
                           └──┬──┘
                              ↓
                          沸騰させる ③
                              │
   (A)ほうれん草 ④             │
   (B)かぼちゃ                 │
   (C)さやいんげん ─────────→ 加熱する ❺
   (D)にんじん
   各100g
                              │
                        水 ⑥ ──→│
                              ↓
                          急冷する ⑦
                              │
                   布巾        │
                   ペーパー ⑧ →│
                   タオル
                              ↓
                        水気を取る ❾
                              │
   プラスチック ⑩              │
   フィルム                    │
   ポリ袋 ──────────────────→│
   真空パック
   用袋
                              │
                    ┌─────────┴─────────┐
                包装する ⑪         パッキングする ⑫
                    └─────────┬─────────┘
                              │
                       冷凍庫 ⑬ ──→│
                              ↓
                          保存する ⑭
                          (−20℃)
                              │
                    ┌─────────┴─────────┐
                 冷凍庫から          生野菜 ⑱
                 取り出す ⑮         (A)〜(D)
                    │              各50g
                 観察 ⑯               │
                    │            ❺〜❾と同様に ⓳
                 解凍 ⑰           調理する
                    └─────────┬─────────┘
                              │
                    ┌─────────┴─────────┐
                              │        レオメーター ㉑
                              │              ↓
                  官能検査 ⓴     硬さの測定 ㉒
                    └─────────┬─────────┘
                              ↓
                            終  了
```

7.1　野菜

【実験5】茹で操作による野菜のアク

■目的

野菜に含まれるアクは、えぐ味（ホモゲンチジン酸、シュウ酸など）、渋味（タンニン、金属など）、苦味（アルカロイド、タンニン、クロロゲン酸など）などの不味成分をさす。アクの多い野菜を美味しく食べるには、あく抜きをする。水浸漬や水煮などの処理により、アクの溶出量を測定し、あく抜きの方法を理解する。アクの主体はポリフェノールで、特にタンニン酸などが多いため、一般的にはタンニンの溶出量を測定することが多い。ここでは、アクの測定で一般的に用いられるタンニン酸の定量法と、クロロゲン酸の多いごぼうを試料としていることから、クロロゲン酸の定量法を習得する。

■試料

ごぼう300g、ほうれんそう100g、食塩3g、酢酸1.5ml、炭酸水素ナトリウム（重曹）0.45g、クロロゲン酸定量試薬、タンニン定量用試薬

■実験器具

ビーカー（200ml）、シリンダー（200ml）、ろ紙、一般実験器具、一般調理器具

■実験方法

❷ごぼうを長さ3cm、幅3mmのせん切りにする。

⓳1%食塩水、1%酢酸水、0.3%重曹、各150mlで茹でる。

㉒クロロゲン酸の定量を行なう。

㉚タンニン酸の定量を行なう。

■結果

表7.7　計測結果

試料（ごぼう）		ごぼうの色	ろ液の色	クロロゲン酸量（%）
浸漬有	第一ろ液			
	第二ろ液			
	茹で水			
浸漬無	水			
	1%食塩水			
	1%酢酸水			
	0.3%重曹			

試料（ほうれん草）	ほうれん草の色	ろ液の色	タンニン酸量（%）
水			
1%食塩水			

ごぼうのクロロゲン酸は水浸漬では溶出量が少ないが、茹で操作時に多く溶出する。弱アルカリ性の茹で液で溶出しやすく、酸性の茹で液では溶出しにくい。

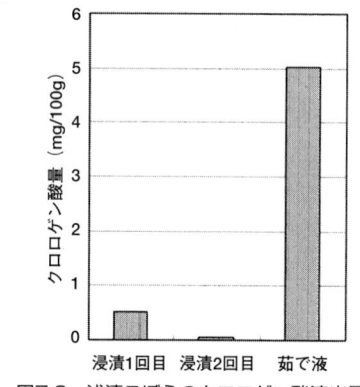

図7.6　浅漬ごぼうのクロロゲン酸溶出量

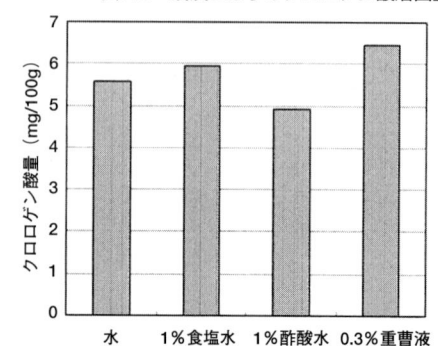

図7.7　ごぼう茹で液の種類によるクロロゲン酸溶出量

●ごぼう中のクロロゲン酸の定量　　●ほうれん草のタンニン酸の定量

```
         開始                           開始
          ①                             ㉓
        ごぼう                         ビーカー
          ②                             ㉔
       せん切りに                      水
        する                         1%食塩水
          ③                         各150ml
       6等分する                        ㉕
          ④                         沸騰させる
        ビーカー                        ㉖
                                     ほうれん草
    ⑤       ⑨       ⑰                各50g
   (A)     (B)    (C)〜(F)              ㉗
  せん切り  せん切り  せん切り              茹でる
   ごぼう  ごぼう   ごぼう              (5分)
    ⑥       ⑩                           ㉘
  放置する  水                        茹で水を
         (150ml)                    ろ過する
    ⑦       ⑪                          ㉙
  褐変の様子を 5分間                  ろ液を150ml
   観察する  水に漬ける                 に調整する
    ⑧       ⑫       ⑱                  ㉚
   記録する  ろ過する   (C)水           タンニン酸を
                  (D)1%食塩水          定量する
          ⑬      (E)1%酢酸水
   終了     ろ液    (F)0.3%重曹         終了
                   (各150ml)
          ⑭
        ろ液を
        除いたか    no
          yes
          ⑮
       2回繰り返す
          ⑯
         水
       (150ml)
          ⑲
         茹でる
          ⑳
        茹で水を
        ろ過する
          ㉑
       ろ液を150ml
        に調整する
          ㉒
       クロロゲン酸
        を定量する
          終了
```

図7.8 カテキン類の構造

図7.9 クロロゲン酸の構造

図7.10 プロシアニジントリマー　　図7.11 プロジアニンBI

タンニン酸 ［英 tannic acid　仏 acide tannique　独 Gerbsäure　露 дубильная кислота］ [1] $C_{14}H_{10}O_9$ 没食子酸のジ*デプシドで, m-ガロイル没食子酸ともいう. ふつうのものは2水化物の結晶. 融点285°C. 苦味をもち, コロイド溶液を沈殿させるなど, 性質はタンニンに似ている. タンニンの加水分解で生ずる. [2] タンニンをさす場合もある.

図7.12 タンニン酸

没食子酸 ［英 gallic acid　仏 acide gallique　独 Gallussäure　露 галловая кислота］ $C_7H_6O_5$ フェノール酸の1つ. 1水化物がふつうで, 無色の針状晶. 融点222°C. 遊離して茶の中にあり, また没食子そのほかの虫癭（ちゅうえい）中に*タンニンとして存在し, タンニンを加水分解して得られる. 強い還元剤. 水に溶け, その溶液は塩化鉄(III)により青黒色の沈殿を生ずる. 熔融すればピロガロールとなる. 没食子酸のデプシドはタンニン酸である.

図7.13 没食子酸

7.1 野菜

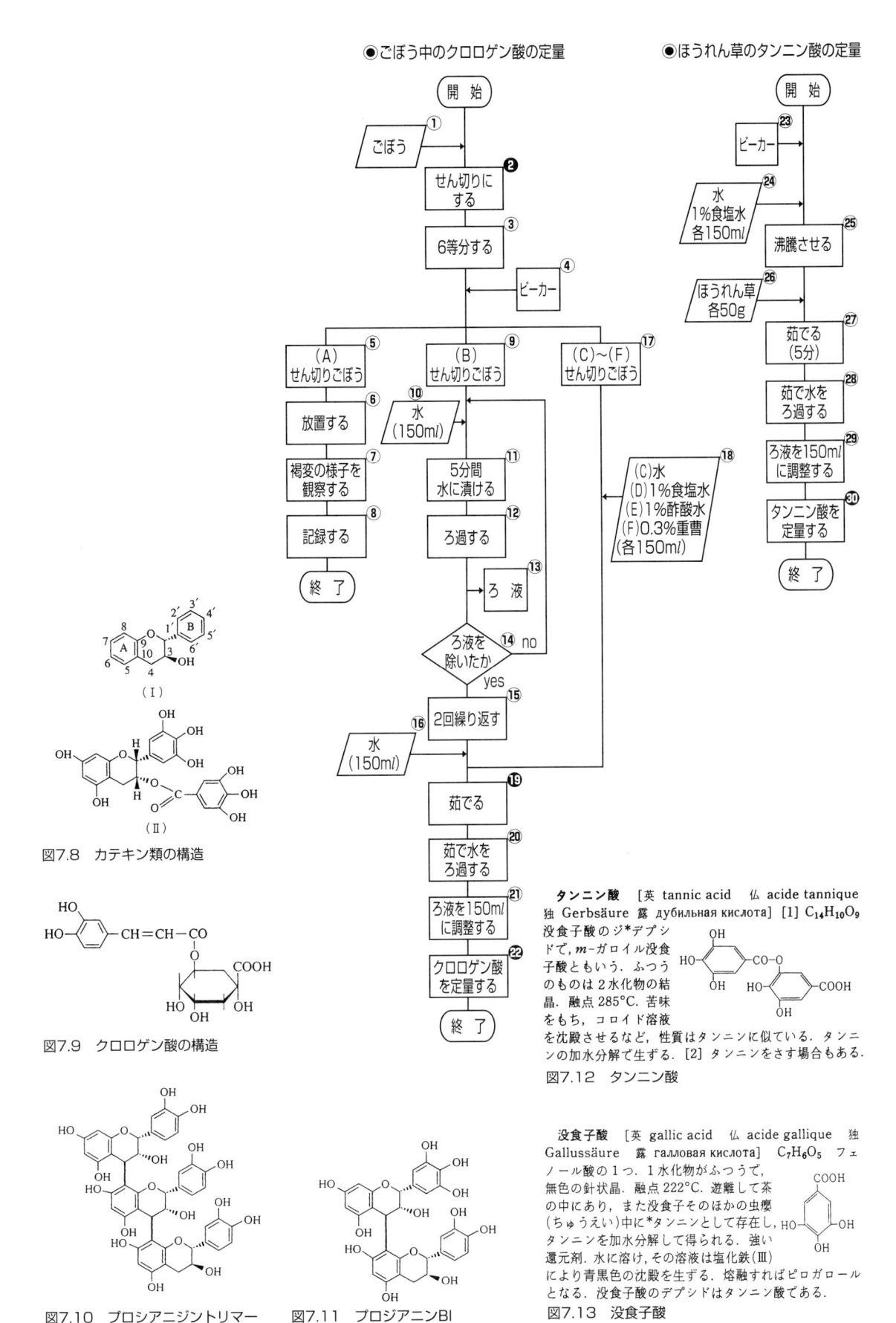

7.2 海藻

【実験】乾物の膨潤について

■目的

乾物は、冷蔵・冷凍・真空パックなどの食品加工技術が発達するまで、食品を保存するために用いられてきた伝統的技法である。食品は乾燥されることにより生の食品とは異なる特有の風味を持つようになり、乾物の方が好まれる食品もある。乾物を戻す温度や時間による膨潤状態を知り、各食品の調理に適する条件を把握する。

■試料

ひじき、干しわかめ、干ししいたけ、かんぴょう、凍り豆腐

■実験器具

ビーカー、メスシリンダー、温度計、ストップウォッチ、はかり、ペーパータオル、アルミホイル、一般実験器具、一般調理器具

■実験方法

❸各試料を3群に分け、ビーカーに入れて各10gはかる。試料間に差がないようにする。

❻❸の試料に、水（20℃）、温湯（60℃）、熱湯（95℃）をそれぞれ加え、アルミホイルで蓋をする。（B）と（C）の実験は恒温槽を使用する。

❽5、10、20分浸漬後試料を取り出し、水気を十分取り、重量を測定する。重量測定後の試料は、❹の各浸漬条件にもどす。

⓫各浸漬後の重量から、次式を用いて膨潤比を計算する。

$$膨潤比 = \frac{浸漬後の乾物の重量（g）}{乾物の重量（g）}$$

■結果

表7.8　計測結果

温度 試料＼浸漬時間	水（20℃）				温湯（60℃）				熱湯（95℃）			
	5	10	20	膨潤比	5	10	20	膨潤比	5	10	20	膨潤比
ひじき												
干しわかめ												
干ししいたけ												
かんぴょう												
凍り豆腐												

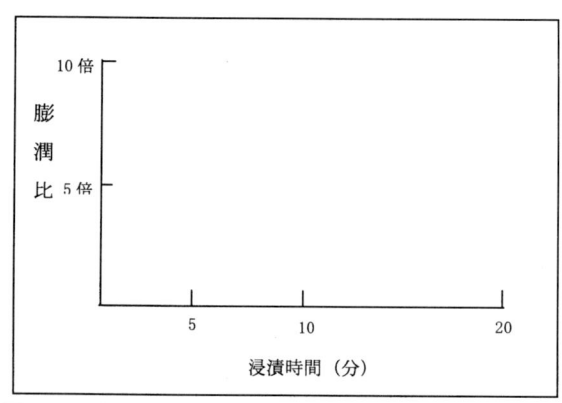

図7.14　計測結果

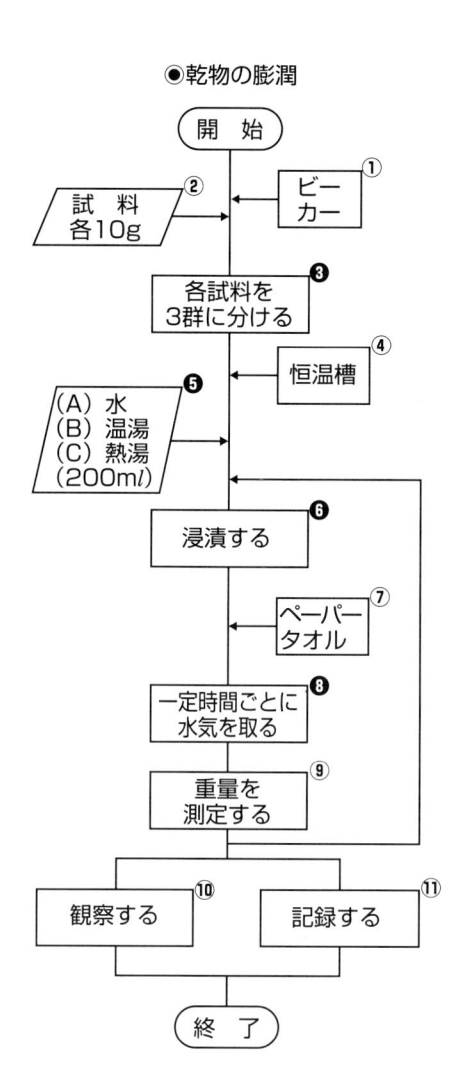

● 乾物の膨潤

```
                    開 始
                      ↓
       試料        ┌───────┐ ①
       各10g  ──→ │ビーカー│
        ②         └───────┘
                      ↓
                ┌──────────┐ ❸
                │各試料を  │
                │3群に分ける│
                └──────────┘
                      ↓
                   ┌──────┐ ④
                   │恒温槽│
                   └──────┘
       (A) 水         ↓
       (B) 温湯  ──→
       (C) 熱湯    ❺
       (200mℓ)
                      ↓
                ┌──────┐ ❻
                │浸漬する│ ←──────┐
                └──────┘         │
                      ↓          │
                ┌──────────┐ ⑦  │
                │ペーパー  │     │
                │タオル    │     │
                └──────────┘     │
                      ↓          │
                ┌──────────┐ ❽  │
                │一定時間ごとに│ │
                │水気を取る│     │
                └──────────┘     │
                      ↓          │
                ┌──────┐ ⑨      │
                │重量を│─────────┘
                │測定する│
                └──────┘
                      ↓
            ┌─────────┬─────────┐
        ┌───────┐ ⑩  ┌───────┐ ⑪
        │観察する│    │記録する│
        └───────┘    └───────┘
                ↓          ↓
                   終 了
```

7.2 海藻　　　151

7.3 果物

【実験1】イチゴジャム

■目的
　最近多くの果物がジャム用食品として使用されている。この果物のゲル化に必要な要素として、果物中のペクチン濃度と糖濃度、および酸度が必要となっている。またジャム作成時の加熱方法を変えたときの色の変化についても検討する。加熱方法として、ガス加熱と電子レンジ加熱によるイチゴジャムの作り方と保存方法について検討する。

■試料
　イチゴ400g、砂糖（イチゴの80%）320g、レモン3個、市販ジャム2、3種類

■実験器具
　pHメーター（pH試験紙）、耐熱性ボール2個、一般調理器具、糖度計

■実験方法
❷イチゴはへたを除き、洗浄する。
❺電子レンジは、ワット数で時間を検討する。吹きこぼれるようなら通電時間を3分毎にする。
❽、⓮砂糖を添加後10～15分間加熱する。火加減に注意する（弱火）、最終砂糖濃度は65%とする。この時コップテストを行う。
❾加熱終了直後に、レモン添加群にレモンを添加する。
㉒色差計で測定する。市販ジャムとの比較も行う。
㉓官能検査は順位法（p.49）により実施し、統計処理を行う。市販ジャムとの比較も行う。

■結果

表7.9　機器測定値

		L（明度）	a（彩度）	b（色相）
電子レンジ	(A)無添加			
	(B)レモン			
ガスレンジ	(C)無添加			
	(D)レモン			
市販ジャム				

表7.10　官能評価

		外観	色	硬さ	粘り	酸味	甘味
電子レンジ	(A)無添加						
	(B)レモン						
ガスレンジ	(C)無添加						
	(D)レモン						
市販ジャム							

```
                    ┌─────┐
                    │開 始│
                    └──┬──┘
         ┌─────────┐①  │
         │ 試 料  ├──→│
         │ (4種)  │    │
         └─────────┘   ↓
                    ┌─────┐ ❷
                    │洗 浄│
                    └──┬──┘
       ┌─────────┐③   │
       │ 砂 糖   ├───→│
       │(苺の80%)│    │
       └─────────┘    ↓
   ┌──────────┐④         ┌──────────┐⑬
   │電子レンジ├─←       →┤ガスレンジ│
   │ (A)(B)  │            │ (C)(D)  │
   └────┬─────┘            └────┬─────┘
        ↓                       ↓
   ┌─────────┐❺            ┌─────────┐⑭
   │加熱(20分)│              │加熱(15分)│
   └────┬─────┘            └────┬─────┘
        ↓                       ↓
     ╱砂糖濃度╲⑥ no         ╱砂糖濃度╲⑮ no
    ╱65%になっ ╲───→       ╱65%になっ ╲───→
    ╲ たか   ╱              ╲ たか   ╱
     ╲yes  ╱                 ╲yes  ╱
```

(省略: フローチャート続き — レモン汁(80ml)⑨、pHメーター⑧、無添加❼、撹拌⑩、pH測定⑪、pH3〜3.5であるか⑫、色差測定㉒、官能検査㉓、終了)

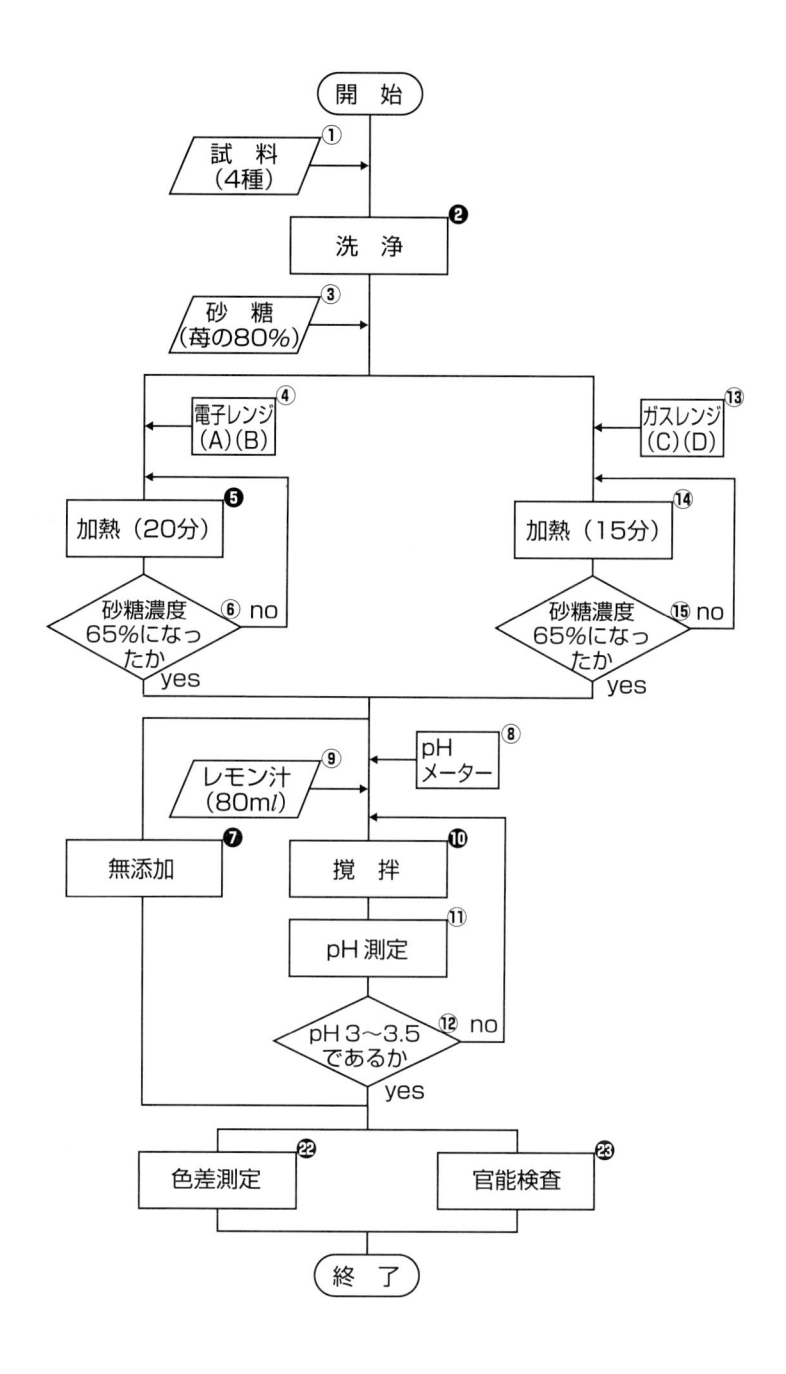

■参考

イチゴジャムの色素は、アントシアン色素である。この色素は、レモンを添加するとpHが低下して、より鮮やかな赤色になる。

ペクチンゼリーの仕上げ決定法は、糖度計測定方法で加熱時の糖度が65〜70%、温度計法では、沸騰点は104〜105℃である。コップ法は、ガラスコップに冷水を満たし濃縮汁を滴下する。濃縮不十分の時には滴下液は溶解する。十分濃縮されたときには、液はコップの底にゼリー状になって凝固する。

ジャムは、ペクチン濃度の多い果物に糖と酸を加えて加熱するとゲル形成し、ゼリー状になる。ジャムの3要素として、ペクチン濃度0.6%〜1.2%、糖65%、酸pH2.8から3.4でゲル形成する。ジャムのゼリー強度が高くなるのは、仕上がりの糖濃度が65%、pHが3.4のときである。

【実験2】キウイフルーツのタンパク分解酵素

■目的

　果物の中には多くのタンパク分解酵素が含まれている。パイナップルのブロメリンは肉の軟化酵素として使われている。パパイアのパパイン酵素もタンパク分解酵素があるために肉の軟化酵素として使われる。キウイフルーツは、ケーキの材料として使われることが多い。しかし、生で使った場合にはゼラチンのものは凝固しないことがある。このキウイフルーツのタンパク分解酵素について検討する。

■試料

　粉ゼラチン23g、砂糖135g、水472ml、キウイフルーツ270ml（約3.5個）

■実験器具

　プリン型、ビーカー、裏ごし、ミキサーまたはフードカッター、秤、小鍋、ストップウオッチ、シリンダー、カードメーター、pHメーター、糖度計、電子レンジ、温度計、一般調理器具

■実験方法

④小ボールに分量の水から80mlを測っていれ、ゼラチンをすこしずつ振り入れ、吸水膨潤させる。
⑩溶解温度は60℃くらいが良い。あまり高い温度はゼラチンのゲル化を阻害する。
⑭キウイフルーツは種をつぶさない様にうらごす。
⑱試料（A）は未加熱、（B）は電子レンジで50秒、（C）は70秒加熱する。
㉒冷蔵庫が氷水の中で冷やし固める。
㉓微温湯（50℃）に漬けて取り出す。
㉔機器測定、カードメーターまたはネオカードメーターで硬さを測定する。
㉕官能検査は、順位法で色、味、硬さを見る。
㉖、㉗電子レンジ加熱は、吹きこぼさないように注意して行う。温度を測る。

■実験条件

　加熱条件10秒、20秒、30秒、40秒、50秒、60秒、70秒、80秒
　果物の種類を変えるパイナップル、メロン、イチジク

■結果

表7.11　機器測定値

		キウイフルーツゼリー		
		未加熱	50秒加熱	70秒加熱
果汁	pH			
	糖度			
ゼリー強度				

表7.12　官能評価

	キウイフルーツゼリー		
	未加熱	50秒加熱	70秒加熱
味			
色			
順位			

■参考

　キウイフルーツは、種類によってタンパク分解酵素のアクチニジンが少ない品種があることが西山によって明らかとされている。この実験では、Hayward種を使うと良い。

1）西山一郎：日本家政学会誌、**51**、621-626（2000）

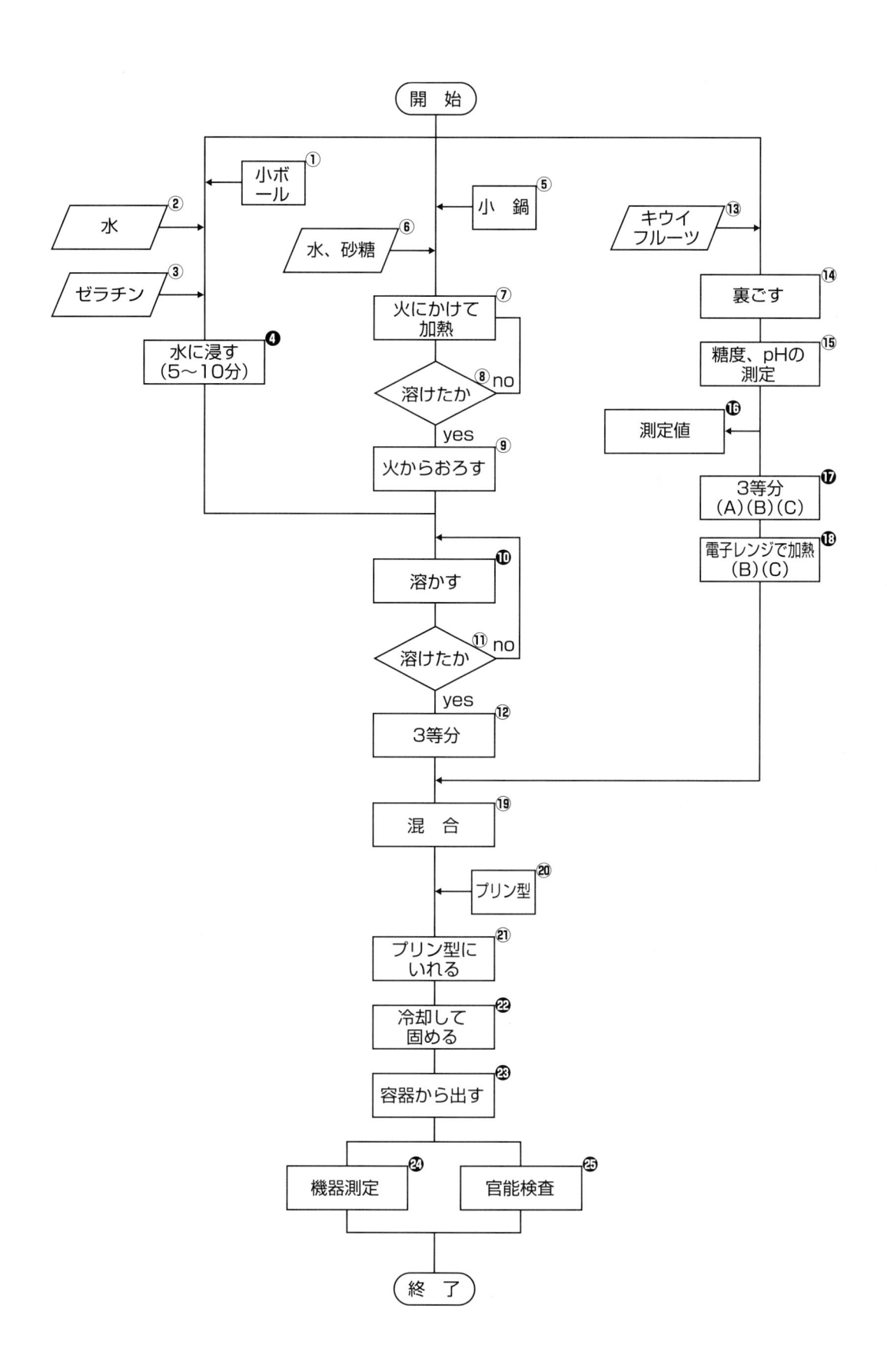

```
                              開 始
                                │
      ┌───────────────────────┬─┴──────────────────┐
      │                       │                    │
   ①小ボール              ⑤小鍋              ⑬キウイフルーツ
      │                       │                    │
  ②水 →│                  ⑥水、砂糖 →│            ↓
  ③ゼラチン →│                     ↓              ⑭裏ごす
      ↓                   ⑦火にかけて加熱          │
  ④水に浸す                      │                 ↓
   (5〜10分)                 ⑧溶けたか ─no┐     ⑮糖度、pHの測定
      │                       │yes       │         │
      │                   ⑨火からおろす  │     ⑯測定値
      │                       │          │         │
      └──────→ ⑩溶かす ←────┘         ⑰3等分 (A)(B)(C)
                     │                             │
                ⑪溶けたか ─no┐                ⑱電子レンジで加熱
                     │yes     │                   (B)(C)
                 ⑫3等分       │                    │
                     │        │                    │
                     └────────┴──────→ ⑲混合 ←────┘
                                        │
                                ⑳プリン型 →│
                                        ↓
                                ㉑プリン型にいれる
                                        ↓
                                ㉒冷却して固める
                                        ↓
                                ㉓容器から出す
                                   ┌────┴────┐
                               ㉔機器測定  ㉕官能検査
                                   └────┬────┘
                                      終 了
```

7.3 果物

【実験3】果物の褐変

■目的

果物は加工調理によって変色するが、その主な原因には酵素による褐変と非酵素的褐変の2つがある。ここでは酵素による褐変についてリンゴを用いて実験を行い、色よく調理する方法について理解する。

■試料

リンゴ1個、食塩0.5g、食酢5ml、レモン汁5ml、L-アスコルビン酸0.025g

■実験器具

ビーカー（100ml）、メスピペット（5ml）、ストップウォッチ、裏ごし器、おろし器、pHメーター、pH試験紙、レモンしぼり器、標準色票、色差計、一般調理器具

■実験方法

❸、❺なるべく変色をしないようにおろす。

⓫10、20、30分後の色の変化を観察・記録し、また標準色票を用いて測定する。

■実験条件

果物の種類：梨、もも、バナナ

■結果

表7.13 測定結果

	pH	色の変化			
		0分	10分後	20分後	30分後
（A）無添加					
（B）食酢					
（C）10％食塩水					
（D）レモン汁					
（E）0.5％L-アスコルビン酸					
（F）煮リンゴ					

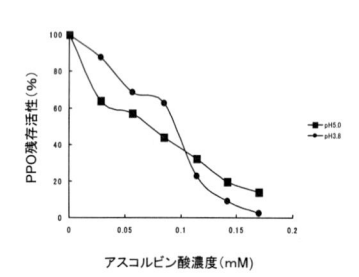

図7.15 各pHのアスコルビン酸濃度におけるPPOの残存活性

■参考

果物は切断、摩砕などにより細胞が破壊されると、中に含まれるポリフェノール類がポリフェノールオキシダーゼなどの酵素によってキノン類に変化する。このキノン類は更に酸化縮合して着色物質を生じる。①酵素の褐変を防止するには、酵素との接触を防ぐ（水などに漬ける）②pHを低下させる（食酢の添加）③加熱や酵素阻害剤（食塩）を添加して酵素を失活させるなどの方法がある。また、褐変開始を遅らせる方法として、レモン汁、L-アスコルビン酸の添加が考えられる。さらにアスコルビン酸の添加が考えられる。更に食塩とアスコルビン酸を併用すると防止効果を高めることができる。

図7.16 ポリフェノールの変化

1) T.Wakayama：A.C.Ssymposium/American chemical Society、**600**、p.259（1955）

●リンゴの褐変

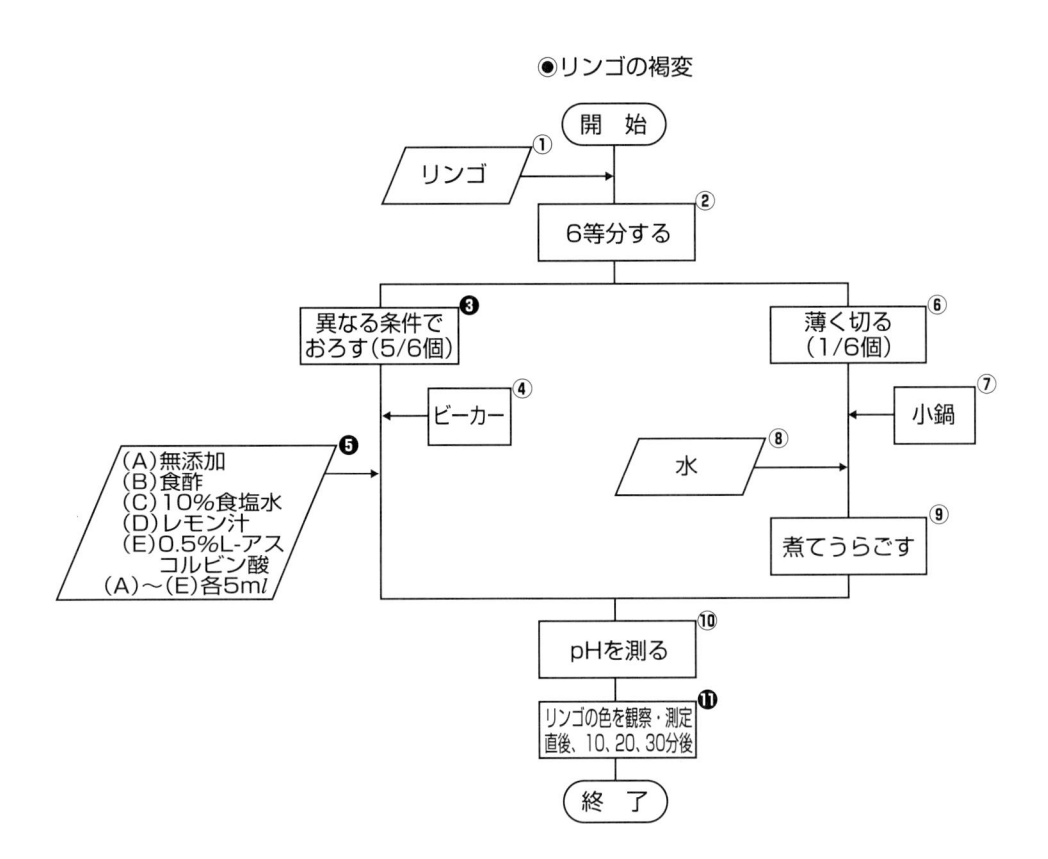

```
           ┌─────────┐
           │  開 始  │
      ①   └────┬────┘
  ┌─────┐      │
  │リンゴ│─────→│
  └─────┘      │
           ┌───┴────┐ ②
           │6等分する│
           └───┬────┘
   ┌───────────┴───────────┐
❸ │異なる条件で            │薄く切る    ⑥
   │おろす(5/6個)          │(1/6個)
   │               ④      │         ⑦
   │      ←──┤ビーカー│    │  ←──┤小鍋│
   │                      │
❺ │(A)無添加              │    ⑧
   │(B)食酢          ──→  │  ┌──┐
   │(C)10%食塩水          │  │水 │──→
   │(D)レモン汁           │  └──┘
   │(E)0.5%L-アス         │         ⑨
   │   コルビン酸          │  ┌──────┐
   │(A)〜(E)各5ml         │  │煮てうらごす│
   └───────────┬───────────┘
           ┌───┴────┐ ⑩
           │pHを測る│
           └───┬────┘
       ┌───────┴────────┐ ⑪
       │リンゴの色を観察・測定│
       │直後、10、20、30分後│
       └───────┬────────┘
           ┌───┴────┐
           │  終 了  │
           └────────┘
```

8

付録

表8.1 高齢者用食品群別認可基準

		咀しゃく困難者用食品				
許可要件		咀しゃくを容易または不要ならしめることを目的として設計・加工された食品で下の基準を満たすもの				
タイプ		1	2	3	4	5
形状		ゾル	ゾル中に固形物*	ゲル	ゲル中に固形物*	固形物*
例示		ポタージュ	おかゆ おじや	にこごり ゼリー	よせもの アスピック	水煮 煮物
規格	硬さ、食べやすさの目安	かまなくてもよい	かまなくてもよい	舌でつぶせる	歯ぐきでつぶせる	歯ぐきでつぶせる
	固形物の比率（重量%）	—	—	—	—	—
	硬さ（一定速度で圧縮した時の抵抗）：(N/m^2)	$5×10^2 N/m^2$以下	固形物を含む全体を測定して$5×10^3 N/m^2$以下	$5×10^4 N/m^2$以下	固形物を含む全体を測定して$5×10^4 N/m^2$以下	$5×10^4 N/m^2$以下
	ゾルの粘度（mPa·s）	—	—	—	—	—
必要的表示事項		1.「咀しゃくの困難者用食品」を意味する文字 2. 栄養成分表示 3. えん下困難者には適しない旨の表示				
許容される表示の範囲		1. 栄養強調表示等				

		咀しゃく・えん下困難者用食品			
許可要件		咀しゃくを容易または不要ならしめるとともに、適当な増粘剤等を用いることによってえん下を用意ならしめ、かつ誤えんを防ぐことを目的として設計・加工された食品で下の基準を満たすもの			
タイプ		1	2	3	4
形状		ゾル	ゾル中に固形物*	ゲル	ゲル中に固形物*
例示		ポタージュ	おかゆ おじや	にこごり ゼリー	よせもの アスピック
規格	硬さ、食べやすさの目安	かまなくてもよい	かまなくてもよい	舌でつぶせる	歯ぐきでつぶせる
	固形物の比率（重量%）	—	50%以下	—	50%以下
	硬さ（一定速度で圧縮した時の抵抗）：(N/m^2)	$5×10^2 N/m^2$以下	固形物を含む全体を測定して$5×10^3 N/m^2$以下	$1×10^4 N/m^2$以下	固形物を含む全体を測定して$5×10^4 N/m^2$以下
	ゾルの粘度（mPa·s）	$1.5×10^3$ mPa·s以上	$1.5×10^3$ mPa·s以上	—	—
必要的表示事項		1.「咀しゃく・えん下困難者用食品」を意味する文字 2. 栄養成分表示			
許容される表示の範囲		1. 栄養強調表示等			

＊：固形物の大きさの上限の目安は、立方体に近いもの、不定形な塊状のもの等にあっては、$1cm^3$とする。但し、極端に扁平なもの、細長いもの等にあっては長さの上限をおおむね2cmとする。

表8.2 3点識別試験法検定表

n	危険率 5%	1%	0.1%	n	危険率 5%	1%	0.1%	n	危険率 5%	1%	0.1%	n	危険率 5%	1%	0.1%
3	3	—	—	25	13	15	17	47	23	24	27	69	31	34	36
4	4	—	—	26	14	15	17	48	23	25	27	70	32	34	37
5	4	5	—	27	14	16	18	49	23	25	28	71	32	34	37
6	5	6	—	28	15	16	18	50	24	26	28	72	32	35	38
7	5	6	7	29	15	17	19	51	24	26	29	73	33	35	38
8	6	7	8	30	15	17	19	52	24	27	29	74	33	36	39
9	6	7	8	31	16	18	20	53	25	27	29	75	34	36	39
10	7	8	9	32	16	18	20	54	25	27	30	76	34	36	39
11	7	8	10	33	17	18	21	55	26	28	30	77	34	37	40
12	8	9	10	34	17	19	21	56	26	28	31	78	35	37	40
13	8	9	11	35	17	19	22	57	26	29	31	79	35	38	41
14	9	10	11	36	18	20	22	58	27	29	32	80	35	38	41
15	9	10	12	37	18	20	22	59	27	29	32	82	36	39	42
16	9	11	12	38	19	21	23	60	28	30	33	84	37	40	43
17	10	11	13	39	19	21	23	61	28	30	33	86	38	40	44
18	10	12	13	40	19	21	24	62	28	31	33	88	38	41	44
19	11	12	14	41	20	22	24	63	29	31	34	90	39	42	45
20	11	13	14	42	20	22	25	64	29	32	34	92	40	43	46
21	12	13	15	43	21	23	25	65	30	32	35	94	41	44	47
22	12	14	15	44	21	23	25	66	30	32	35	96	42	44	48
23	12	14	16	45	22	24	26	67	30	33	36	98	42	45	49
24	13	15	16	46	22	24	26	68	31	33	36	100	43	46	49

表8.3 3点嗜好試験法検定表

n	危険率 5%	1%	0.1%	n	危険率 5%	1%	0.1%	n	危険率 5%	1%	0.1%
3	3	3	—	33	11	13	14	63	17	19	21
4	3	4	—	34	11	13	15	64	17	19	21
5	4	4	5	35	11	13	15	65	17	19	21
6	4	5	6	36	12	13	15	66	17	19	21
7	4	5	6	37	12	14	15	67	18	20	22
8	5	5	6	38	12	14	16	68	18	20	22
9	5	6	7	39	12	14	16	69	18	20	22
10	5	6	7	40	13	14	16	70	18	20	22
11	5	6	8	41	13	14	16	71	18	20	23
12	6	7	8	42	13	14	16	72	19	21	23
13	6	7	8	43	13	14	16	73	19	21	23
14	6	7	9	44	13	14	16	74	19	21	23
15	7	8	9	45	13	14	16	75	19	21	24
16	7	8	9	46	13	15	16	76	20	22	24
17	7	8	10	47	13	15	17	77	20	22	24
18	7	9	10	48	14	15	17	78	20	22	24
19	8	9	10	49	14	15	17	79	20	22	25
20	8	9	11	50	14	16	18	80	20	22	25
21	8	9	11	51	14	16	18	82	21	23	25
22	8	10	11	52	14	16	18	84	21	23	26
23	9	10	12	53	15	16	18	86	22	24	26
24	9	10	12	54	15	17	19	88	22	24	27
25	9	10	12	55	15	17	19	90	22	25	27
26	9	11	12	56	15	17	19	92	23	25	28
27	10	11	13	57	16	17	19	94	23	25	28
28	10	11	13	58	16	17	20	96	24	26	29
29	10	11	13	59	16	18	20	98	24	26	29
30	10	12	13	60	16	18	20	100	24	27	29
31	10	12	14	61	16	18	20				
32	11	12	14	62	17	18	20				

表8.4 クレーマーの検定表

α=5%   (1)

n \ t	2	3	4	5	6	7	8	9	10	11	12
2	—	—	—	—	—	—	—	—	—	—	—
3	—	—	—	4-14	4-17	4-20	4-23	5-25	5-28	5-31	5-34
4	—	5-11	5-15	6-18	6-22	7-25	7-29	8-32	8-36	8-39	9-43
5	—	6-14	7-18	8-22	9-26	9-31	10-35	11-39	12-43	12-48	13-52
6	7-11	8-16	9-21	10-26	11-31	13-41	14-46	15-51	17-55	18-60	18-60
7	8-13	10-18	11-24	12-30	14-35	15-41	17-46	15-52	19-58	21-63	22-69
8	9-15	11-21	13-27	15-33	17-39	18-46	20-52	22-58	24-64	25-71	27-77
9	11-19	13-23	15-30	17-37	19-44	22-50	24-57	26-64	28-71	30-78	32-85
10	12-18	15-25	17-33	20-40	22-48	25-55	27-63	30-70	32-78	35-85	37-93
11	13-20	16-28	19-36	22-44	25-52	28-60	31-68	34-76	36-85	39-93	42-101
12	15-21	18-30	21-39	25-47	28-56	31-65	37-74	38-82	41-91	44-100	47-109
13	16-23	20-32	24-41	27-51	31-60	35-69	38-79	42-88	45-98	49-107	52-117
14	17-25	22-34	26-44	30-54	34-64	38-74	42-84	46-94	50-104	54-114	57-125
15	19-26	23-37	28-47	32-58	37-68	41-79	46-89	50-100	54-111	58-122	63-132
16	20-28	25-39	30-50	35-61	40-72	45-83	49-95	54-106	59-117	63-129	68-140
17	22-29	27-41	32-53	38-64	43-76	48-88	53-100	58-112	63-124	68-136	73-148
18	23-31	29-43	34-56	40-68	46-80	52-92	57-105	62-118	68-130	73-143	79-155
19	24-33	30-46	37-58	43-71	49-84	55-97	61-110	67-123	73-136	78-150	84-163
20	26-34	32-48	39-61	45-75	52-88	58-102	65-115	71-129	77-143	83-157	90-170

α=1%   (2)

n \ t	2	3	4	5	6	7	8	9	10	11	12
2	—	—	—	—	—	—	—	—	—	—	—
3	—	—	—	—	—	—	—	—	4-29	4-32	4-35
4	—	—	—	5-19	5-23	5-27	6-30	6-34	6-38	6-42	7-45
5	—	—	6-19	7-23	7-28	8-37	9-41	9-46	10-50	10-50	10-55
6	—	7-17	8-22	9-27	9-33	10-38	11-43	12-48	13-53	13-59	14-64
7	—	8-20	10-25	11-31	12-37	14-43	14-49	15-55	16-61	17-67	18-73
8	9-15	10-22	11-29	12-35	14-42	16-48	17-55	19-61	20-68	21-75	23-81
9	10-17	12-24	13-32	15-39	17-46	19-53	21-60	22-68	24-75	26-82	27-90
10	11-19	13-27	15-35	18-42	20-50	22-58	24-66	26-74	28-82	30-90	32-93
11	12-21	15-29	17-38	20-46	25-55	25-63	27-72	30-80	32-89	34-98	37-106
12	14-22	17-31	19-41	22-50	25-59	28-68	31-77	33-87	36-96	39-105	42-114
13	15-24	18-34	21-44	25-53	28-63	31-73	34-83	37-93	40-103	43-113	46-123
14	16-26	20-36	24-46	27-57	31-67	34-78	38-88	41-98	45-109	48-120	51-131
15	18-27	22-38	26-49	30-60	37-71	37-83	41-94	45-105	49-116	53-127	56-139
16	19-29	23-41	28-52	32-64	36-76	41-87	45-99	49-111	53-123	57-135	62-146
17	20-31	25-43	30-55	35-67	39-80	44-92	49-104	53-117	58-129	62-142	67-154
18	22-32	27-45	32-58	37-71	42-84	47-97	52-110	57-123	62-136	67-149	72-162
19	22-34	29-47	34-61	40-74	45-88	50-102	55-115	61-129	67-142	72-156	77-170
20	24-36	30-50	36-64	42-78	48-92	54-106	60-120	65-135	71-149	77-163	82-178

表8.5 スピアマンの順位相関係数 r_s の検定表

試料数（t）	4	5	6	7	8	9	10
片側5%	1.000	0.900	0.829	0.714	0.643	0.600	0.564
両側5%	―	1.000	0.886	0.790	0.742	0.687	0.648

表8.6 ケンドールの順位の一致性係数WのSによる検定表

α	n \ t	3	4	5	6	7
5%	3	18	37.0	64.4	103.9	157.3
	4	26	49.5	88.4	143.3	217.0
	5	32	62.6	112.3	182.4	276.2
	6	42	75.7	136.1	221.4	335.2
	8	50	101.7	183.7	299.0	453.1
	10	60.0	127.8	231.2	376.7	571.0
	15	68.9	192.9	349.8	570.5	864.9
	20	119.7	258.0	468.5	764.4	1158.7
1%	3	―	―	75.6	122.8	185.6
	4	32	61.4	109.3	176.2	265.0
	5	42	80.5	142.8	229.4	343.8
	6	54	99.5	176.1	282.4	422.6
	8	72	137.4	242.7	388.3	579.9
	10	85.1	175.3	309.1	494.0	737.0
	15	131.0	269.8	475.2	758.2	1129.5
	20	177.0	364.2	641.2	1022.2	1521.9

表8.7 F分布表

ϕ_2 \ ϕ_1	5%					1%				
	1	2	3	4	5	1	2	3	4	5
1	161.	200.	216.	225.	230.	4052.	5000.	5403.	5625.	5764.
2	18.5	19.0	19.2	19.2	19.3	98.5	99.0	99.2	99.2	99.3
3	10.1	9.55	9.28	9.12	9.01	34.1	30.8	29.5	28.7	28.2
4	7.71	6.94	6.59	6.39	6.26	21.2	18.0	16.7	16.0	15.5
5	6.61	5.79	5.41	5.19	5.05	16.3	13.3	12.1	11.4	11.0
6	5.99	5.14	4.76	4.53	4.39	13.7	10.9	9.78	9.15	8.75
7	5.59	4.74	4.35	4.12	3.97	12.2	9.55	8.45	7.85	7.46
8	5.32	4.46	4.07	3.84	3.69	11.3	8.65	7.59	7.01	6.63
9	5.12	4.26	3.86	3.63	3.48	10.6	8.02	6.99	6.42	6.06
10	4.96	4.10	3.71	3.48	3.33	10.0	7.56	6.55	5.99	5.64
11	4.84	3.98	3.59	3.36	3.20	9.65	7.21	6.22	5.67	5.32
12	4.75	3.89	3.49	3.26	3.11	9.33	6.93	5.95	5.41	5.06
13	4.67	3.81	3.41	3.18	3.03	9.07	6.70	5.74	5.21	4.86
14	4.60	3.74	3.34	3.11	2.96	8.86	6.51	5.56	5.04	4.69
15	4.54	3.68	3.29	3.06	2.90	8.68	6.36	5.42	4.89	4.56
16	4.49	3.63	3.24	3.01	2.85	8.53	6.23	5.29	4.77	4.44
17	4.45	3.59	3.20	2.96	2.81	8.40	6.11	5.18	4.67	4.34
18	4.41	3.55	3.16	2.93	2.77	8.29	6.01	5.09	4.58	4.25
19	4.38	3.52	3.13	2.90	2.74	8.18	5.93	5.01	4.50	4.17
20	4.35	3.49	3.10	2.87	2.71	8.10	5.85	4.94	4.43	4.10
21	4.32	3.47	3.07	2.84	2.68	8.02	5.78	4.87	4.37	4.04
22	4.30	3.44	3.05	2.82	2.66	7.75	5.72	4.82	4.31	3.99
23	4.28	3.42	3.03	2.80	2.64	7.88	5.66	4.76	4.26	3.94
24	4.26	3.40	3.01	2.78	2.62	7.82	5.61	4.72	4.22	3.90
25	4.24	3.39	2.99	2.76	2.60	7.77	5.57	4.68	4.18	3.85
26	4.23	3.37	2.98	2.74	2.59	7.72	5.53	4.64	4.14	3.82
27	4.21	3.35	2.96	2.73	2.57	7.68	5.49	4.60	4.11	3.78
28	4.20	3.34	2.95	2.71	2.56	7.64	5.45	4.57	4.07	3.75
29	4.18	3.33	2.93	2.70	2.55	7.60	5.42	4.54	4.04	3.73
30	4.17	3.32	2.92	2.69	2.53	7.56	5.39	4.51	4.02	3.70
40	4.08	3.23	2.84	2.61	2.45	7.31	5.18	4.31	3.83	3.51
60	4.00	3.15	2.76	2.53	2.37	7.08	4.98	4.13	3.65	3.34
120	3.92	3.07	2.68	2.45	2.29	6.85	4.79	3.95	3.48	3.17
∞	3.84	3.00	2.60	2.37	2.21	6.63	4.61	3.78	3.32	3.02

表8.8 スチューデント化された範囲qの表

α=5%　(1)

φ \ t	2	3	4	5	6	7	8	9	10	12	15	20
1	18.0	27.0	32.8	37.1	40.4	43.1	45.4	47.4	49.1	52.0	55.4	59.6
2	6.09	8.3	9.8	10.9	11.7	12.4	13.0	13.5	14.0	14.7	15.7	16.8
3	4.50	5.91	6.82	7.50	8.04	8.48	8.85	9.18	9.46	9.95	10.52	11.24
4	3.93	5.04	5.76	6.29	6.71	7.05	7.35	7.60	7.83	8.21	8.66	9.23
5	3.64	4.60	5.22	5.67	6.03	6.33	6.58	6.80	6.99	9.32	7.72	8.21
6	3.46	4.34	4.90	5.31	5.63	5.89	6.12	6.32	6.49	6.79	7.14	7.59
7	3.34	4.16	4.68	5.06	5.36	5.61	5.82	6.00	6.16	6.43	6.76	7.17
8	3.26	4.04	4.53	4.89	5.17	5.40	5.60	5.77	5.92	6.18	6.48	6.87
9	3.20	3.95	4.42	4.76	5.02	5.24	5.43	5.60	5.74	5.98	6.28	6.64
10	3.15	3.88	4.33	4.65	4.91	5.12	5.30	5.46	5.60	5.83	6.11	6.47
11	3.11	3.82	4.26	4.57	4.82	5.03	5.20	5.35	5.49	5.71	5.99	6.33
12	3.08	3.77	4.20	4.51	4.75	4.95	5.12	5.27	5.40	5.62	5.88	6.21
13	3.06	3.73	4.15	4.45	4.69	4.88	5.05	5.19	5.32	5.53	5.79	6.11
14	3.03	3.70	4.11	4.41	4.64	4.83	4.99	5.13	5.25	5.46	5.72	6.03
15	3.01	3.67	4.08	4.37	4.60	4.78	4.94	5.08	5.20	5.40	5.65	5.96
16	3.00	3.65	4.05	4.33	4.56	4.74	4.90	5.03	5.15	5.35	5.59	5.90
17	2.98	3.63	4.02	4.30	4.52	4.71	4.86	4.99	5.11	5.31	5.55	5.84
18	2.97	3.61	4.00	4.28	4.49	4.67	4.82	4.96	5.07	5.27	5.50	5.79
19	2.96	3.59	3.98	4.25	4.47	4.65	4.79	4.92	5.04	5.23	5.46	5.75
20	2.95	3.58	3.96	4.23	4.45	4.62	4.77	4.90	5.01	5.20	5.43	5.71
24	2.92	3.53	3.90	4.17	4.37	4.54	4.68	4.81	4.92	5.10	5.32	5.59
30	2.89	3.49	3.84	4.10	4.30	4.46	4.60	4.72	4.83	5.00	5.21	5.48
40	2.86	3.44	3.79	4.04	4.23	4.39	4.52	4.63	4.74	4.91	5.11	5.36
60	2.83	3.40	3.74	3.98	4.16	4.31	4.44	4.55	4.65	4.81	5.00	5.24
120	2.80	3.36	3.69	3.92	4.10	4.24	4.36	4.48	4.56	4.72	4.90	5.13
∞	2.77	3.31	3.63	3.86	4.03	4.17	4.29	4.39	4.47	4.62	4.80	5.01

α=1%　(2)

φ \ t	2	3	4	5	6	7	8	9	10	12	15	20
1	90.0	135	164	186	202	216	227	237	246	260	277	298
2	14.0	19.0	22.3	24.7	26.6	28.2	29.5	30.7	31.7	33.4	35.4	37.9
3	8.26	10.6	12.2	13.3	14.2	15.0	15.6	16.2	16.7	17.5	18.5	19.8
4	6.51	8.12	9.17	9.96	10.6	11.1	11.5	11.9	12.3	12.8	13.5	14.4
5	5.70	6.97	7.80	8.42	8.91	9.32	9.67	9.97	10.24	10.70	11.24	11.93
6	5.24	6.33	7.03	7.56	7.97	8.32	8.61	8.87	9.10	9.49	9.95	10.54
7	4.95	5.92	6.54	7.01	7.37	7.68	7.94	8.17	8.37	8.71	9.12	9.65
8	4.74	5.63	6.20	6.63	6.96	7.24	7.47	7.68	7.87	8.18	8.55	9.03
9	4.60	5.43	5.96	6.35	6.66	6.91	7.13	7.32	7.49	7.78	8.13	8.57
10	4.48	5.27	5.77	6.14	6.43	6.67	6.87	7.05	7.21	7.48	7.81	8.22
11	4.39	5.14	5.62	5.97	6.25	6.48	6.67	6.84	6.99	7.25	7.56	7.95
12	4.32	5.04	5.50	5.84	6.10	6.32	6.51	6.67	6.81	7.06	7.36	7.73
13	4.26	4.96	5.40	5.73	5.98	6.19	6.37	6.53	6.67	6.90	7.19	7.55
14	4.21	4.89	5.32	5.63	5.88	6.08	6.26	6.41	6.54	6.77	7.05	7.39
15	4.17	4.83	5.25	5.56	5.80	5.99	6.16	6.31	6.44	6.66	6.93	7.26
16	4.13	4.78	5.19	5.49	5.72	5.92	6.08	6.22	6.35	6.56	6.82	7.15
17	4.10	4.74	5.14	5.43	5.66	5.85	6.01	6.15	6.27	6.48	6.73	7.05
18	4.07	4.70	5.09	5.38	5.60	5.79	5.94	6.08	6.20	6.41	6.65	6.96
19	4.05	4.67	5.05	5.33	5.55	5.73	5.89	6.02	6.14	6.34	6.58	6.89
20	4.02	4.64	5.02	5.29	5.51	5.69	5.84	5.97	6.09	6.29	6.52	6.82
24	3.96	4.54	4.91	5.17	5.37	5.54	5.69	5.81	5.92	6.11	6.33	6.61
30	3.89	4.45	4.80	5.05	5.24	5.40	5.54	5.65	5.76	5.93	6.14	6.41
40	3.82	4.37	4.70	4.93	5.11	5.27	5.39	5.50	5.60	5.77	5.96	6.21
60	3.76	4.28	4.60	4.82	4.99	5.13	5.25	5.36	5.45	5.60	5.79	6.02
120	3.70	4.20	4.50	4.71	4.87	5.01	5.12	5.21	5.30	5.44	5.61	5.83
∞	3.64	4.12	4.40	4.60	4.76	4.88	4.99	5.08	5.16	5.29	5.45	5.65

索引

ア

アク	148
アクチニジン	154
アクチン	107
アクトミオシン	107
あく抜き	148
揚げ物	128, 130
―の種類	130
―用温度計	19
揚げ油	128
味の対比効果	62
アスコルビン酸	156
アセトアルデヒド	146
圧縮進入試験	30
油の吸着	128
アミログラフ	13
アルコール温度計	19
アントシアニン	145
―色素	153

イ

イースト発酵	74
イカ肉	104
イチゴジャム	152
一元配置法	51
一般乾物の吸水量	97
一般細菌数	132
イモ	80
因子分析	56

ウ

うま味物質の相互作用	62
うるち米	68, 70

エ

衛生試験	40
えぐ味	148
エステンソグラフ	15
エマルジョン	134, 136

オ

オーバーラン	112, 120
オーブン	80
応力	37
―ひずみ曲線	36
オストワルド粘度計	24, 25
オボアルブミン	121
オボトランスフェリン	121
オボムコイド	121
温度計法	153
温度履歴曲線	82

カ

回転粘度計	26
海藻	150
かき卵汁	20
硬さ	29
片栗粉	70
カードテンションメーター	70
カードメーター	13, 30, 70, 90, 96, 100, 104, 124, 154
ガスメーター	14
カッテージチーズ	114
カテキン	149
加熱糊化	82
加熱時間	108
カラメルソース	18
カラメル化	84
ガラス器具	11
乾燥食品	96
乾燥豆類	94
乾物	150
寒天	88, 90
官能検査	4, 44, 124
―順位法	98, 104, 152
―の目的と手法	45
―評点法	122, 132
―実施の方法	44
官能評価	76, 78, 80, 82, 90, 108
換水値	77
緩慢凍結	146

キ

キウイフルーツ	154
危険防止	10
希釈卵液	124
キノン類	156
揮発性塩基窒素	98
基本味の閾値	61
気泡性	120
強力粉	72
凝固温度	91
凝集性	29
吸水	140
吸水曲線	94
吸着量	128
吸油率	131
吸油量	130, 131
急速凍結	146
牛すね肉	110
牛ひき肉	106
魚介	98

魚類鮮度判定恒数	98

ク

空洞状膨化	74
果物	152
果物の褐変	156
クレーマーの検定表	50, 63, 163
クロロゲン酸	148, 149
クロロフィル	144
グリアジン	72
グルテニン	72
グルテン	70, 72
グロブリン	121

ケ

鶏卵	116
ゲル	30
― 化	152
― 性状	122
― 形成	153
原形質	
― 膜	140
― 分離	141
検知閾	61
ケンドールの一致性係数 W の検定	50
ケンドールの順位の一致性 W の S による検定表	163
ケンネ油	106

コ

光学顕微鏡	38
硬質チーズ	114
酵素	156
― による褐変	156
降伏点	36
凍り豆腐	96
高齢者用食品群別認可基準	160
糊化	
― 温度	82
― 特性	82
コップ法	153
五味の識別検査	63
小麦粉	72, 74
米	66
コラーゲン	100
衣がけ	86
衣揚げ	130
コンパクト・テクスチュロメーター	12

サ

最大氷結晶生成帯	146
最低最高温度計	19

細菌数	98
魚	
― の筋肉組織	103
― の鮮度判別	98
サツマイモ	80
砂糖溶液	84
酸化縮合	156
酸度	152
酸乳	114
さらしあん	88

シ

ジュラン	11
塩締め	98
閾値	61, 63
嗜好型パネル	44
嗜好調査尺度	51
色素法	134
渋味	148
シュウ酸	148
自由度の計算	
― 一元配置法	51, 52
― 二元配置法	53, 54
獣鳥肉	106
収縮率	104
重量減少率	108
重量変化率	100
主調理操作の四面体	4
汁物の温度降下	20
順位法	49, 62
順応効果	62
初期弾性率	37
植物細胞	141
食器洗浄試験	40
食品の組織	38
食品衛生	40
白玉粉	70
しん粉	70
親水基	134, 136
浸水時間	94
浸漬	66
真空パック	146
進入試験	33
進入度曲線	34

ス

酢締め	98
水銀温度計	18
水中油滴型	134
炊飯	66, 68
スチューデント化された範囲 q の表	164

スピアマンの順位相関係数	49	テクスチュロメーター	12,28
― 検定表	163	添加材料	70
スポンジ状膨化	74	電気伝導性	134
清まし汁	20	電気伝導法	134
		電子レンジ	80
セ		加熱	152
生成糖量	80	テンシプレッサー	12
脆性破断	36	でんぶ	102
接眼マイクロメーター	38	デンプン	20,40,70,72,80,82
セマンティック・ディファレンシャル法	56,70	天然色素	144
ゼラチン	88,90,100		
ゼリー強度	90	**ト**	
染色試薬	39	糖	84
鮮度判別	116	ドウ	72
		凍結	146
ソ		糖度	80
疎水基	134,136	― 計	80
相関係数	56	― 測定法	153
相乗効果	62	糖濃度	152
相対粘度	78	動粘度	37
そぼろ	102	特殊チーズ	114
ゾル	30	特別硬質チーズ	114
		トリメチルアミン	98
タ			
対物マイクロメーター	38	**ナ**	
脱脂乳	114	菜種法	16
脱水率	104,128,130	生クリームの気泡性	112
卵	116	軟質チーズ	114
― の鮮度	120		
― 希釈液	124	**ニ**	
だんご生地	70	煮魚	100
弾性率	37	二元配置法	53,54,55,156
タンニン	148	肉の軟化	110
タンパク質	72,121,154	肉眼観察	38
― の分解酵素	110,154	乳	112
― の溶解性	100	乳化	136
弾力性	96	― 剤	134,136
		― 食品	134
チ		― 性	118
血合肉	102	ニュートン流動	24
チーズの種類と特徴	115		
中力粉	72	**ネ**	
調理科学実験	3,5	ネオカードメーター	33
調理学	2	熱凝固	124
		熱凝固性	118
テ		熱電対温度計	14,19,68,108,110,128,132
呈味物質	61	粘性係数	26
呈味溶液	63	粘度	37
テクスチャー	28,104	― 曲線	82
― 曲線	29	粘稠性	30,31,32,34
― 特性	29	粘稠度	32,34

ノ

濃厚卵白率	116

ハ

配偶法	48
― 検査用紙	48
― 検定表	48
破断	
― 応力	36
― 曲線	37
― 硬度	96
― 点	36
― 特性	30,36,37
― 力	30,34
パイナップル	154
パイレックス	11
薄力粉	72
バターライス	68
パネル	44
パパイア	110,154
パパイン酵素	154
ハリオ	11
パン粉揚げ	130
半硬質チーズ	114
ハンドぺたんチェック	40
ハンバーグステーキ	106

ヒ

ビーカー	11
ピクノメーター	22,120
比重	22
― 計	22
― 瓶	22
引っ張り	
― 強度	30,35,36
― 曲線	36
非酵素的褐変	156
非ニュートン流動	24
ピペット	11
ビューレット	11
氷点降下	146
表面張力計	13
評点法	51,76
ヒレ	108
品質評価尺度	51

フ

ファリノグラフ	15
フェニルチオカーバイト	63
フォンダン	86

含め煮	96
豚もも肉	110
付着性	29
フラスコ	11
ブランチング	146
プランジャー	28,29,37
プロアジニン B1	149
プロシアニジントリマー	149
フローチャート	5,7
プロテアーゼ	110
プロメリン	154
分散分析表	
― 一元配置法	52,53
― 二元配置法	54,55
分析型パネル	44

ヘ

平方和の計算	
― 一元配置法	52,53
― 二元配置法	54,55
ベーキングパウダー	74
ペクチン濃度	152,153
変調効果	62
弁別閾	60

ホ

膨化	74
放水	140
膨潤	
― 比	150
― 率	96
没食子酸	149
ホエー	114
ホットケーキ	76
ホモゲンチジン酸	148
ポリフェノール	148,156
― オキシダーゼ	156

マ

マイクロメーター	38
豆	94
豆類の栄養成分	94
マヨネーズ	136
マンセル表色	79

ミ

ミオシン	107
味覚障害	63
水羊羹	88
味噌汁	20
味盲物質	63

密度	22

ム

蒸し魚	102

メ

メスフラスコ	11

モ

毛細管粘度計	24
もち米	68,70

ヤ

野菜	140,144

ユ

有意差検定	54,62
遊離鉄イオン	119
融解温度	90
油中水滴型	134
茹で操作	148
茹で物	144
湯通し	146

ヨ

溶解温度	90
ヨウ素溶液	40
抑制効果	62

ラ

卵液	122
卵黄	118,120
― の熱凝固	119
― レシチン	136
― 係数	116
卵白	
― の気泡性	120
― 熱凝固	119
― 泡立ち性	121
― 係数	116
ラテン方格	44

リ

リゾチーム	121
離漿	140
― 液	122
流動性	34
硫化水素	119
硫化第一鉄	119

レ

冷水テスト	84
冷凍食品	132
冷凍保存	146
レオナー	28,36,37
レオメーター	12,96
レオロメーター	12,90,110

ロ

ロース	108

英数字

- 3点識別試験法 — 46
  - ― 検定表 — 161
- 3点比較法 — 46
- 3点嗜好試験法 — 47
  - ― 検定表 — 161
- 5段階評価尺度 — 51
- 7段階評価尺度 — 51
- BH型 — 26
- BL型 — 26
- β-アミラーゼ — 80
- B型粘度計 — 78
- FeS — 119
- F分布表 — 50, 52, 55, 163
- H.L.B — 134
- H_2S — 119
- Hayward種 — 154
- Hydrophilifc group — 134
- Kenndoll — 49
- Kuramer — 49
- K値 — 98, 99
- L-アスコルビン酸 — 156
- Lipophilic group — 134
- Milk — 114
- NaCl — 125
- Nonfat mild — 114
- O/W — 134, 136
- SD法 — 57, 70
- SI単位 — 37
- Skim milk — 114
- Spearman — 49
- dough — 72
- gluten — 72
- oil in water — 134
- water in oil — 134

フローチャートによる
身近な調理の科学実験

2008年8月25日 初版第1刷 ⓒ

編著	加藤みゆき・津田淑江・長野宏子
発行者	上條宰
発行所	株式会社 地人書館

〒162-0835 東京都新宿区中町15番地
電話 03-3235-4422
FAX 03-3235-8984
郵便振替口座 00160-6-1532
URL : http://www.chijinshokan.co.jp
E-mail : chijinshokan@nifty.com

JCLS〈(株)日本著作出版権管理システム委託出版物〉
本誌の無断複写は著作権法上での例外を除き禁じられています。
複写される場合は、そのつど事前に(株)日本著作出版権管理システム
(電話 03-3817-5670, FAX 03-3815-8199)の許諾を得てください。

印刷所	モリモト印刷
製本所	イマキ製本
デザイン	土屋みづほ

Printed in Japan
ISBN 978-4-8052-0804-5 C3058